究
叢書・知を究める 25

史《フミ》としての法と政治

書を紐解き、人を考え、時代を読み解く

瀧井一博［著］

ミネルヴァ書房

はしがき

本書は、ミネルヴァ書房のPR誌『究』の二〇一二年十一月号から二〇二三年十一月号まで足かけ十年以上にわたって続けてきた連載「政治学の古典を読む」を中心に、これまで書きためた小文を集めて編んだものである。過去の埋もれた文章が一書のかたちを取るようになるなど、感慨も一入である。

『究』の連載をもちかけられた時は、戸惑いしかなかった。そもそも自分は政治学者ではない。大学院の時の専攻は法制史であり、今も憲法史を中心に研究している。せめて「法制史の古典を読む」にできないかと当時連載を担当してくれた田引勝二さんに懇望したが、押し切られてしまった。

確かに、憲法をテーマとすると、政治に関わらないわけにはいかない。加えて、自分の論文や著作も日本政治史の業績と見なされているようで、今では、学友たちとそのタイトルの教科書も出している（清水唯一朗／瀧井一博／村井良太『日本政治史』有斐閣、二〇二〇年）。とすると、自分なりの観点から一風変わった政治学案内も可能かもしれない。そう考えて、引き受けることにした。

だが、素性を隠すことはできず、この連載において何冊か「法制史の古典」も取り上げさせてもらった。また、ここで取り上げたラインアップを眺めつつ、政治を論じながらも、自分には制度と人物への関心が強いことが改めて分かった。ここで制度とは国家であり、国家を体現したり、それと化体しようとした政治家の文章や評伝を多く扱った。リヴァイアサンとしての近代主権国家を人的なつながりという社会構成に留意しながら考察するというのが、自分の問題意識だと発見できた。

人的なつながりと書いたが、その場合、どのような「人」が想定されるか。自分の念頭にあるのは、知識の担い手としての人である。そのようなことを考える機縁を与えてくれた書として、野中郁次郎／竹内弘高著、梅本勝博訳『知識創造企業』（東洋経済新報社、一九九六年）がある。著者の一人野中郁次郎氏は、日本を代表する経営学者として知られ、『失敗の本質』のような政治学に興味をもつ者にとっても注目される名作を発表してきた。『知識創造企業』は、日本企業の特性として独自の知識創造のプロセスがあることを提示した日本発の経営理論として世界的な名声を確立している（英語の原著は、Ikujiro Nonaka and Hirotaka Takeuchi, *The knowledge-creating company : how Japanese companies create the dynamics of innovation* として、一九九五年に Oxford University Press から刊行）。

このなかでは、組織に醸成される暗黙知を言語化など他者に伝達可能な明示的形式知に転換し、その形式知の連結化を通じて新たな知識創造を促していく経営の理論化が提示されている。専門を異にする筆者は、日本企業の実際の経営におけるその理論的妥当性を評価できる立場にないが、この流麗な理論体系に接した時に思ったのは、知識創造という機能は企業のみならず、あらゆる組織に認めることができるのではないか、またそのような観点から組織というものは評価されなければならないのではないかということだった。さらに言えば、そのような組織の最たるものが国家ではないかということである。国家を、知識を創発するメカニズムとして把握する。いわば知識国家の理論を打ち立てることができないか。

もとより、筆者が思いつくようなことなど、慧眼な碩学にはお見通しで、その後、野中氏は知識経営の手法を国家に転用した著作を発表している（野中郁次郎／泉田裕彦／永田晃也編著『知識国家論序説——新たな政策過程のパラダイム』東洋経済新報出版社、二〇〇三年、戸部良一／寺本義也／野中郁次郎編著『国家経営の本質——大転換期の知略とリーダーシップ』日本経済新聞出版社、二〇一四年など）。野中氏の思い描く知識国家とはどのようなものか。それは、次の言葉からうかがい知ることができる。

多元的共存を基本とするオープンな社会基盤を持ち、フェアな法制度が整備されている国家では、市民が文脈に応じて自主的な活動や協調を行なえるようになり、知識と知識の多様な結合が進みイノベーションが生まれ、長期的な経済成長が導かれる。これが包括的な政治制度を持つ国家における好循環のパターンである。（前掲『国家経営の本質』、二五二〜二五三頁）

国家を構成する市民がそれぞれ知識の担い手となって、パブリックな価値を生み出し実行するための知識創造の営みに参与する。そのための制度と人々の結合を生み出し維持することによって、知識創造の循環を促成する公的な包括的制度が国家なのである。

短絡的な目先の利害関心を越えて、いかに共通善を実現するか。そのためには、政治という場が、利害と利害の対立の戦場に終始するのではなく、いかに個々の部分的利害を超越し包摂した宥和的知識を生み出すフォーラムとなるかが問われているのではないか。国家は、力の体系、利益の体系、価値の体系であるのみならず（本書12「政治を見るクリオの眼」参照）、知識の体系としても立論されるべきである。

本書は、これまで様々な機会に発表してきた拙稿を出版社の御厚意に甘えて集成したものである。それらは、書を論じ、人を論じ、時事を論じたものであるが、今ここで顧みれば、いずれの文章も、知によって制御される政治の可能性、そのための制度としての国家、それを構築しようとした人々という三つの関心に根差しているように思われる。

本文中でも書いたが、かつて筆者は、梅原猛先生に「君は体系を作らんといかんぞ」と叱咤された。もし自分にそのようなものが作れるとしたら、それは、この三つの問題意識のトリアーデとなるであろう。ところどころに書き散らしてきた拙文をまとめて再読した結果、思いがけず自分のなかに抱懐されていた学問の設計図と巡り会った気がする。せめてそのトルソだけでも残したいとの思いを切にしている。

本を著すとは、自分を組み立てる作業である。過去の埋もれた拙稿をまとめるとは、自分のフラグメントをかき集めることであり、今の自分を知ることでもあった。このような貴重なきっかけを与えてくれたのは、もとをただせば、『究』の連載をもってきてくれた田引勝二さんである。ここに深甚な謝意を表したい。田引さんが離れた後、連載の担当を引き継ぎ、その果てにこのようなかたちで一書を編むというアイデアをくださり、その実現のために惜しみなく協力してくれた天野葉子さん、また本書のゲラを読んで、改善に協力してくれた齊藤紅葉さん（国士舘大学専任講師）にも、心よりお礼を申し上げたい。お二人のおかげで、本書は内容的にも形式的にも格段に精確さを増すことができた。感謝申し上げる。なお言うまでもないことであるが、それでも残っている誤りがあれば、それは筆者の咎である。

二〇二四年十一月

瀧井一博

＊この「はしがき」は、『究』の連載の最終回「知識創造企業から知識国家へ」（野中郁次郎／竹内弘高著、梅本勝博訳『知識創造企業』東洋経済新報社、一九九六年）（第一五二号、二〇二三年十一月）を改稿したものである。

史《フミ》としての法と政治——書を紐解き、人を考え、時代を読み解く

目次

人名索引

I　古典の書を読み解く

1 〝政局〟家か知の政治家か

有泉貞夫『星亭』朝日新聞社、一九八三年

以前、ある高名なドイツ史家が、「政局って、ドイツ語で何と訳すのかな」と話していたのを聞いたことがある。そのつぶやきが妙に気になり、アメリカ人の日本政治史研究者に政局の英訳を聞いたことがあるが、彼もしばし「うーん」と考え込んでいた。

そもそも政局とは何か。それは端的に、「政党内・政党間の勢力争い」（『大辞泉』）と定義されるが、敷衍するならば「ある特定の政治家ないし党派・派閥の政治生命の剝奪や削減を意図して行われる権力闘争で、必ずしも政権交代を目的としないもの」といえるのではないか。一口に政変と言ってよいかもしれないが、通常、政変《クーデタ》とは政権交代をもたらすもので、日本語の政局とは語感を異にする。政局とは、与野党間のみならず、同じ政党内の内紛についても言うことができる（そのほうが多いかもしれない）。

権力闘争は政治家に限らず、人間の業であろう。だが、それを抑制し秩序づけ、権力の作動を適正かつ円滑に行って公共善を実現することに国家という制度体の要諦は求められるのではないか。政治を表す際に、政局という言葉が跋扈し、安定した政治指導の阻害が常態化した政治文化は、どう考えても誉められたものとはいえない。

本書で取り上げられている星亭（一八五〇～一九〇一）は、明治の代表的民権政党自由党を牛耳り、後に伊藤博文（一八四一～一九〇九）を担いで立憲政友会を立ち上げた叩き上げの政党政治家である。そして彼は、まさに政局志向の政治家として、政界の「壊し屋」、トラブルメーカーと目されてきた。衆議院議長時代に議長不信任を突きつけられてもその席に居座り続けるなど、その傲岸不遜なエピソードにはこと欠かず、明治政治史を彩る格好の〝敵役〟である。

これに対して、著者の有泉氏が描き出す星の像は、もっと陰影に富んだものである。下層民の出である星は、いわゆる党人派代議士として知的エリートを憎悪した。そして、戦前日本の政党政治の裏面で政治工作を一手に請け負っていた壮士と呼ばれる政党員を束ねて院外団を組織し、自己の権力基盤とした。そのような〝軍団〟を駆使して政局を演出し、自己の主張を押し通そうとするイメージは、本書によって詳述される隈板内閣破壊工作や伊藤政友会内閣組閣時の渡辺国武事件によっていやましに増幅される。

だがその一方で、有泉氏は星が類希な〝知の政治家〟であったことも説き明かしている。幕末に英学の研鑽を積み、明治初年にイギリスへ渡って弁護士の資格を取得した彼は、大変な蔵書家として知られ、駐米公使時代も時に山荘に籠り、一歩も外に出ることなく読書に耽溺していたという。

もちろん、単に愛書家だったということを指して、星を〝知の政治家〟と呼称したいのではない。そうではなく、彼の脳裏には、その知によって裏付けられた壮大な政治構想の片鱗が認められるからである。それは、政策的には積極主義を標語とする地方への旺盛な投資というかたちをとるものだが、有泉氏によれば、星はそれを通じて壮士を基盤とする政党から地方経営を旨とする政党へと政党政治のあり方を根本的に変えようとしたのであり、そのために、彼は壮士という政局文化の担い手を一身に引き受けたのである。すなわち、東京などの自治体経営の現場に彼らを押し込み、「成仏」させることと、それが星の宿願だった。そうすることによって、彼は従来の政局中心の政治のあり方を根元から断とうとしていたとも考えられる。だとすると、星をバラマキ政治の元凶と見なすことは必ずしも正当なことではなく、それは彼が志半ばで斃れたことによって死後放置された負の遺産ということになる。

明治三十四年（一九〇一）六月二十一日、星は斬奸状を手にした一教育家により刺殺された。動機は、東京市会議員となった星が教育改革に乗り出してきたことだった。幾多の政局を演出してきた彼の害毒が、教育界に及ぶことを嫌忌しての犯行である。しかし、星にとっては、壮士たちを成仏させる道のりを築いた後、これから本当に自分のやりたい政治家としての大業に着手するつもりだったのではないか。本書はそれが、意欲と能力ある子弟が平等に教育を受け、才能を開花させていく教育立国の構想だったことを示唆している。われわれは、星亨という政治的個性から政局という遺産のみを受け継ぎ、〝知の政治家〟という理念を継承する機会を逸してしまったのである。

（ミネルヴァ通信「究」二〇一二年十一月号）

2　明治憲法の思想的源流

井上毅伝記編纂委員会編『井上毅伝』史料篇第一～第六、補遺第一～第二、國學院大學図書館、一九六六年～

歴史には、玄人好みのする人がいる。明治史についていえば、井上毅（一八四四～九五）などその代表格だろう。

井上毅は、明治政府きっての法制官僚だった。明治憲法をはじめ当時の重要な法令で彼の手を経ていないものはないとすら言われる。明治立憲体制の真の作成者の呼び声があるのも由なしとしない。

彼の遺した膨大な史料は、今日その号を冠して「梧陰文庫」の名で國學院大學図書館に所蔵され、同文庫をもとに『井上毅伝　史料篇』が編まれている。〝井上毅全集〟とも称さるべきこの史料集は、憲法のみならず皇室制度、議会制度、司法制度、地方自治、教育制度といった明治立憲体制全般の成立過程を再現する生の史料であると同時に、条約改正問題、大津事件、初期議会の運営など政治史上の諸問題に関する貴重な意見書も網羅されている。近代日本の政治史や国制史を研究するにあたって、避けて通ることのできない超一級の史料群である。

『井上毅伝』に収められたこれらの史料の山を前にすると、明治国制の確立のためにその身を捧げた一人の知識人の姿が浮き彫りにされる。岩倉具視、伊藤博文、山県有朋といった明治の政治家たちは皆、この比類なき知性の働きに支えられて自らの政治構想を立案し実地に移すことができたのである。

そのような意味で、井上こそ「明治国家形成のグランドデザイナー」（木野主計『井上毅研究』続群書類従完成会、一九九五年、四二三頁）との呼称すらある。つまり、井上は単なる法制官僚の枠に収まるような人物ではなく、当代一流の経綸家だったとの評価である。

では、彼はいかなる法思想と国家構想の持ち主だったのか。井上の思想を論じる場合にしばしば指摘されるのが、漸進主義である。井上は急進的な西洋の法制度の導入に反対していた。それがために、彼はイギリス流議院内閣制の採用を説く大隈重信（一八三八～一九二二）を藩閥政府から追放することを画策し（明治十四年の政変）、プロイセンをモデルとする欽定憲法主義へと憲法の方針を旋回させた。

では、その漸進の果てに、彼はいかなる国家像を思い描いていたのか。それは、徳治の国家である。それを体現するものとして、天皇は儒教的君主として再定立される。井上は、憲法を通じて天皇による徳治が実現されることを理想とした。それが故に、彼は憲法制定の過程で、内閣を条文化してそれによる行政権の統一を構想した伊藤博文の憲法草案（夏島草案）に反対し、明治憲法から内閣の語を抹消することに力を注いだ。内閣という統一体が幕府化して、天皇親政という王政復古の理念が骨抜きにされるのを阻止しようとしたのである。

以上のようにして、議会と内閣という立憲制度の二大機関を掣肘する井上にあっては、全権的天皇を措定し、国家の全機関が天皇に責任を負って各自の政務に従事するという国家のあり方が理想視されている。井上にとって漸進主義とは、西洋文明の定着を目指しての漸次的導入を意味していたのではなく、あくまで東洋的儒教主義を基調としてそのなかへ西洋の思想と制度を「暗消」させるための術策だったといえる。

さらに言うならば、彼の漸進主義にはもうひとつ、国体を温存するという目的もあった。井上は幕末期、横井小楠（一八〇九～六九）の実学主義に基づく交易論に対抗し、鎖国論を唱えている（「交易論」、『井上毅伝』史料篇第三、所収）。彼によれば、各々の国には独自の「国体国制」があり、それは「一定不可易」ものとされる。「我国ハ農ヲ以テ本トシテ、交易ヲバ生道ノ一端トシ、西洋ハ商賈ヲ以テ国ヲ立テ、、交易ヲバ生道ノ根本トス、是全体ノ国体同カラザルナリ」と説かれる。日本の国柄は重農主義にあり、西洋流の重商主義に倣うべきではないとの主張である。

このように、井上において重商主義か重農主義かという政策の選択は、国家の成り立ちに依拠するものだった。わが国には「万国ニ秀出スル」国体がある。それは、孔孟の教えに基づく仁義主義であり、それに立脚してこの皇国を宇内に屹立する一等国としなければならない。西洋列強が掲げる富強のための通商政策など蔑むべき覇道の現れであり、君子の国の進むべき道ではないとされる。

西洋文明と東洋的儒教主義と皇国的国体論。これら三つの思想的契機を意識的に分別してひとつの国家の理論体系を構築した井上は、疑いなく明治日本の傑出した政治的知識人である。

（ミネルヴァ通信「究」二〇一三年二月号）

3　二つの constitution

ウォルター・バジョット著、小松春雄訳『イギリス憲政論』中公クラシックス、二〇一一年

原著は〝*The English Constitution*〟で一八六七年の刊。原題の constitution をどう訳すかはなかなかに難しい。通常、その訳語は「憲法」であるが、本書はイギリス憲法ないし国家統治上の法体系を祖述したり解釈したものではない。現実に国政を動かし規定している秩序の仕組みやそれを可能としている条件について論述したものである。その点を加味して、邦題では「憲政」の語が採用され、また「国家構造」と称せられたこともある（遠山隆淑氏による新訳は、『イギリス国制論』となっている（バジョット著、遠山隆淑訳『イギリス国制論』上・下、岩波文庫、二〇二三年）。

このような constitution の見方は、成文の憲法典が存在していないイギリスに特有のものだとか、そもそも著者のウォルター・バジョット（一八二六～七七）が憲法学者ではなくジャーナリストだったから、と捉えることもできよう。しかし、本書はイギリスの政治を自然科学者のような姿勢で観察してその規範構造を再構成し、さらには立憲国家の何たるかについての一般理論まで含む憲法学・政治学の古典である。

冒頭においてバジョットは、およそ constitution は二つの部分から構成されると説く。「簡明な機能する部分」と「歴史的な、複雑な、そして威厳のある演劇的部分」である。イギリスの constitution におけるこの機能的部分として本書の要諦をなすのが、議院内閣制であり、その機能性の解明である。

バジョットの論旨は多岐にわたるが、そのひとつの大きな論拠として重視されているのが、国民の政治性である。バジョットによれば、「イギリス人は、政治に関心をいだくことを日常の仕事にしている」国民である。

このような国民の政治性によって、イギリスの議院内閣制とアメリカの大統領制は分かたれる。よく指摘されるように、本書はアメリカの政治システムに対するイギリスの卓越性を弁証したものであるが、その根拠は何よりも議会政治を求心力とする国民の積極的な世論形成に求められるのである。

この関連で、バジョットがプロイセンの官僚政治を次のように批判しているのも味読すべきである。本書執筆の当時、まさにビスマルク（一八一五〜九八）の鉄血政策によって、新興国プロイセンによる軍事的工業的大国化とドイツ統一が進展中であった。その駆動力となったのは、ビスマルクの強靱な国家指導とそれを実現する精緻な官僚政治である。バジョットは、そのようなヨーロッパの政情を背景に勃興している官僚政治礼賛の風潮に警鐘を鳴らしている。

かれら〔官僚〕は、若いころから官庁事務の特殊な部門に配属され、それに縛られる。そして何年もの間、事務の形式を学ぶことに専念し、その後も長い間、細かな問題にその形式を適用することに専念する。昔の著述家の言葉をかりると、かれらは、「事務の裁縫師にすぎない。生地を裁断するが、着る人の体を見ていないのである」。このような訓練を受けた人間は、決まりきった事務手続きを、手段でなくて目的と考えるようになるのは当然である。すなわち、かれらは精巧な機構の一部となり、それを威厳の源泉としているので、その機構を、自由に操作し変更できるものとは考えずに、厳然とした不動のものと考えるのは当然である。

（二三七頁）

このような官僚支配によって、政治は流動性を欠き、硬直した抑圧的なものになってしまう。バジョットによれば、民主政治とはすぐれて動態的なものたるべきなのであり、そのような政治観から彼は政局とそれによる世論の喚起を称揚している。

しかし、そのような民主政治とは、絶えざる政治的喧騒に満ちた別の意味で窮屈な世界をもたらすのではないか。これに対してバジョットは、民主政治を担う国民がもつべきある種の合理性を指摘している。それは「他人の論拠に耳を傾ける能力、またそれを冷静に自分自身の論拠と比較する能力、さらにその結果に従う能力」（四〇七頁）とされる。

バジョットは、党派や派閥に分裂し常に対立しているフランスの議会を指して、そこでは議員たちは議論するのではなく、ただ絶叫しているだけだとして、そのような気質では議院内閣制は運営できないと論じている。このような事態に陥るのを防ぎ、合理性の前提となる国民的統合をもたらすもの、それがバジョットが腑分けしたもうひとつの constitution、すなわちその「演劇的部分」の効用とも考えられる。

（ミネルヴァ通信「究」二〇一三年五月号）

4 デマゴーグとしての政治家

マックス・ヴェーバー著、脇圭平訳『職業としての政治』岩波文庫、一九八〇年

以前、あるオーストラリア人から、「日本で政治家になる人って、その前はどんな職業が多いんだ」と聞かれたことがある。「政治家の家に生まれた二世三世が多い。まず自分の親など縁のある政治家の秘書になり、それから選挙に出る」との答えも可能だったろうが、その時は「官僚から転身する人が多い」と返答した。すると、そのオーストラリア人は驚き、そんなこと自分たちの国ではあまり無いことだと言って、こう付け加えた。「オーストラリアでは、弁護士から政治家になるのが通常だ」、と。

政治家と弁護士はともに弁舌で身を立てる職業である。その点から両者の親和性を喝破し、理論化した著作として、マックス・ヴェーバー（一八六四～一九二〇）の『職業としての政治』がある。日本語版で百頁ていどの小著でありながら政治という営為に対して極めて多面的かつ深遠な見方を提供するこの傑作を、〝政治家と弁護士〟という切り口で紹介するのはやや奇を衒っているかもしれない。だが、それもまたヴェーバー政治論のひとつのエッセンスであることは疑いがない。

ヴェーバーによれば、政治家は同じ政治という職分に携わる身でありながら、官僚とは全く対照的な精神類型をなす。官僚が体現するのは法に基づいた形式的合理性を掲げた支配であり、彼らは当該の法の正否や実質的妥当性を問うことなく、「公平無私に（sine ira et studio, 直訳すれば、怒りも執心もな

く）」法を適用して支配を行う。

これに対して、政治家は本質的にデマゴーグであり、自らの雄弁の力によって民を導く存在なのである。ヴェーバーは、デマゴーグとしての政治家の近代的形態を「政党指導者」と見なし、それは「西洋でのみ根を下ろした立憲国家という土壌の上で育った独特の指導者タイプ」と定義しているが、そのルーツを旧約聖書の預言者たちに求めることも可能である。ヴェーバーは、律法の内容を説教する古代ユダヤの律法学者に対比して、「これこれとは律法が汝らに命ずるところなり。されど我、汝らに告げん」と民に語る預言者の姿をしばしば引き合いに出している。そのような預言者たちこそ、政治家の原型であり、生活諸領域への官僚制の進展という精神的危機を打開するカリスマ的指導者の雛型だったと見なすことができる。

ヴェーバーの見るところ、そのような職業的デマゴーグとして成立したのが弁護士であったが、この弁護士が政治の世界に進出したことが、西洋の民主制に独自の発展をもたらしたという。そのことによって、政治は官僚の機械的行政とは異質なものとして観念されるようになった。

今日の政治の大半は公開の場で、口頭または文書、ようするに言葉という手段を用いておこなわれるが、この言葉の効果を計算することこそは、弁護士本来の仕事の一部であって、専門官吏のそれではないからである。専門官吏はデマゴーグではないし、本来の目的からいってデマゴーグであってはならない。そんな官吏がなまじデマゴーグになろうなどという気を起こすと、拙劣きわまる

デマゴーグになるのがおちである。（四〇頁）

確かに官僚の発する言葉は往々にして規則や先例の説明に終始し、自己保身の印象を抱かせて聞く者をいらつかせる。かと言って、民の歓心を買うような甘言や刺激的言辞を弄することがここで正当化されているのではない。デマゴーグと呼ばれた最初の人は、アテネの民主制を完成した大局的指導者ペリクレスであって、民衆におもねって国を滅ぼしたクレオンではない、とヴェーバーは警鐘を鳴らす。

かの有名な心情倫理と責任倫理の峻別という問題も、この脈絡で理解可能である。政治家は自分の言葉と行為がもたらす結果に責任を持たなければならない。そのためには自分自身とも距離を取ることが必要であり、自己の心情や情動――それがどんなに純粋で無私なものであっても――に駆られて権力を振るってはならない。

精神を集中して冷静さを失わず、現実をあるがままに受けとめる能力、つまり事物と人間に対して距離を置いて見ることが必要である。「距離を失ってしまうこと」はどんな政治家にとっても、それだけで大罪の一つなのである（七八頁）。

（ミネルヴァ通信「究」二〇一三年八月号）

5 ガバナンスと生政治

ジャン＝ジャック・ルソー著、作田啓一訳『社会契約論』白水社、二〇一〇年

古典とは、謎を湛えた書物と言い換えられるように思う。その謎に魅せられて、読者は自分たちの時代の解を古典のなかに見出そうとする。古典の資格とは、そのような多面的な読み方へといざなう謎の有無にある。

ジャン＝ジャック・ルソー（一七一二～七八）の『社会契約論』など、そのような古典としての謎を秘めた著作としては筆頭格だろう。「一般意志」という神秘的な概念をひっさげ、急進的な人民主権を弁証する。その魔力は多くの人々をとらえて止まなかった。そして、「人民参加の民主主義の聖典」とか「全体主義思想の先駆け」といった両極端ともいえる読解がなされてきたのである。最近では、「一般意志」にSNS（ソーシャル・ネットワーキング・サービス）によってネット空間で醸成されるバーチャルな世論を読み込み、情報化社会の新しい民主主義のあり方を指し示す書としてこの著作に新しい光を当てた東浩紀の試みが記憶に新しい（東浩紀『一般意志2・0』講談社、二〇一一年）。

ここでは、一般意志によって人々が社会契約を結び、自然状態を脱するという論旨とは違った角度からこの本を取り上げてみたい。それは、そのような社会契約によって形作られた政治的共同体の制度（constitution）という側面である。本書は、通常語られるような主権論の書としてのみならず、一般意志の委託を受けた国家の設計と構造を論述したものとして読むことも可能なのである。

ルソーは言う。「人間の体格《コンスチチュシオン》（＝構造）は自然の所業であり、国家の体制《コンスチチュシオン》（＝構造）は人為の所業である。人間の生命を延ばすことは人力ではいかんともしがたいが、国家にとって可能な最良の体制を国家に与えることによって、その生命をできるだけ延ばすことは、人力のなしうるところである。もっともよく構成された国家にも終末はくるだろう。しかし、不測の事故のため寿命の尽きないうちに滅びさえしなければ、他の国家よりも長生きするだろう」（一三四頁）。

この言明からうかがえるように、ルソーの関心のひとつは、国家の体制（constitution）に向けられている。国家を施主たる一般意志の求めに応じて設計・建築し、その〝寿命〟を延ばすためにその内部構造をチェックし必要に応じてリフォームしていくことこそ、ルソー『社会契約論』のもうひとつの眼目に他ならない。「健全で強固な構造（＝体質）こそ、第一に求めなければならない」（七五頁）。本書は、健全なconstitutionのための仕様書なのである。

国家の構造（＝体質・骨格）に力点を置くルソーの立論は、国家目的の転換を促す。健全で強固な構造のためには、「大きな領土がもたらす資源よりも、よい統治から生まれる活力に頼らなければならない」（七五頁）とされる。領土的広がりよりも、内的な凝縮度・結束性に国家の生命力が求められる。そのような国民的一体性をもたらすための国制（constitution）こそ、社会契約によってもたらされるべきものなのであった。

今風にいえば、本書は国家のガバナンスの奥義を説いた書としても位置づけられる。そしてその先には、現在盛んに論じられている生政治の論旨も先取りされている。例えば、次の如くに。

帰化、植民など対外的な手段に頼らないで、市民がいっそう人口を増し、ふえてゆくような政府こそ、間違いなく最良の政府である。人民が減少し、衰退してゆくような政府は最悪の政府である。（一二七頁）

個人を抑圧するのではなく、個人の生を管理し操作していく権力の働きが予示される。人民主権と全体主義の親縁性を暗示する本書は、ガバナンスと生政治の親和性を示唆する書としても読み解かれ得るのではないか。

（ミネルヴァ通信「究」二〇一三年十一月号）

6 「文の政治家」の実像

平塚篤編『伊藤博文秘録』『続伊藤博文秘録』原書房、一九八二年

筆者はもともと西洋法制史を専攻していた。ドイツにおいて成立した国家学という学問形態に関心を持って研究していたところ、次第に明治日本によるドイツ国家学の受容というテーマに心奪われていった。そしてそのキーパーソンとして、伊藤博文のことが気になりだした。明治十五年（一八八二）に憲法取調のため渡欧した際、伊藤は国家学の体系化に生涯を捧げていたローレンツ・フォン・シュタイン（一八一五〜九〇）に師事した。

奇しくも、後に浩瀚な伊藤の評伝を著される伊藤之雄教授が京都大学法学部の日本政治外交史担当者として赴任してこられ、筆者は伊藤教授の大学院の演習に参加させてもらった。その時の教材として講読したのが、本書である。史料集を「政治学の古典」として挙げるのはいささか躊躇するが、筆者にとって政治学入門となった座右の書でもあるので、あえて取り上げたい。

本書は伊藤家に残されていた伊藤博文直筆の覚書や手紙などの草案をもとにまとめられたものである。明治政府に出仕し国事に奔走した若き日から晩年の韓国統治までのその事跡を網羅した史料群は、明治政治史そのものと言って過言でない。本書を通覧した時に浮かび上がってくる政治家伊藤の姿、それは巷間でしばしば説かれる融通無碍なカメレオン政治家というものではなく、豪胆で骨太な指導者としてのそれである。例えば、明治十二年に愛国社第二回大会が大阪で開かれるに際して、自らその地に乗り込み、民権運動家を説伏するとの決意を示す。「臣ガ聞ク所ニ拠ルニ、頃ロハ各県士民大阪府下ニ集合スル者アリト。臣願クハ此時ニ乗ジ、往テ大阪ニ至リ、厚ク此輩ニ説諭シ、上ハ　陛下至仁ノ叡旨ヲ発揚シ、下ハ良民ヲシテ苟クモ方向ヲ誤リ、罪辟ニ墜ルコト無ラシムル様尽力仕リ度、懇願ノ至ニ堪ヘズ」（『伊藤博文秘録』一八頁）、と。なお、これを受けて、民権派として後に加波山事件などの激化運動に参加した小久保喜七（一八六五〜一九三九）は、「今だから云ふが、僕らは実際（伊藤）公を殺すつもりだつたのだ。……公も自由党などは一時目の敵にされて、どうしても潰してしまはねばならんと思はれるし、僕達の方では、あゝ云ふ人は片ッ端から殺してしまへと云ふのだから、其の双方の意気組の烈しさはお話にも何もならん程だつた」と生々しく回顧している（同書、二〇頁）。史料ごとに当時を知る人の貴重な談話が添えられていることも、本書の大きな魅力である。

このような剛凌な側面の一方で、筆者が注意を促したいのが、「文の政治家」としての伊藤である。伊藤は自分の頭に思いついたことがあれば、とにかく筆を執り、文章とするのを常としていたらしい。注目すべきは、そのうちの少なからぬもののなかには、明確な政治思想の発露と目されるものも認められることである。冒頭で触れた憲法取調の最中にしたためられた覚書には、「縦令如何様ノ好憲法ヲ設立スルモ、好議会ヲ開設スルモ、施治ノ善良ナラサル時ハ、其成迹見ル可キ者ナキハ論ヲ俟タス、施治ノ善良ナランヲ欲スル時ハ、先其組織準縄ヲ確定セザル可カラズ」（『続伊藤博文秘録』四六頁）として、後の明治憲法制定の際の指導理念が書き留められている。

本書に収められた文章は、「秘録」の名の通り、ほとんどが公表を前提としていない断片的かつ私的なメモにとどまるが、決して思いつきや空言として片付けることのできない重みをもつ。それは伊藤という権力者の有した政治的思惑を推量する縁《よすが》となるからというにとどまらない。いずれの文章にも、卓抜した洞察力や堅牢な論理性の充溢を感じることができるからである。図版として掲載されている雄渾な筆致の原史料の写真も見合わせれば、文を綴ることを愛した伊藤の姿を髣髴させる。

本書第二巻にあたる続編には、巻末に伊藤博文の演説の数々も収められている。文を通じて、自らの思想に形を与えようとした「文の人」伊藤は、民衆の面前で自らの思想を語り公論を導こうとした「弁の人」でもあった。ここでも伊藤の語りは、世界の大局を観る目とそれに立脚した組織的な国家構想によって特徴づけられる。凡百な政治家とは一線を画した思想性こそ伊藤の真骨頂であったことが看取できる。彼は自らの政治理念を広く大衆の面前で開陳し、その宣揚に努めた。そのためには、時に敵の懐のなかに飛び込み、対話を図ることも厭わなかった。前掲の愛国社大会開催を機にした伊藤の覚悟は伊達ではない。文と弁で国を変えようとした「知の政治家」伊藤の十全な姿を今日に伝えるべく、筆者は以前、『伊藤博文演説集』（講談社学術文庫、二〇一一年）を編んだ。

（ミネルヴァ通信「究」二〇一四年二月号）

7　分裂した魂の所有者

萩原延壽『陸奥宗光』上下、朝日新聞社、一九九七年

明治史上の政治家で、陸奥宗光（一八四四〜九七）ほど波瀾万丈で陰影に富んだ生涯を送った人物は稀だろう。かつて三谷幸喜が喜劇「その場しのぎの男たち」で陸奥を主人公にしていた。陸奥の激しいルサンチマンの片鱗を摑んだ舞台で、興味深かったが、彼が内面で煮えたぎらせる政治への深甚な情念を思うと、その像をコメディータッチで描くのは少々座りの悪いものを覚える。

本書は、その渇きを癒してくれる〝文学的〟作品である。著者の萩原延壽氏は丸山眞男（一九一四〜九六）門下の歴史家で、本書の他に、『馬場辰猪』、『東郷茂徳』、『遠い崖――アーネスト・サトウ日記抄』といった著書がある。世界を股にかけた飽くなき史料収集に基づく実証精神と政治的個人の内面のドラマを抑制のきいた筆致で淡々と浮かび上がらせる筆力は圧巻である。本書においても、父の政治的失脚により幼少期に味わった非運、坂本龍馬（一八三六〜六七）の薫陶を受け、幕末維新期に海援

隊などで政治活動するうちに夢見た希望、そして西南戦争の過程で被った嫌疑による四年以上にわたる獄中生活で味わった苦渋と試練を克明にあぶり出し、陸奥宗光という特異な政治的個性の形成を描いて余すところがない。そのようにして彫琢された政治家陸奥の像を、萩原氏は「「権力」と「理念」との間に引き裂かれた「分裂した魂」の所有者」（上巻、二二頁）と形容している。

確かに陸奥は理念の政治家であった。それは彼が獄中で自らに課していた苛烈な勉学が物語っている。山形と仙台という北国の監獄で健康を害しながらも、陸奥はその過酷な運命に抗うように懸命に史書を繙き、漢詩を詠み、英書について学習していた。この時の成果として、彼はイギリス功利主義哲学の代表作であるベンサムの大著『道徳および立法の諸原理序説』を翻訳し、『利学正宗』と題して世に問うている。その序に、「山形に在《あ》る時、始めて英書を繙《ひもと》く。余本より蟹行《かいこう》之《の》文字を解せず。句を釈し解するに必ず字典に依《よ》り、纔《わずか》に其義を通じ、之を久しくして稍《やや》其文に嫻《な》れ、乃《すなわ》ち読むを得たり」とあるように、それはまさに血の滲むような努力の産物であった。

そのような勉学を通じて、陸奥のなかには独自の知識哲学とでもよぶべきものが芽生えていく。やはり獄中で著された著述のなかには、「今日吾人が現有する幸福の全量は、恰も吾人が現有する智識の度に準当すといふべし」との語が見え、知識こそ人間の情念や欲望を矯正し、政治を文明化するものであるとの信念が吐露されている。知に基づいた政治、それが幽囚生活のなかで陸奥のなかに胚胎した理念と言えよう。そして、その理念は釈放後に彼が渡航したヨーロッパでのアースキン・メイやローレンツ・フォン・シュタインといった西欧的知性のもとでの研鑽によって、体系的な国家哲学へとまとめられていくのである（下巻二九三頁以下。拙著『明治国家をつくった人びと』（講談社現代新書、二〇一三年）二七三頁以下も参照）。

このように学を愛好する一方で、陸奥にはもうひとつの顔がある。それは権力に飢えたルサンチマンの塊としての姿である。幾度も過酷な挫折を味わいながらも、陸奥は確固とした足取りで権力の階梯を昇っていった。藩閥に属さない彼にそのことを可能としたのは、前述のような新しい国家と社会のあり方を洞察した知の修得、そしてルサンチマンと称して過言でない権力欲、このふたつといってよい。明治政府の一員となってからの陸奥の後半生は、まさにそのような情念でもって虎視眈々と権力の座をうかがう権謀術数の政略家の姿である。

本書において憾みとする点は、この体制側に入ってからの後半生にまで筆が及んでいないことである。もちろん、陸奥の思想像を見事に剔抉した巻頭の「陸奥宗光小論」において、議会開設後の民党との関係や日清戦争時のいわゆる陸奥外交をも睥睨した著者の達識は披露されている。しかし、精緻を極めた実証で間然するところのない前半生の叙述に圧倒され、再び陽の目を見てヨーロッパで政治的再生を遂げたところで巻が閉じられた後、読者はやはりどうしても政治の表舞台に登場してからの陸奥の姿を論じてもらいたかったとの思いもだし難いだろう。特に初期議会史に関する史料公開が格段に進み、日本議会政治史を書き直すいくつもの重要な研究が現れた今日では、自由民権の理念を専ら掲げる萩原・陸奥論とはまた別の陸奥宗光論が書けるのではとの感触もある。もっともその際にも、本書の存在は常に導きの糸であり続けるだろう。

（ミネルヴァ通信「究」二〇一四年五月号）

8　明治維新研究の原点

尾佐竹猛『維新前後に於ける立憲思想』ゆまに書房、二〇〇六年

ダロン・アセモグルとジェイムズ・A・ロビンソン共著の話題作『国家はなぜ衰退するのか』（上下二巻、早川書房、二〇一三年。原書 *Why Nations Fail: The Origins of Power, Prosperity, and Poverty*, Crown Business, 2012）によれば、裕福な国家と経済的貧困から脱却できない国家とを分つものは制度であり、それも政治的な制度なのだという。著者の言葉を用いれば、その国が包括的な政治制度をとっているか、収奪的な政治制度かの違いである。

包括的な政治制度とは「十分に中央集権化された多元的な政治制度」であり、それ以外のものが収奪的政治制度と定義されるが、要は国民の政治参加が保障された立憲的民主制の中央集権的国民国家であるか、それともそのような保障のない家産制的な寡頭ないし独裁体制であるかということである。

このような制度の違いがなぜ経済に影響を与えるのか。それは包括的な政治制度においては、国民の生命や財産が保障されており、政治的権利も認められていることによって、各人に経済的インセンティヴが生まれ、イノベーションが可能となるが、これに対して、収奪的制度では、国民の財産は支配者の収奪の対象でしかなく、エリートによる抵抗も認められていないので、そのようなものが生み出される余地は少ないからである。

このような包括的政治制度を取り得たことによって、西洋は経済的に繁栄し、世界的な覇権を築く

ことができたことが主張されている。では、何が包括的政治制度への誘因となったのか。それは、自生的な歴史的経験の積み重ねというよりも、確固たる政治的変革であった。著者たちが強調するのが、イングランドの名誉革命であり、フランス革命後のナポレオン戦争である。前者によってイングランドに立憲的で多元的な統治のあり方が導入され、後者によってその理念はヨーロッパ一円へと広まった。

このように書くと、よくある西洋の世界史的優位性の弁証でしかないが、著者たちの議論は西洋世界以外で包括的制度への転換を行った日本についても触れている。日本は明治維新という政治革命を引き起こし得たがために、包括的な政治制度が可能となり、経済成長の礎を築いたと指摘されている。そうすると、著者たちはそこまでは書いていないが、明治維新とは世界史的にみてイングランドの名誉革命に比されるべき事象だったといえようか。

政治革命として明治維新を捉え直す作業には、このようにグローバルな比較制度史的意義がある。そして、わが国における明治維新研究の出発点には、まさにそのような関心からの著作が生み出されていた。戦前の尾佐竹猛（一八八〇～一九四六）の一連の研究は、そのなかでも特筆すべきものであり、ここにとりあげた『維新前後に於ける立憲思想』はその代表作といえる。

著者の尾佐竹は、もともと裁判官であり、大審院判事をも務めた。公務の傍ら日曜歴史家として史料の収集にあたり、『賭博と掏摸の研究』（一九二五）、『国際法より観たる幕末外交物語』（一九二六）、『新聞雑誌の創始者柳河春三』（一九四〇）といった著作を発表してきた。その史論はまさに文化史と呼ぶのがふさわしく、実際、尾佐竹は吉野作造（一八七八～一九三三）および宮武外骨（一八六七～一九五五）とともに大正期に明治文化研究会を興している。同研究会は今日に至るまで度々再刊されている『明治文化全集』を刊行するなど明治期の文化や風俗の研究にとって、開拓者かつ道標的な役割を果たしてきた。

そのような著者が綿密な史料の探求と博覧強記を駆使して著した本書は、明治維新を立憲革命として捉え、しかもその道のりが豊かな前史に裏づけられた必然的な過程であったことを論証している。幕末期に洋学を通じて流入してきた議会制の知識とそれに立脚した幕府内部と各藩での政体構想が丹念に掘り起こされ、明治期になって立憲制度が樹立される以前の確かな土壌があったことに気づかされる。明治維新を考える場合にまず立ち返るべき古典であり、また昨今の制度論的関心を前にした時、ますます輝きを放つアクチュアルな作品である。

（ミネルヴァ通信「究」二〇一四年八月号）

9　明治人が読んだトクヴィル

トクヴィル著、松本礼二訳『アメリカのデモクラシー』全四巻、岩波文庫、二〇〇五～〇八年

福沢諭吉（一八三五～一九〇一）における「トクヴィル問題」という思想史的テーマが存在する。近代日本を代表する思想家福沢は、トクヴィル（一八〇五～五九）の代表作『アメリカのデモクラシー』を愛読していた。福沢の蔵書のなかにある英訳版『アメリカのデモクラシー』のなかには、彼の精読の

跡が認められる。

「政治的集権」と「行政的集権」を区別したトクヴィルに倣い、福沢はその著『分権論』のなかで「政権」と「治権」を区別した。デモクラシーの社会における地方自治の重要性を指摘するトクヴィルは、強力な国家の条件としての政治的権力の集中を是認しつつも、それに乗じて地方の行政の実権がその土地から奪われることに警鐘を鳴らした。そのような事態は国民の自治の精神を弱体化させ、堅牢な国家機構の確立とは裏腹に、その拠って立つ地盤を軟弱なものとする。その地盤とは、デモクラシーを支える国民の政治的活力というものである。かねてより文明を物質的な問題としてでなく、自律的な個人の精神の問題と説いていた福沢は、公共的な意識と精神こそデモクラシーを支えるというトクヴィルの議論に我が意を得たことであろう。

福沢と同様にトクヴィルから大きな啓示を受けた意外な明治人がいる。伊藤博文である。英書購読を楽しみとしていた伊藤は、『アメリカのデモクラシー』の英訳も入手しており、愛読書の一つだった。津田梅子（一八六四〜一九二九）の回想によれば、伊藤は津田に、「アメリカについて最良の本を書いたのは、フランス人だ。読んでみよ。面白いぞ」と言って、この本の英語版を渡したという（津田梅子「Personal Recollections of Prince Ito」『津田梅子文書』津田塾大学、一九八〇年、四九五頁）。

トクヴィルを読む伊藤博文、とは奇異な取り合わせである。伊藤といえば、藩閥政府の首魁として明治憲法体制を作り上げ、まさに「政治的集権」の促進に血道をあげた専制政治家とのイメージがあるだろう。一体、伊藤はトクヴィルの何に惹かれたのか。

実は、前記のようなイメージとは異なり、伊藤には明治日本における稀有なデモクラットとしての側面がある。元来が貧農の出である伊藤は、平等社会のもとでのデモクラシーの進展を好意的に捉え、国民参加型の政治体制の樹立を理想とした。憲法発布の直後、彼は皇族や華族を前にして、これからの政治は「国の人民の文化を進めなければならぬ」と説いている。そのうえで、開化した国民というものは、「支配の仕方が善く無いと云うと、其の人民は是非善悪の見分けを付けることの出来る人民で有るから、黙って居れと言って一国は治まるもので無い」とも述べている（『伊藤博文演説集』講談社学術文庫、二〇一一年、四三～四四頁）。伊藤は、デモクラシーに対する共感から出発して、君民共治の実をあげるために、漸進的に国民の政治参加を拡大して宥和の場としての議会政治を実現することを目標としていたのである。

そのような政治思想の持ち主が、『アメリカのデモクラシー』を愛読していたという。よく知られるように、本書はデモクラシーを手放しで礼賛した書物ではない。旧体制の貴族の出自であるトクヴィルは、デモクラシーのもとで諸個人間の平等が進展した結果、個人個人がつながりを失い、集権化された〝民主的〟権力のもとで抑圧される危険を訴えている。このようにデモクラシーをペシミスティックに観察していたトクヴィルだが、だからといってデモクラシーを峻拒する復古主義を主張していたのではない。トクヴィルはまた、デモクラシーと平等化はもはや抗えない世界史的な趨勢だと見なしていた。伊藤がトクヴィルから感得したのは、おそらくこのようなデモクラシーという不可逆的な時代の流れである。

トクヴィルはデモクラシーの喧騒についても卓越した見解を披露している。「民主的諸国に暇な人はほとんどいない。生活はそこでは運動と喧騒に満ち、人々は行動に追われて、考える時間の余裕がほとんどない」（第二巻（下）、一七〇頁）と指摘される。そして、そのような絶えざる運動と喧騒こそ、民主的権力が多数者の専制に陥り、社会に墓場の静けさが訪れないための安全弁であることを示唆している。だが、トクヴィルの慧眼は、その背後に潜む逆説をも看破している。考える時間をなくしたデモクラシーの住人が陥る精神的平板化である。明治という何もかもが「普請中」の時代、どれだけの人がトクヴィルの所説の全体を把握できただろう。トクヴィルはいまようやくわれわれの問題となったのではないか。時代を達観した本書は、まさに古典の名に値する。

（ミネルヴァ通信「究」二〇一四年十一月号）

10　日本政治（学）の泥臭さ

丸山眞男『現代政治の思想と行動』増補版、未來社、一九六四年

丸山眞男（一九一四～九六）の名は、戦後民主主義の旗手として不朽である。その先鋭かつ含蓄に富んだ硬質な文章は、日本のハイカルチャーを体現するインテリの目指すものだったと言ってよい。しかし、丸山の本領は、そのようなスノビズムに陥ってしまいかねない知的エレガンスにあるのではない。むしろ、その思想にはある種の泥臭さがある。そしてその泥臭さとは、丸山が克服しようとしていた日本政治の拭いがたい本質であり、それと格闘しているうちに、丸山の文体や思想のうちに

も沁みついていったものかもしれない。

名著『現代政治の思想と行動』は、まさにそのような日本政治の泥臭さと正面切って対峙した書といえる。そのなかに収められた「日本ファシズムの思想と運動」において、丸山はファシズムを支えた中間層を剔抉している。丸山によれば、戦前戦中の日本を支配していたのは、「小工場主、町工場の親方、土建請負業者、小売商店の店主、大工棟梁、小地主、乃至自作農上層、学校教員、殊に小学校・青年学校の教員、村役場の吏員・役員、その他一般の下級官吏、僧侶、神官」といった親分子分関係に立脚し、下士官的気質をもって力の弱い者に対して居丈高に振る舞うが、その内面は小心翼々たる地方のボスや「物知り」たちである。

丸山は彼らを、「疑似インテリゲンチャ」、あるいは「亜インテリゲンチャ」と呼び、「本来のインテリゲンチャ」たる都市生活者や文化人・自由知識職業者と区別する。そのような封建的支配関係を基盤とする前近代的な人間像こそが、日本の大衆社会にあって自律的かつ理性的な近代的自我の成立を阻んできたというのである。別の箇所では、彼らの属する文化を講談社文化と規定し、本来のインテリの属する文化は岩波文化だとして、後者の文化が前者から孤立し閉鎖していることに、日本近代の問題性を認めている（講談社文化がもっていた大衆的公共性の実相については、佐藤卓己『「キング」の時代――国民大衆雑誌の公共性』岩波書店、二〇〇二年を参照）。

このような丸山の断定は、今日ではあまりに高踏的で恣意的に響く。自らの属する階層を真のインテリと位置づけ、それ以外は疑似インテリと括る姿勢は、実際、少なからぬ数の論者の反感を買いもした。他方で、一見粗暴な物言いには、丸山の個人的な体験が根差していた。そのことを確認しておく必要がある。

一九四四年七月、丸山は召集令状を受けて陸軍二等兵として従軍した。軍隊経験のなかで丸山が身を以て体験したのが、まさに日本の大衆社会を支配する封建的ボスたちの只中に投げ込まれた独立的閉鎖的なインテリの非力さであった。彼は「下士官や上等兵からも始終殴られ、たとえば点呼のさい、「朝鮮軍司令官板垣征四郎閣下」とよどみなく叫べるか否かまで、きびしく咎められる」（苅部直『丸山眞男――リベラリストの肖像』岩波新書、二〇〇六年、一〇八頁）という処遇を受けた。それは、彼にとって「異質なもの」との遭遇であったが、また同時に日本社会に巣食う病理的現実を直視するきっかけともなったに違いない。丸山は自分の身体に加えられる度重なる殴打の所以と主体を突き止め、断罪することを戦後の自らの学問の課題としたのだろう。

本書にはそのような丸山の憤怒が横溢している。それを梃子に、彼は日本社会の精神構造や政治力学を分析していった。そうやって丸山は、日本ファシズム支配の膨大な「無責任の体系」を抽出したのである。

この「無責任の体系」の住人は、民主主義を公然と外から破壊する独裁的指導者ではなく、それを内側から腐食させる家父長的ボスたちだった。ここから、ナチ指導者と比べて矮小な日本の軍国主義者という丸山の有名なテーゼが導かれる。もっとも、このような論結に対して、丸山の意図的な史料操作を指摘する声もある。丸山は東京裁判速記録の引用から、南京虐殺事件での自らの責任を粛々と認める松井石根大将（一八七八〜一九四八）の発言をそっくり削除しているという（牛村圭／日暮吉延『東京裁判を正しく読む』文春新書、二〇〇八年、二〇五頁）。

青年丸山が受けた暴力の正体は、もっと緻密化して考察される必要がある。いずれにせよ、本書が伝える精神的抑圧の個人史は、あの時代の貴重な証言である。

（ミネルヴァ通信「究」二〇一五年二月号）

11　民主主義の世界観

ハンス・ケルゼン著、長尾龍一／植田俊太郎訳『民主主義の本質と価値』岩波文庫、二〇一五年

一九世紀後半、多民族国家であった当時のオーストリア帝国では、民族間の対立が議会の場に持ち込まれ、対立する党派の議員が壇上にのぼると、太鼓やシンバルを鳴らすなどの議事妨害が横行した。市民は、見世物小屋に行くように議会の傍聴席に足を運んだ。

純粋法学の創始者として、法学におけるウィーン学派を主導した憲法学者ハンス・ケルゼン（一八八一〜一九七三）は、そのような内政的混乱をつぶさに見ながら独自の法理論を打ち立てていった。純粋法学とはオーストリア帝国の特殊な国制状態を反映したものだとは、彼自身がその自伝において述懐しているところである。ケルゼンは、法や国家の認識から宗教や民族性、正義観といったあらゆる実体性を捨象し、徹底して形式的な論理的構成体として法体系や国家論を構築しようとした。そうすることで、ケルゼンは国民という実質がなくとも可能な平和で安定した政治空間のあり方を探究して

いたのである。

第一次世界大戦後、事態は深刻化する。ドイツとオーストリアでは君主制が倒れ、共和国憲法のもとで議会制民主主義への移行がなされた。しかし、その議会制度は当初から巨大な敵の挟撃を受けていた。それは左右の全体主義イデオロギーである。ロシアの地で成立したソ連の共産主義、そしてイタリアとドイツで勃興しつつあったファシズムは、ともに議会制度を愚弄し、一党独裁によるより直接的かつ実質的な民主主義の実現を掲げた。

これに対して、議会制民主主義の精神を析出し、その擁護を行ったのが、本書である。ここでケルゼンは、何らかの実体的価値を掲げ、それを実現しようとする政治勢力はすべからく独裁制に転化するとして、徹底した価値相対主義の立場から議会制を基礎づけ、その価値を護持する。もっとも、その論調には退嬰的でペシミスティックなトーンのあるのを否めない。その点は、ケルゼンが本書の結びに引く、イエス・キリストを訊問するローマ帝国総督ピラトの挿話に集約されている。

神の子であり、ユダヤ人の王であると僭称した廉で連行されてきたイエスに対して、ピラトは「お前はユダヤ人の王か」と問う。イエスは、「そうだ、私は王だ。真理の証しをするためにこの世に来た」と答える。これを受けてピラトは、「真理とは何か」と尋ねた。

新約聖書ヨハネ伝に描かれたこの情景をケルゼンは次のように解説する。古く、疲弊し、万事に懐疑的となった文明の人、それが故に民主的思惟に慣れ親しんだローマの人であるピラトは、真理が何かなどという問いに答えを求めようなどとはそもそも考えず、イエスの罪状を民意に問い、評決に付した。ユダヤの民衆はイエスの処刑を求めた。イエスは民主的手続きにのっとって、十字架に架けられたのである。

自分の主張に反するかのような不利な引用を行いながら、ケルゼンはそれでも毅然として言い放つ。「信仰者、政治的信仰者は、これこそ民主主義肯定ではなく、その否定の適例であると反論するであろう。この反論は承認せざるを得ない。しかしそれにはただ一つ条件がある。すなわち、信仰者の、その奉ずる政治的真理、必要とあれば血の雨を降らせてでも貫徹さるべき真理に対する確信が、神の子のそれの如く堅固であるという条件が」(一三二頁)。

文明の衝突がテロのグローバル化の様相を呈している現代世界で、西洋的民主主義をいかに価値づけるかという問題は、装いを新たに立ち現れている。民主主義の擁護とは、本当に価値のニヒリズムにまで突き詰められた相対主義によってしか基礎づけられないのだろうか。実はケルゼンは、民主主義を可能とするもうひとつの心性を提示している。それは、妥協の精神である。ケルゼンによれば、議会制民主主義が依拠する多数決の原理とは、多数者による支配を意味するものではない。多数決とは少数者を常に前提としており、したがって、限定的かつ暫定的な意思決定であることを含意している。「多数決原理によって形成された団体意志は、多数者の少数者に対する一方的支配としてではなく、両集団の相互的影響の結果として、相対立する政治的意志方向の合成力として生ずる」(七六〜七七頁)。

自己の信条を掲げつつも、他者と熟議し、真理のこの世における達成を性急に迫ることなく、政治的共同体の課題にその都度ごとの解決を成員の幅広い参加のもと妥協の精神で模索する。それを民主主義のポジティブな根拠づけとする理論体系が求められている。

（ミネルヴァ通信「究」二〇一五年五月号）

12　政治を見るクリオの眼

高坂正堯『文明が衰亡するとき』新潮社、一九八一年

著者の高坂正堯が京都大学在任中の一九九六年に死去した時、氏をよく知る人が、酒の席で次のように語っていた。「高坂さんは、いわゆる普通の勉強はしなかった人だ」。「普通の勉強」とは何か。通常、アカデミズムの専門学者は、自分の研究テーマについての最新の研究を追いかけ、特に欧文の最先端文献で装飾した論文を書くことを至上命題とする。だが、高坂はそのような態度とは無縁で、ひたすら古典的な先人の著作を読み、国際政治の何たるかを説き続けたというのである。

加えて、彼は〝行動する知識人〟だった。それは、街頭に出るという意味ではない。彼は盛んに論壇で健筆を振るい、政府の審議会に参加し、権力に与る人々の親密な御意見番となってきた。ハーバード大学教授で高坂と親交のあった入江昭は、京都の高坂邸に投宿していた際、毎朝外務省や大蔵省などからレクチャーを乞う電話がかかってきていたと印象的に綴っている（入江昭「高坂正堯さん、丸山眞男先生らがいた——半世紀前のハーヴァード、知識人の小さな共同体」『中央公論』二〇一二年四月号）。

このように学界の動向など歯牙にもかけない姿勢は、ともするとディレッタンティズムと蔑まれか

ねない。しかし、高坂は押しも押されもしない国際政治学の西の雄として屹立し続けた。その著『国際政治』は、国家を「力の体系」、「利益の体系」、そして「価値の体系」と見なし、国際関係を織り成すパワーと理念の構図を透徹した筆致で描き出し、一九六六年の刊行以来、いまだに国際政治学入門の決定版として読み継がれている。この間冷戦の終焉など国際政治の枠組みはガラッと変わったにもかかわらず、古さを微塵も感じさせない本書は驚異的である。

この本を上梓した時、著者はまだ三十歳を迎えたばかりであった。にもかかわらず、乾いた文体と人間の政治的営みを睥睨するかのような視線で国際政治のパノラマを提示する達観した感性には舌を巻く。かつてマックス・ヴェーバーは、政治に携わる者の戒めとして、政治は悪魔と契約を結ぶことをも時に要するがゆえに、特別の倫理、責任倫理が必須とされると説いた。ヴェーバーによれば、その倫理意識は、ゲーテの『ファウスト』のなかの一節、「悪魔は年をとっている。だから、悪魔を理解するには、お前も早く年をとることだ」に象徴される。高坂はまさに、齢三十にして、悪魔を理解する老成さを備えた人だった。

そのような老熟した感性を身につけた所以として、彼が類い稀な歴史通であったことが挙げられよう。高坂は、大学入学したての夏休みに、トレヴェリアンの『イギリス社会史』(G.M. Trevelyan, *English social history : a survey of six centuries*, Chaucer to Queen Victoria) を原書で読破したという。目新しい理論や瑣末な事実関係に拘泥せず、古典とじっくりと取り組むことで真贋を見極める歴史の女神クリオの眼はすでにこの時から錬成されていたのだった。

そのようなクリオの眼の片鱗に触れることのできる一般向けの史論も高坂は多数著している。そのなかから、ここでは『文明が衰亡するとき』を挙げたい。この本のなかで高坂は、ローマ帝国、ヴェネツィア、そしてアメリカの三つの事例を取り出し、ギボンやモンテスキュー、ヴェーバーなどの古典的〝二次〟文献を駆使して歴史と現代の対話へと読者を導く。本書が説くのは、文明の繁栄をもたらすもののなかに実は衰亡の要因も含まれているということだが、注意すべきは、衰亡を文明の末期現象として安易に否定的に捉える立場を著者がとっていないことである。そのことは、次の一節からも味読できよう。

興隆はその文明を豊かにする。その豊かさが長い目で見れば衰頽の種子となるとしても、しばらくの間それは人々にさまざまなことをおこなう資源を与える。そして、経済が活力を失い始めたとき、人間はしばしばより賢明に、かつ巧妙になる。（一二頁。引用は、二〇一二年の新版より）

衰亡論を題材に著者が訴えようとしたのは、経済的な浮き沈みに一喜一憂することなく、その時々の時代の課題に歴史的叡智をもって取り組むということだった。それは、政治の場における安易な善悪の峻別を戒めてきた著者のスタンスとも通じるものがある。

本書は、ジャパン・アズ・ナンバーワンを謳歌していた時期に著された。しかし、むしろ「失われた二十年」と称されるその後の日本を踏まえて書かれたかのようにさえ思われる。名著の所以であろう。

（ミネルヴァ通信「究」二〇一五年八月号）

13　政治的「敵」概念の逆説

カール・シュミット著、田中浩／原田武雄訳『政治的なものの概念』未來社、一九七〇年

シュミット（一八八八〜一九八五）の『憲法論』の訳者である阿部照哉氏は、ドイツ留学時にシュミットを自宅に訪ねられた。一九五九年のことである。シュミットは、「友敵という政治の概念に関連して、「敵」にあたる日本語の語源、意味概念、類別などについて」しきりに聞いてきたとのことである（阿部照哉「プレッテンベルクにシュミットを訪ねて」清水幾太郎責任編集『現代思想1　カール・シュミット　危機の政治理論』月報、ダイヤモンド社、一九七三年、六〜七頁）。

シュミットは、政治とは友と敵を区別する営みと見なした。有名な彼の友敵理論である。シュミットによれば、政治の場における敵とは公的な存在であって、私的なライバルや好敵手、仇などとは根本的に区別される。

敵とは公敵であって、ひろい意味における私仇ではない。ポレミオス（戦敵）であって、エヒトロス（私仇）ではない。ドイツ語には、他の諸国語同様、私的な「敵」と政治的な「敵」との区別がないので、多くの誤解やすりかえの生じる可能性がある。よく引用される章句、「なんじらの敵を愛せ」

（マタイ伝、第五章、四十四節、ルカ伝、第六章、二十七節）は、〔ラテン語では〕「なんじらの inimici〔私仇ら〕を愛せ」〔ギリシャ語では〕、「なんじらのエヒトロスすべてを愛せ」であって〔ラテン語の〕、「なんじらの hostes〔公敵ら〕を愛せ」ではない。すなわち、政治的な敵についてはふれていないのである。（一九頁）

このように述べるシュミットの脳裏には、独特の政治観、世界観が投映されている。彼によれば、政治的なものや国家というものは、戦争という例外事態から派生してきたものとされる。戦争は、「現実可能性としてつねに存在する前提なのであって、この前提が、人間の行動・思考を独特な仕方で規定し、そのことを通じて、とくに政治的な態度を生みだす」（二七頁）。そうシュミットは説く。政治や国家とは、戦争という人類にとっての例外状況を理性的に制御するためのものというよりも、むしろ戦争によってその存在を規定されているのである。

シュミットのこのような鬼面人を威すかのごとき（彼がよく使う言葉でいえば、デモーニッシュな）ロジックの背景には、国家的なものの後退という時代の潮流への警鐘があった。シュミットはその分岐点をイギリスによるナポレオンの打倒、海洋的通商原理に対する大陸的国家原理の敗北に求めたりもしているが、その切歯扼腕の直接の原因は、第一次世界大戦後に生起した新しい国際秩序思想にあったと考えられる。

周知のように第一次世界大戦は欧州が直面したグレート・ウォーとして、深甚な物質的精神的傷痕を諸国民に残した。その反省に立って、国家の交戦権を制約する戦争違法化の運動が生じ、国際連盟という国家のエゴを調整するための超国家的機関や戦争の放棄を謳った不戦条約が成立した。

このような平和思想や国家主権制約の動きをシュミットは厳しく批判する。そもそも国際連盟が掲げる集団安全保障やパリ条約が定める戦争放棄とは、「友・敵区別を解消するものではなく、国際的な敵宣言という新たな可能性によって、友・敵区別に新しい内容と新しい生命を与えるもの」（六七頁）と舌鋒鋭く裁断される。そのような新しい敵概念とは、これまで妥当してきた国際法の埒外に置かれた無法者なのであり、そのような者を前にして行われる戦争は、もはや歯止めの利かない違法なもの／非・法的なもの（outlawry）と化すであろう。すなわち戦争の違法化は、それでも戦争が生じた場合に、それに訴えた「侵略」国を講和が可能な「政治的な敵」ではなく、殲滅すべき「人類の敵」と化してしまう。そのもとでいったん生じた戦争の場では、無法や非道の限りが展開されるのではないか。

シュミットの怜悧な論法は、しばしば人を慄然とさせ、生理的な嫌悪感すら抱かせる。彼を「悪魔」と呼ぶ人が多いのもうなずける。しかし、この悪魔には見えていたのかもしれない。第二次大戦の災厄とヒロシマ、ナガサキの惨劇が。そしてさらには今日、人道や神の名において行われている戦闘行為のもとで悲嘆の声をあげている無辜の民の姿が。

（ミネルヴァ通信「究」二〇一五年十一月号）

14　文明という敵

サミュエル・ハンチントン著、鈴木主税訳『文明の衝突』集英社、一九九八年

政治思想は時にデーモンを生み出す。日常と非日常の境界に置かれた人間の営みに政治の本質があると認識し、そこから派生される冷厳な事実と論理を明るみに出す。その深淵を抉り出す筆法は読み手を戦慄させる。前回取り上げたカール・シュミットは、その最たるものといえる。それがゆえに、シュミットの政治論は、多くの人にとって反発と嫌悪を招くものともなっている。現代政治の理論で、それに類比される存在は誰であろう。この問いに対して、『文明の衝突』を著したサミュエル・ハンチントン（一九二七〜二〇〇八年）を挙げることができよう。

『フォーリン・アフェアーズ』誌にハンチントンの「文明の衝突か?」と題する論文が発表されたのは、一九九三年のことだった。この論文はたちどころに物議をかもし、激しい論争を引き起こした。本書の原著は、この論文をもとにして一九九六年に刊行された。

ハンチントンはこの本のなかで、冷戦後の世界秩序を文明を単位としたものとして説明する。すなわち、世界は中華文明、西欧文明、ヒンドゥー文明、イスラム文明、ロシア正教文明、ラテンアメリカ文明、アフリカ文明、そして日本文明といったおよそ八つの文明圏に分けられ、それらが国際関係の構成原理として大きな意義をもつようになると論じられる。それは世界史を眺めてみれば、決して特異なこととはいえない。近代以前にも世界はいくつもの文明圏に分かれ、それらが互いに交易し、

また時に抗争しながら広域的な秩序を形作ってきた。

だが、ハンチントンによれば、冷戦後の国際政治のなかで、文明は必ずしも秩序の安定化要因として立ち現れてきたのではないとされる。西欧世界の膨張が近代化という名を借りて地球大に広がり、その帰結としてもたらされたイデオロギー対立によって世界が分断された後の世に再び頭をもたげてきた文明なるものは、文化的経済的繁栄の表徴としてではなく、むしろ他者に対する自己の分別と敵対の指導原理として現出したのである。近代の限界とイデオロギーの終焉が取りざたされるなか、その引き潮によって社会秩序の空白が生じた地域では、「われわれは何者か」というアイデンティティをめぐる問いが深刻に突きつけられる。それは同時に、「われわれは何者でないか」という他者認識の問いでもある。まさにシュミットが唱えた友敵概念が文明的なものとして再現され、文明相互間の紛争においては敵を殺すことが正当化され、相手の文化を根絶することにも容赦はなくなる。「過去の悪魔が現代に生き返った」のである（四一四頁）。

このようなハンチントンの論法に、学問の名に値しない煽動の書だとして不快感を覚える向きが多いのも不思議ではない。しかし、九・一一後の世界はとみにハンチントンの提示した文明の衝突の世界に陥っているように見受けられるのも確かである。彼が描く世界政治の展開は、事実のレベルで容認し、前提としなければならないのではなかろうか。

本書では、日本についても論じられている。日本文明の特徴とは、その他の文明圏がいずれも複数の国々によって構成されるのに対し、ひとつの国家がそのままひとつの文明体となっていることだという。だが、それは日本文明の独自性を表すものではあっても、優位性を示すものではない。文明間の接触と対立が深まる世界情勢のなかで、日本はアジアへも西欧へもとけこめず孤立していくことになる。いまや、経済関係も文化の共有のいかんに左右されるものとなり、日本は今後、経済的にも取り残されていくことになるかもしれない。東アジア諸国と文化的に異質な日本は、地域的な経済グループのリーダーとはなり得ず、また欧米とも文化的に異なるため、欧米との経済関係にも相互の誤解や敵意を募らせていくであろう（二〇一頁）。そのような状況に置かれた場合、国内的にも極めて一元的で単一的な構成原理をもっている日本社会は、国民性へのさらに強靱な固執か深刻なアノミーに陥る可能性がある。

本書の描く現実世界の運動法則は、過酷なこと極まりない。本来、文明とは他者との交流と共存を促してもきたのではなかったか。そのような文明の使命を担った新たなリヴァイアサンが登場する日が待たれる。

（ミネルヴァ通信「究」二〇一六年二月号）

15　覇道としての文明

イェーリング著、村上淳一訳『権利のための闘争』岩波文庫、一九八二年

かの有名な岩倉使節団に記録係として加わり、明治四年十一月（一八七一年十二月）から二年近くの間、欧米諸国を見て回った久米邦武（一八三九〜一九三一）は、帰国後、その見聞を『米欧回覧実記』と題し

て刊行した。その浩瀚な旅行記は、当時の欧米諸国の実勢や政治や社会の制度的梗概にも説き及んだ第一級の比較文明論の産物である。

久米は西洋文明に何を見たのか。彼が注意を促すのが、私利追求のあくなき意欲（「私利ヲ営求スル一意」）である。それが世界を席巻している西洋文明の活力の源だという。久米によれば、そのような利得心は西欧政治の指導原理を形成するものでもある。「欧州一般、ミナ利欲ノ競争ニ生活シタル」（久米邦武編『特命全権大使　米欧回覧実記』第五巻、岩波文庫、一九八二年、一六〇頁）と喝破しているように、久米は西欧の政治文化のなかに、利益政治、すなわち利益をめぐる競争とそれに奉仕する政治の姿を認めた。それは力に頼った政治、すなわち覇道にほかならない。徳にもとづいた政治を理想とみなす東洋の王道思想とは、完璧なコントラストをなしている。彼は次のように述べている。

白種ハ情欲ノ念熾ンニ、宗教ニ熱中シ、自ラ制抑スル力乏シ、略言スレハ欲深キ人種ナリ、黄種ハ情欲ノ念薄ク、性情ヲ矯揉スルニ強シ、略言スレハ、欲少キ人種ナリ、故ニ政治ノ主意モ相反シ、西洋ニハ保護ノ政治ヲナシ、東洋ハ道徳ノ政治ヲナス。（『実記』第五巻、一四九頁）

このような認識を敷衍するかたちで、久米はかの地の言うJustice（正義）も自分たちの利益を守ることにほかならず、また彼らは平和ななかでも商売や経済競争を通じて「太平ノ戦争」を繰り広げていると論じている。

このような東洋人の文明批評に応えるかのような講演が、彼らが後に訪問することとなるオーストリアの都ウィーンでまさにこのころ行われた。ウィーン大学教授で当時のドイツを代表する偉大な法学者ルドルフ・フォン・イェーリング（一八一八～九二）が、一八七二年三月十一日に行った「権利のための闘争」と題する講演がそれである。このなかでイェーリングは、個々人が自己の権利を主張して、その実現のために闘うことが、正義の理念たる法の生成と発展にとって不可欠であることを熱弁している。

イェーリングによれば、自己の権利を守るための個人の闘争は、人間の崇高な義務なのである。この義務は、自分自身に対する倫理的義務にとどまらない。それは同時に、自らの属する国家共同体に対する義務でもあるのだ。個人が自己の権利のために行う闘争は、その者が属する国家の憲法秩序を守るための闘いでもあり、ひいてはその国の国際法上の地位を高めることにもつながっていく気高い営みだとされる。人はみな、「社会の利益のために権利を主張すべき生まれながらの戦士」たるべきであり、そのような戦士としての気概を備えている国民からなる国家においては、国民の自由のための闘争を通じて憲法上の国民の権利が、そして外敵に対する闘争を通じて国際法上の国家の権利が、それぞれ十全なかたちで発揮されるという。イェーリングにとっては、抗争を通じての秩序形成こそが、西洋法文化の根幹をなすものなのである。

その一方で、この講演に込められているイェーリングの文明に対する警鐘のメッセージもあわせて指摘しておく必要があるだろう。時は西欧全域において資本主義が確立した時代であった。工業化への本格的な胎動が始まり、ドイツにおいては泡沫会社濫立時代といわれ、株式会社がまさにバブルのように生み出されていた。営利のための闘争がはびこる世相に対して、旧ヨーロッパの伝統的な法意識の継承を唱え、倫理的な自律を伴った権利のための闘争を呼びかけるというのが、イェーリングの講演のもうひとつの趣旨だったのである。

久米は、まさにイェーリングが捉えていたのと同じ西洋文明のひとつの断層を見ていたと言えよう。林立する工場やそのなかで華々しく展開される技術の粋を目の当たりにしながら、彼はそういった活動の駆動力となっている営利のための闘争に着眼し、国家の独立もそのような闘争の渦中で試されていることを洞察しえた。そして、そこから薄れつつある倫理的自律をも。

イェーリングの講演の当時、使節団はまだアメリカにいた。久米にイェーリングの講演を聴かせたかったと思うのは、筆者だけではあるまい。

（ミネルヴァ通信「究」二〇一六年五月号）

16 「国家学者」吉野作造

吉野作造著、岡義武編『吉野作造評論集』岩波文庫、一九七五年

吉野作造（一八七八〜一九三三）と言えば、民本主義を唱え、大正デモクラシーの旗手として活躍した近代日本を代表する政治学者である。一九一六年（大正五）に『中央公論』一月号に掲載された雄編「憲政の本義を説いてその有終の美を済すの途を論ず」は、その綱領論文的位置を占めるものとして

つとに名高い。最近、矢内原忠雄、赤松克麿、岡義武というそれぞれの意味で吉野の精神を継承すると言える代表的知性が残した東京帝大での吉野の講義ノートが翻刻された（吉野作造講義録研究会編『吉野作造政治史講義』岩波書店、二〇一六年）。ともすると論客としての姿ばかりがクローズアップされるなか、政治学者としての吉野の実像に迫る貴重な資料集の刊行は、学界にとって慶賀すべきことである。

翻刻された吉野の講義録をひもといた時に印象的なのが、同時代の内外の政治社会の進展に対する鋭敏な感覚である。社会運動の勃興や欧州を中心とする国際政治の展開について、積極的に講義に取り入れ、政治史の大きな流れのなかに位置づけようとする口調から、現実に対するジャーナリスティックな感応力とそれを学問的に把握し咀嚼する研究者としての認識能力の類い稀な結合が髣髴とされる。

前掲の「憲政の本義」論文を収めた本書は、吉野〝政治学〟への格好の入門書といえる。〝政治学〟とかっこ付きにしたのは、本書に収録されている吉野の文章がいずれもいわゆる論壇誌に掲載された評論、時論に属するものだからである。かつて丸山眞男（一九一四～九六）は本業としての政治学研究を「本店」となぞらえ、その一方で発表してきた評論の類を「夜店」と称した。それにならえば、本書は吉野が開いた「夜店」の成果と言える。

もっとも、そのようにして吉野の講壇の内と外の活動を二分することは妥当であろうか。先の講義録を披見した時に浮かび上がってくるのは、既述のように吉野が国の内外の現実的運動に旺盛な関心を示し、それを自身の政治外交史研究の体系のなかに昇華させようと試みていたことである。吉野にとって、「本店」たる政治学者と「夜店」としての政治評論家の境は、きわめて流動的だったのかもしれない。

そう考えてみた時に示唆的なのは、吉野の政治学研究の主たる成果発表の場だった国家学会の存在である。国家学会は、一八八七年（明治二十）に帝国大学法科大学（現・東京大学大学院法学政治学研究科）内に設置された同大教員を中心とする学術団体である。同会が発行する『国家学会雑誌』は、今日なお日本の公法学・政治学をリードする学術誌として一目置かれている。吉野の政治学論文も多くがそこに発表された。それのみならず、彼は学生時代から同会の幹事や雑誌委員を務めていた。ある意味、国家学会の申し子ともいえる存在だったのである。

だが、国家学とはそもそも何なのか。国家という社会科学的分析対象があるのは疑えないから、そのような国家を考究する学問分野が成立することは理の当然である。しかし、国家学に類する学問形態は国際的にみて稀少である。それはドイツの Staatswissenschaft を受容したものと学説史的に説明されるが、当のドイツでは Staatswissenschaft は決して確立した専門分野とは認められていなかった（参照、海老原明夫「ドイツ国法学の『国家学的』方法について」、国家学会編『国家と市民：国家学会百年記念』第一巻、有斐閣、一九八七年）。なお、現在では国家学会の欧文表記では、Political and Social Sciences が用いられている。

実は、国家学とは当初、必ずしもひとつの専門的学知の理論体系として観念されていたのではなかった。国家学会が設立された時に、掲げられていたのはむしろ、研究と現実社会との架橋という実践的問題だった（拙著『ドイツ国家学と明治国制』ミネルヴァ書房、一九九九年、を参照）。国家学会を創立した初代の帝大総長渡邉洪基（一八四八〜一九〇一）は、「歴史的統計的ニ得ル所ノ材料ニ依リ、更ニ此国家ノ成立ニ裨補スル理学的ノ事物ノ学識ヲ参シ、此森羅万象ノ最モ錯雑セル者ヲ集メテ之ヲ解析分類シ、鋭敏ナル判断力ヲ以テ国家ノ福利ヲ進捗スルノ方法ヲ考へ、之ヲ実行スルノ責ニ当ラサルヘカラス」（『国家学会雑誌』第二十五号、一八八九年、一六二一〜一六二二頁）と述べている。政治学者による政治評論という知的伝統は、日本の政治学が国家学として出発したことの変奏かもしれない。政論家・吉野と政治史学者・吉野を総合するものとして、国家学者・吉野を想定してみることは、その隠された思想像を照射するものとならないだろうか。

（ミネルヴァ通信「究」二〇一六年八月号）

17　国家建設の実践の書

ダントレーヴ著、石上良平訳『国家とは何か――政治理論序説［新装版］』みすず書房、二〇〇二年

話題の歴史家ティモシー・スナイダーの新著『ブラックアース』（慶應義塾大学出版会、二〇一六年。原著 *Black earth : the Holocaust as history and warning*, 2015）は、衝撃の書である。前著『ブラッドランド』（筑摩書房、二〇一五年。原著 *Bloodlands : Europe between Hitler and Stalin*, 2010）で、ヒトラー（一八七八〜一九五三）のドイツとスターリン（一八八九〜一九四五）のソ連という二つの独裁体制に挟まれたポーランドやウクライナを中心とする地帯で野放図に繰り広げられたホロコーストの詳細を克明に再現した著者

は、ここでもアウシュビッツをはじめとする強制収容所に決して収斂されることのない大量殺戮の諸相をこれでもかと読者に突きつけていく。スナイダーによれば、アウシュビッツに収容された者はある意味幸運であった。その人たちには時間が猶予され、かすかにでも生き延びるチャンスが与えられたからである。アウシュビッツの外の世界には、一顧だにされることなく無慈悲に奪われていった無辜の命が積み重なっていたのである。

スナイダーの新作は、次のようなホロコーストに関するテーゼを提示してもいる。ホロコーストは国家的な犯罪ではない。それはむしろ、国家がなかったところで生じた惨劇なのである、と。スナイダーによれば、ナチスやソ連が起こしたホロコーストは、国家の強大化によってもたらされたものなのではない。ヒットラーもスターリンも、自分の党が国家組織を飲み込み、それに取って代わることを期していた。彼らの政治思想は、国家の否定にあった。

また、前述のようにホロコーストは、独ソ二カ国に挟撃された土地で生起したが、そこは既存の国家秩序が解体した無法地帯であった。人々はそこで、まさに根無し草が刈り取られるように殺戮されていったのである。同じユダヤ人でも、フランスやデンマークなど他の欧州諸国の国籍をもった者とでは事情は異なった。国家の有無が、ホロコーストの帰趨を決したのである。

今日の中東などで行われていることを考え合わせれば、スナイダーの議論はなおさら説得的である。国家とは確かに暴力装置である。それは、国民を徴兵し戦場に送り込み、非戦闘員である一般市民に容赦なく空爆を行い核兵器さえ使用しようとする。だが他方で国家とは、そのような事態を未然に防ぐ力をもったこの世における唯一のものでもある。それは、自らに帰属する国民という存在に対して、現世での最大限の生命・身体・財産の安全を保障する。

国家という暴力装置をどれだけ道理にかなったものとなし得るか。ダントレーヴ（一九〇二～八五）の国家論はまさにそのことを主題としている。人間の生は、個人の力ではいかんともし難い人的、物的、精神的、あるいは自然上の様々な力に取り巻かれている。そのような力の認識から出発して、ダントレーヴは、それを三つに腑分けする。「実力（force）」、「権力（power）」、「権威（authority）」である。

実力とは、赤裸々な暴力に他ならない。一定の領域内における暴力の正当な発動を独占するものが国家だとは、マックス・ヴェーバーの有名な定義である。ここでヴェーバーが「正当な」と断り書きしているのを無視してはならない。国家が行使するのは正当な暴力、法によって限定されたそれである。そして、その権力が真に正当なものとして認められるには、その権力を振るう国家が権威として正当化され、国民によって尊重され信託されていることを要する。ダントレーヴのこの書は、人間が国家という組織を樹立していくなかで、暴力というフォースを人間社会にとって効能あるものへと錬成していく現象過程を考察している。

このような国家へのアプローチには、「国家はこれらの〔絆、合意、市民意識、愛国心、献身といった〕良きものの総計であり、恐らくは、人間がこの地上の巡礼において手に入れることを望み得る最高の良きものの一つである」（七頁）との彼の信条がある。これを指して、一昔前ならイデオロギーの一言で片づけられただろう。しかし、スナイダーが描く非道な歴史的現実や国家崩壊地帯から必死に逃げ出してくる難民の波を直視するならば、国家を強力かつ尊厳あるものとして再建することが、極めて今日的な課題であることは疑えない。古典的教養に裏づけられた本書は、著者が韜晦するように、「古いブランデーのように、古典を舌のまわりに転がして味わ」って書かれただけのものではあるまい。これは、国家を建設するためのすぐれて実践的な書なのである。

（ミネルヴァ通信「究」二〇一六年十一月号）

18　情報と人情

松本剛吉著、岡義武／林茂校訂『大正デモクラシー期の政治——松本剛吉政治日誌』岩波書店、一九五九年

元首相・森喜朗の回顧録を読んだ（森喜朗『私の履歴書——森喜朗回顧録』日本経済新聞出版社、二〇一三年）。一読して、絵に描いたような〝日本の政治家〟の姿が現れていて興味深かった。ここにいるのは、典型的な政党政治家であり、選挙をなりわいとするその道のプロである。彼は、声高に政治の理念や日本国家の今後の歩むべき道を語ったりはしない。政治とは、政権を取ってポストを配分することであり、党内や自分の地元の利害関係の調整なのである。その機微に長けた人こそ、日本において政治家として尊重される。

天晴なのは、人間関係を大切にするそのポリシーが、他党に対しても貫かれていることである。当時「野合」と批判された村山富市を首班とする一九九四年の自社さ連立政権では、自民党幹事長として政権を支えるために党内を引き締め、数の力で勝る自民党が単独で政策決定できないよう仕組み、

また衆議院の委員会運営では、自党の質問時間を削って共産党に回すという配慮を心がける（共産党は、そのように配慮した都度、幹部が電話でお礼を述べる「律儀な政党」だという）。

彼にとって政治とは、未来を見据えて国民が共有できる価値を作り出すなどという大上段にふりかぶったものなのではあるまい。それは、目の前の人間関係の円滑化が原点なのであり、その人間関係の延長が国民に他ならない。抽象的な理念ではなく、利と情こそが政治を動かす原理なのである。

今回取り上げる松本剛吉日記は、そのような日本政治の原型を克明に浮き彫りにする史料と言える。松本剛吉（一八六二〜一九二九）は戦前に衆議院議員、そして貴族院議員を務めた政治家であるが、むしろ山県有朋、原敬、西園寺公望といった大正期を彩る大政治家のお庭番的存在として活躍した当代の情報通との形容がふさわしい。そのような者として、松本は政界の裏に精通し、表のきれいごとの世界とは異なる政治の論理を体現していた。日本憲政史上の汚点として知られる一八九二年の第二回衆議院議員総選挙の際の政府主導の大がかりな選挙干渉では、陸奥宗光と後藤象二郎の内命を帯びて、九州地方でそのお先棒を担ぎ、その功績で政府に取り立てられていった（尚友倶楽部史料調査室編『松本剛吉自伝「夢の跡」』芙蓉書房出版、二〇一二年）。

そのような経歴からうかがえるように、松本は政局を嗅ぎつけて暗躍する政治の実働部隊の役を担ったりもしたが、それにとどまらず前述のように稀有な情報通として大物政治家に重宝された。そのもたらす情報は正確かつ客観的で、彼自身「只情報を為すのが最も愉快と考」（一四六頁）えている人物だった。したがって、彼は特定の政治家の〝走リ《パシ》〟として頤使されるのではなく、情報を通じて政治家と政治家をつなげる役割を果たした。山県に取り立てられていた松本は、その政敵であった原敬との間も行き来し、両者の橋渡し役を行う。松本の口利きを得て、山県は「原は実に立派なもの」だとの感想を漏らし、「将来は仮りに己の辞表が聞届けらる丶として一平民になつたなら、原と力を合せて遣りたいものである、……〔原は〕人格と云ひ遣り口と云ひ、実に立派なものだ」と胸襟を開くに至る（六〇頁）。原、山県亡き後は西園寺のもとに出入りし、〝主〟を変えながらインテリジェンス活動を終生にわたって続けた。

松本の日記を通じて浮かび上がる政界の姿、それは情報を通じて切り開かれていく人間関係の妙である。松本のインテリジェンス活動とは、俗に言う「情報戦」とは異なる。山県や原、西園寺といった国家の指導的立場にあった人たちは、彼がもたらす情報を通じて、政治信条の違いを越えて同じく国家を担う者どうしであるとの意識をはぐくむに至ったのである。情報の「情」は人情に通じると言えようか。そのような人情の涵養もまた政治の世界の作法であることは、今の政界にも引き続き当てはまることなのだろう。

原没後、山県は悲嘆し、「原と云ふ男は実に偉い男であつた、あ丶云ふ人間をむざ〳〵殺されては日本はたまつたものでない」と語り、松本に「国家の為めぞ、早く会ひ置け」と言って西園寺とのコンタクトを命じたという（一三四頁）。山県、原、西園寺のような政治家あってこそ松本のような間諜が所を得ることができたのである。国家が〝情〟に流されないためにも、理を語れる政治家の存在は不可欠だろう。

（ミネルヴァ通信「究」二〇一七年二月号）

19　理への献身

清沢洌『外政家としての大久保利通』中公文庫、一九九三年

　筆者は伊藤博文について一書をまとめた際、「知の政治家」と形容した（拙著『伊藤博文――知の政治家』中公新書、二〇一〇年）。また、彼は「制度の政治家」だった、とも論じた。

　だが、伊藤以前に「制度の政治家」と呼ぶにふさわしい存在がいる。大久保利通（一八三〇〜七八）である。言わずと知れた明治維新の立役者であり、岩倉具視、木戸孝允、西郷隆盛とともに幕末の政局をリードし、新たな統一国家を牽引した人物である。通常、彼ら維新の第一世代のなかでは、木戸がいち早く立憲制度に注目し、その導入に尽力していたとして注目される。だが、大久保もまた、「制度」ということを盛んに唱え、その構築に血道を上げた政治家だった。

　大久保による制度の高唱は、幕末の時から見られる。それは、既存の天皇と幕府や諸藩に分断された国の統治体制を刷新し、人心一和の統一的な国家体制の創出を意味していた。他方で彼は、義や理を重んじた政治家でもある。「非義の勅命は、勅命に有らず」との彼の有名な言葉があるが、大久保によれば「至当之筋を得天下万人御尤与奉存候而こそ勅命ト可申」とされた（慶応元年九月二十三日付西郷隆盛宛書簡、『大久保利通文書』第一巻、三一一頁）。天皇の命令だから絶対なのではない。「至当之筋を得」ているか否か、すなわち理に則り、義に背いていないかが国家の統治の指針となるべきなのである。

　大久保がこのように啖呵を切った背景にあったのは、無用の長州征討を行おうとして朝廷に圧力を

かけて勅命を引き出し、国を乱そうとする幕府への憤りだった。これに先駆け、水戸の天狗党に対する幕府の苛烈な弾圧に対する嫌忌の念も相まって、大久保は幕府支配の道理性を見限っていた。そのような〝義憤〟こそ、大久保における明治維新達成のパトスであった。

明治に入ってからの大久保は、統一国家の制度作りに腐心する一方で、人心一和の国づくりを目指して邁進する。大久保が主導した殖産興業もその一環である。大久保にとってそれは、単に工場を建てて産業を興すことで富国を実現するというものばかりではなかった。「殖産興業に関する建議書」(一八七四年〈明治七〉)に書かれているように、大久保は国富増進を「人民智識」の開化と連動させていく。「人民保護ノ実」を高めること、すなわち民度を促進していくことの結果として殖産興業がある。そのために彼は、博覧会や博物館も構想した。それは開化のための装置であり、古今東西の文物を展覧することで、知識の蓄積と伝承、そして結合を通じての革新が期待された。

大久保は、「人民保護ノ制度」を構築する一方で、「人民保護ノ実」、すなわち人民の活力を高めていかなければならないと説く。人民が安心して生業に携わり、社会を豊かにしていけること、それが大久保の目指す国家の姿だった。

以上のようにして人心一和の内実を満たすために、大久保は外政面でも活躍する。征韓論を駆逐して日朝間の軍事的対立を未然に防いだのはその一例だが、その直後に勃発した台湾出兵の事後処理にも大久保は懸命の政治努力を傾ける。その姿を活写した一流の政治ドキュメントが本書である。著者の清沢洌は、若き日に渡米し、国際的な視野で戦前日本の政治動向を批判し続けた稀有なジャーナリストである。本書のほか、戦時下で書き綴られた『暗黒日記』がよく知られている。

日清間の開戦を阻止するべく北京に乗り込んだ大久保は、自国政府の強硬派を抑え、ついに清国との間の交渉を妥結させて賠償金獲得に成功する。その額は、大久保と交渉の場にいた側近が、日本国内がこれで納得するかと危惧するほどの少なさだったが、大久保は自国民の保護という大義名分を清国政府が認めたことでよしとしたのである。北京から帰国した大久保は、「益進テ内政ヲ整理改良シ国力ヲ養成扶養シ以テ我独立ヲ鞏固ナラシメサルヘカラス」（『大久保利通文書』第六巻、一九二八年、二三五頁）と語った。対外関係を安定させ、国内の治政の実を上げることこそ、大久保の念願であった。

本書は、一九四一年、対米開戦の緊迫感高まるなかで著された。国際的視野と歴史感覚に富んだ清沢は、今ここに大久保ありせば、との思いで筆を執っていたであろうこと想像に難くない。


（ミネルヴァ通信「究」二〇一七年五月号）

20　象徴天皇制の源流？

北一輝『国体論及び純正社会主義』みすず書房、一九五九年

本書の刊行は一九〇六年（明治三十九）。著者はまだ弱冠二十三歳の若さであった。公刊直後こそ大きな反響を呼び、天才の書などの賛辞をもって迎えられたものの、わずか一週間で発禁の処分が下された。世紀の奇書といってよい。発禁の憂き目にあったものの、彼の独特な社会主義思想に基づく国家改造の革命理論は、官許された明治憲法体制の腐敗に憤懣やるかたない有志の心に火をつけ、悲憤

慷慨する一部の若者たちの間で隠然たる影響力を及ぼした。やがて彼が二・二六事件のイデオローグと目され、刑場の露と消えなくてはならなかったことは周知の通りである。

著者若書きの本書は、確かに異様な情念を発している。金井延、田島錦治、丘浅次郎、穂積八束、美濃部達吉、井上密、有賀長雄といった当時の代表的な学者たちに仮借ない断罪の筆誅が加えられている。だが、この本は単なる政治運動家による弾劾とアジテーションの紙つぶてとはまた異なる。過激な言辞を弄しながらも、そのコアには、冷徹な論理構成で組み立てられた理論体系が包含されているのである。実際、ここで北が企図していたのは、歴史のなかに忘却された明治維新の原点に立ち帰ったうえでの、明治憲法の抜本的な解釈替えだった。そのような観点から読み解けば、この本は革命の書としてよりもむしろ、社会主義、社会政策論、進化論、憲法学という多彩な道具立てでものされた総合的国家学として扱われるべきと思われる。

本書の内容上白眉というべきは、穂積八束（一八六〇〜一九一二）の憲法学に加えられた仮借ない批判である。東京帝国大学法科大学の憲法講座教授として明治憲法の正統的解釈を自任して天皇主権説を掲げる穂積に対して、北はそれが万世一系などという虚妄をふりかざす似非学説と難じる。意外に思われるだろうが、北が護持するのは天皇機関説である。それも国体論の神話的装いを剝ぎ取った、徹底して機能主義的な君主論である。北は天皇を元首でもなく、国家の最高機関ですらないと説く。彼にとって天皇とは国家の上に立って国民に君臨するものなのではなく、国家の一機関として国民の支持を受けてその地位にある存在であった。そのことを一顧だにせず、教育勅語や国体神話で国民を馴化しようとする天皇主権説は、明治維新の精神にも反し、日本民族の歴史からも逸脱した「復古的革命主義」の産物に他ならない。北によれば、それは天皇を「土人部落の土偶」に貶める所業とされる。

天皇をいただく昭和維新思想の源流と目されながらも、北の思想のなかにあったのは徹底して脱神格化された天皇だった。だが、それはまた他方で、国民と一体化した統合の象徴でもあった。行政府に囲繞された天皇ではなく、国民の天皇を北は求める。北の天皇機関説は、後述のように美濃部達吉（一八七三～一九四三）のそれとも異なる。美濃部が天皇を国家統治の最高機関と位置づけるのに対して、北によれば国家の最高機関は天皇のみならず帝国議会なのであり、そのもとをただせば国民こそ主権者なのである。

本書を貫くのは、徹底した権威への対決姿勢である。その権威とは、明治維新後に政権を掌握し万世一系の国体イデオロギーで国民の身心を統制しようとする天皇制官僚国家である。その源泉を帝国大学に見定めた北は、その教授たちにイデオロギー批判を加えていった。その筆頭が穂積だったのだが、その論敵であるはずの美濃部に対しても、北は批判の矛先を向ける。その天皇機関説が天皇を国家の最高機関と位置づけるところに国体論への加担を認めているからである。

佐渡という東京から遠く離れた孤島で生まれ育った北は、それが故に中央で作り出されていた国民統合のイデオロギーを相対化することができた。万世一系の天皇のもとでこの国が統治されてきたなどというが、記紀神話の舞台となったのは、本来この列島のごく限られた地理的範囲のことではないか。そのような空言で国民をたぶらかすのではなく、社会進化の道筋に従った新たな国家論を樹立しなければならない。

北にとってそれは、明治維新の初心に立ち帰って構築される国家論であった。明治維新の初心とは何か。それは、民主主義にほかならない。国民一人一人が政治的に平等に扱われることである。天皇もそのような平等な国民の統合の象徴とならなければならない。北の憲法論を日本国憲法の天皇論を先取りしたものと見なす向きもあるが、故なしとしない。

（ミネルヴァ通信「究」二〇一七年八月号）

21　権力政治家の肖像

岡義武『山県有朋――明治日本の象徴』岩波新書、一九五八年

明治の元勲の一人で近代日本陸軍の父とも称せられる山県有朋（一八三八～一九二二）には、普請の趣味があり、また稀有な造園家だった。彼が手がけた庭は、京都の無鄰菴、小田原の古稀庵、東京の椿山荘が挙げられる。いずれも当代を代表する名庭である。山県の造園は、彼の政治観の表出でもあった。

山県は政治において「人」を重視した。彼は自分の配下に入った者を決して蔑ろにすることなく、公私にわたって面倒をみたという。逆に、彼と袂を分かとうとした者には、冷酷な姿勢も見せた。子飼いと目されていた桂太郎（一八四八～一九一三）が、山県の元から自立し、彼の忌み嫌う政党を結成して志半ばで倒れた時、山県は「雪隠で首をくくった」と冷笑した。

このような冷たさをもつ一方で、既述のように彼は自分についた子分を大事にし、山県閥と呼ばれ

るその人脈は官界、貴族院、陸軍、枢密院、宮中という国家の要所要所にはりめぐらされた。それはあたかも、国家を舞台とする造園の趣があった。石を据え、築山をなし、川を流すかのように、山県は国家という庭に人脈を築いたのである。

この点は、彼の生涯の好敵手だった伊藤博文と見事なコントラストをなしている。伊藤には山県のような普請趣味はなかった。伊藤も滄浪閣などいくつもの邸宅を構えたが、それらは雅趣に乏しく、無骨かつ没個性的なものである。家屋敷など雨露がしのげればよいと伊藤はうそぶいていたらしいが、案外彼の本心だったのではないか。

身の回りのことに頓着しない伊藤は、自分の派閥を作ることもなかった。伊藤は山県のような子分に取り巻かれた政治家ではなかった。伊藤の眼中に「人」はなかった。むしろ、その人物の才能、換言すれば利用価値にしか彼の関心は向いていなかった。それゆえに、彼はかつての政敵と容易につるむことができたのである。陸奥宗光のような反逆者を政府に招き入れたり、かつて自らが政府から追放した大隈重信（一八三八～一九二二）に政権を譲渡するなどした。逆に、伊藤の身近の者たちは彼のもとから離れていく。

このような政治姿勢は、目の前の政局への取り組みを難しくする。政治的困難に直面した時、伊藤に胆力が足りないと喝破したのは明治天皇（一八五二～一九一二）だった。それでも伊藤が大政治家の名に値するのは、彼が憲法をはじめとする制度をもたらしたからである。そして彼の権力者としての座が安泰だったのは、天皇の絶大な信頼を得ていたからである。天皇の寵遇を一身に受けていた伊藤は、権力闘争にかかずらうことなく、合理的国家の設計と改革という形而上的問題に専心していたのである。

伊藤が作り上げた制度としての国家に、人というワイヤーをからませ、政党政治への傾斜を抑制しようとしていたのが山県だった。前述のように山県は、自分の息がかかった人物を国家の随所に配置した。しかしそれによって彼は、国家を私物化しようとしていたのではない。彼の胸中には常に死者への思いがあった。それは第一には、幕末の動乱や戊辰戦争で命を落としていった志士たちへの追悼の念である。晩年になるまで京都霊山に眠る幕末維新の志士の墓前への参拝を止めなかったと言われる山県には、現時の国家を維新の英霊たちの素志に背いたものとしてはならないという強い使命感があった。山県が信奉する維新の英霊たちの素志に叶った国家とは、天皇を戴く滅私奉公の国民国家である（当の山県は、明治天皇と大正天皇から煙たがられ、当人もそれを了知していたというのは皮肉である。むしろ、彼にとっては自らの死者への追憶の情が何よりも優先されたということであろう）。

政治史研究の泰斗・岡義武氏の名著『山県有朋』は、そのような国家精神と一体化した無私なる権力政治家の姿を浮き彫りとした作品で、政治家の評伝というもののひとつの極致を示している。山県の評伝といえば、長らくこの岡氏のものが他の追随を許さなかったが、近年、伊藤之雄氏の『山県有朋――愚直な権力者の生涯』（文春新書、二〇〇九年）が著され、圧倒的な資料を駆使してより立体的に山県の内面に迫っている。伊藤氏は、生涯にわたって家族や身近な者たちとの死別に見舞われ続けた山県の孤独な権力者の側面に注意を促した。また、最近では小林道彦氏によって、これまで未発見だった山県による各種の建言書が確認されてきており、単なる隠然たる権力者ではなく、その国家構想といった思想的側面にも関心が寄せられている（小林道彦『山県有朋――明治国家と権力』中公新書、二〇二三年）。岡氏の像を乗り越える新たな山県論が今後出てくる可能性もないではない。

（ミネルヴァ通信「究」二〇一七年十一月号）

22　失われた二十年のその後

『大平総理の政策研究会報告書』自由民主党広報委員会出版局、一九八〇年

大平正芳（一九一〇～八〇）の再評価が目覚ましい。生前は滑舌の悪い愚鈍な総理のイメージで鈍牛などと揶揄されることがあったが、その死後、特に今世紀に入ってからは、全七巻に及ぶ著作集が刊行され、学術的な評伝も著されるなどその思想と業績に脚光が寄せられている。

大平の首相在任時の事績として、近年注目を集めているのが、大平内閣の成立後すぐに発足した「大平総理の政策研究会」である。田園都市、多元化社会、環太平洋連帯、安全保障、文化の時代といったテーマに基づき計九つの研究グループが立ち上げられた。各グループは二十名前後の各界で活躍する学者や文化人が集められ、濃密な議論が重ねられた。研究会のテーマ自体が大平のイニシアティブの下で決定され、メンバーの人選も香山健一、佐藤誠三郎、公文俊平といった大平のブレインと大平自身の指名により、大平自ら研究会に熱心に参加して、議論に耳を傾けたという。

だが、研究会は一九八〇年の大平の急逝により、あわただしく報告書をとりまとめて解散せざるを

得なかった。提出された九つの報告書は、後に合冊されて『大平総理の政策研究会報告書』としごく事務的に命名されている。それは全体で八〇〇頁を超える大部なものであり、内容も前述のようなテーマに分かれ、一見総花的な印象を抱かせるが、一貫した時代認識と社会像が指摘できる。そのキーワードとして特筆すべきなのが、「文化の時代」と「地方の時代」である。大平報告書は、次世代の指標を文化の時代と捉え、その文化を生み出す基盤として地方の再生を説いている。

文化と地方の時代とは、聞きようによっては浅薄に響くかもしれないが、そこにはある明確な時代認識があった。それは一言で言うならば、明治以来の成長を追い求めてきた時代の終焉である。報告書は言う。「明治維新以降の高度に中央集権的な国家システムは、日本の歴史の中で、むしろ異例ともいうべきものであった」(四九二頁)、と。明治維新以来の日本の近代化は、政治、経済、文化を東京に一極集中させることによって成し遂げられた。それは、日本各地の多様な活力を中央に吸引していく過程でもあった。それはこの小国の限られた人的・物的資源を集約して国際競争に打ち克つには極めて有効な施策だったであろう。しかし、報告書が提示するのは、今やそれとは異なった時代に日本は入りつつあるとの認識である。

わが国は、明治維新以来初めて、更に言えば、中国文明を摂取して古代国家を建設して以来初めて、「お手本のない時代」に入ったのである。しかも、豊かな社会への成長を可能とした諸条件は今や失われつつある。すなわち、国際環境の変化と経済構造の成熟化は高度経済成長の継続を不可能と

した。日本社会は、追いつき型近代化の時代から、新しい時代へと移行しつつあるのである。（五八八頁）

日本はこれから手本なき時代に入ると言う。それは、「追いつき型近代化の時代」の終焉でもあると言う。そしてそれは同時に、成長無き時代でもある。報告書によれば、日本経済は「今後これまでのような高度成長を遂げることは最早不可能であり、いわゆる低成長に移行せざるを得ない」（三九頁）とも診断される。

ここまで書いてくると、この報告書が今から四十年近く以前のものとはにわかに信じられなくなるのではないか。成長無き時代の処方箋。それはまさに失われた二十年と呼ばれるバブル経済崩壊後の日本社会が求めてやまないものである。報告書が提起するのは、いかにして成長を取り戻すかではない。一億総活躍して成長を回復することではなく、個々人がこれまでの成長の果実を享受して生活の質を高めていくこと、それが次世代の課題とされた。そして、そのためには各人が自らの生活する地域的コミュニティの一員としてその振興に努め、地方から文化を創発していくことが謳われた。そのようなコミュニティが重層的に積み上げられ連携していくことで、新しい国家像、環太平洋連帯というリージョナリズム、そしてさらには地球社会へと至るとの青写真こそこの報告書が提起しようとした二十一世紀日本のヴィジョンだったといえる。

この後訪れた日本経済の狂騒と日本社会の構造的変容を思えば、ここには日本の国家と国民のあり方を論じる際の貴重な指針が先取りされていたように思える。

（ミネルヴァ通信「究」二〇一八年二月号）

23　明治日本への叛逆

田中角栄『日本列島改造論』日刊工業新聞社、一九七二年

田中角栄（一九一八年〜九三）が首相在任時に、目白の私邸で田中と面会したことがある神職の方の話を聞いたことがある。彼はひとしきり陳情に耳を傾けた後、「いずれも難しい問題だ」とつぶやき、そして面会時間の三分が来ると、自ら卓上のベルを鳴らして会談を終わらせたという。有名な彼の面談風景で、何ともお座なりな印象を抱かせるが、田中はその後、その時に懇望したことのひとつ（伊勢神宮への参拝）を実行に移してくれたという。コンピューター付きブルドーザーの異名をとった角栄ならではのエピソードではなかろうか。数値で線引きするが、思いはくみ取る。理と情を兼ね備えていたからこそ、田中角栄は空前の国民的人気を博し、戦後日本に屹立する大宰相となったのである。

『日本列島改造論』は、そのような田中が首相在任時に自らの政策構想を大胆に綴った書として、ベストセラーとなった。本書をひもとき印象に残るのが、圧倒的なデータの引用である。事細かに数字を並べ、いかに道路や鉄道が足りないか、電力資源の開発が必要かをこれでもかとまくしたてる。これもまた、コンピューター付きブルドーザーたる所以であろう。ただ、一国のリーダーの書としては、一抹の違和感も抱く。以前、ある有名大学の学長が盛んに数字を述べながら、いかに自分が就任

してからこの学校のパフォーマンスが上がったかを滔々と弁じ立てるのを聞いて鼻白んだ経験がある。「長」たる者は、少なくとも公開の場では、もっと大所高所からのヴィジョンや理念を語るべきではないかと思ったものである。

もっともこれは、この書の実際の執筆者が官僚であったことを考えれば、不思議ではない。だがそのことは、『日本列島改造論』はしょせん官僚が描いた青写真ということを意味しない。そこには、日本の戦後史が生んだ最大の傑物政治家の国家ヴィジョンも脈打っている。それは標語風に言うならば、明治維新からの転換と呼ぶことができる。本書の背景にあるのは、明治以降の日本のゆがんだ発展を正そうとする強烈な信念なのである。「序にかえて」で田中は言う。

明治百年をひとつのフシ目にして、都市集中のメリットは、いま明らかにデメリットへ変わった。国民がいまなによりも求めているのは、過密と過疎の弊害の同時解消であり、美しく、住みよい国土で将来に不安なく、豊かに暮らしていけることである。（二頁）

このように述べて田中は、ヒトやモノの都市集中の流れを切り替え、「工業の全国的な再配置と知識集約化、全国新幹線と高速自動車道の建設、情報通信網のネットワークの形成などをテコにして、都市と農村、表日本と裏日本の格差」を必ず無くすと力説するのである。言うならば、本書は都市に対して農村が、そして表日本に対して裏日本が物申した書と言える。明治以降の近代化のなかで取り残された地域の怨念と巻き返しが込められた書なのである。田中その人が、新潟の豪雪地帯の生まれとして、裏日本の農村の悲哀をエネルギーに代えてのし上がっていった政治家だった。

この点において、本書は前回取り上げた大平正芳首相の政策研究会報告書と軌を一にする。大平報告書もまた、明治維新以来の日本の近代化を過度に中央集権化されたいびつなものと見なし、その是正を唱えて「文化と地方の時代」を掲げたのだった。田中と大平。この両者はともに地方の僻村の出身として、そのような出自から近代日本を見つめてきた盟友だったのである。日本列島改造論が後田中の金脈問題などで挫折し、フィルターにかけられた後に成立したのが、大平の国家構想だったといえるかもしれない。

田中は道路を走らせ、鉄道網を敷き詰めれば、ヒトやモノの一極集中は地方への分散へと転じると豪語した。だが、実際はその逆だった。ヒトやモノはよけいに東京へと吸い寄せられ、地方の疲弊は甚だしくなっている。明治以降に築かれた日本の社会システムは、まだまだ根の深い問題をはらんでいるということかもしれない。

（ミネルヴァ通信「究」二〇一八年五月号）

24　神話の政治化への理性の挑戦

エルンスト・カッシーラー著、宮田光雄訳『国家の神話』講談社学術文庫、二〇一八年

人文社会科学の専門書出版社として名高い創文社が二〇二〇年をもって解散することが、二〇一六

年九月に告知された。日本経済の長引く停滞、大学予算の縮小化、学術論文・博士論文の電子化やオンライン化による経営の悪化によるものという。

筆者にとって同社は、幾多の社会科学の古典の翻訳や本来の専門である法制史の定評ある研究書の版元として畏敬の対象である。いわば日本の人文学の屋台骨を支えてきた出版社といって過言でなく、ショックは癒えない。あの綺羅星のような書籍の数々はこれからどうなるのだろう。マックス・ウェーバーの『経済と社会』、メイトランドの『イングランド憲法史』、ミッタイスの『ドイツ法制史概説』、ヴィーアッカーの『近世私法史』などなど。もちろん、ハイデッガー全集やトマス・アクィナス『神学大全』の全訳という記念碑的な事業も。これらが永久に失われたとしたら、日本の人文学にとって取り返しのつかない損失となる。

今回取り上げるカッシーラー（一八七四〜一九四五）の『国家の神話』もそのような貴重な訳業である。もともとは一九六〇年に創文社の「名著翻訳叢書」の一冊として刊行された。著者のカッシーラーは、『シンボル形式の哲学』や『実体概念と関数概念』といった大作を数多く残した二十世紀を代表する哲学者の一人である。その遺作ともいえる本書は、ナチスの惨禍を目の当たりにしたカッシーラーが、その不条理な現象と対峙するべく第二次世界大戦のさなかに書き綴られ、没後の一九四六年に刊行されたものである。この名著が、新たに講談社学術文庫から出され、絶版の危機から救われたことはまことに悦ばしい。

カッシーラーの学問的な問題意識は、実体概念と関数（機能）概念の対立という人間の認識活動を規定する矛盾した事態を前にして、前者の実体概念を排斥し、あらゆる実体性を関数概念に置き換えることにあった（「訳者解説」五六七頁参照）。そこには、人間社会の文化的発展につれて、原始的な神話的世界観から芸術・宗教・科学などの象徴的機能が分化し、神話的思考は科学的思考へと自己解放を遂げていくとの著者の進化論的歴史観が介在している。実体概念を排し、関係性に置換するとの姿勢は、カッシーラーの親しんだ新カント派哲学の影響があるであろうし、また、彼のユダヤ人としての出自も大きかったのではないかと推察される。ドイツ人以前にユダヤ人として、ドイツ民族の実体化になじむことができなかった自らの経験が、そこには投影されているといえよう。

前述のように、本書はナチス・ドイツによるヨーロッパの征圧が進展するのを眼前にしながら執筆された。この時カッシーラーはすでにドイツを離れ、アメリカのイェール大学に客員教授として招かれていたが、そのままヨーロッパに戻ることはなかった。訪米中にナチスの進攻が激しくなり、ユダヤ人である彼にとって、ヨーロッパは安全な場所ではなくなっていたのである。

本書の結語でカッシーラーは次のように記している。「人間の文化が、われわれがかつて考えていたように強固に確立されたものでは決してない」、「われわれは、人間文化の偉大な傑作を、はるかに謙遜な仕方で眺めなければならないように思われる。それは永久的なものではないし、また論駁の余地のないものでもない。われわれの科学や詩や芸術、さらに宗教は、非常な深さにまで達している古い地層の上の単なる新層にすぎない。われわれは、われわれの文化的世界や社会的秩序を、その根底そのものから揺り動かせる激動があるかもしれないことを、つねに予期していなければならない」（五〇九頁)。

プラトン以来の西洋の科学的認識の歩みとは、所詮は「古い地層の上の単なる新層」に過ぎなかったのか。人間の観念や現実の言動を支配するのは、結局は古層にある神話的思考であり、世界は常に呪術化の網に囚われているのか。

そうなのかもしれない。だが、それでも、その囚われの全容と帰結を解明し省察する理性の働きを止めるべきではない。本書には、ナチスへの言及も、ヒトラーの名も登場しない。そこに、現実の事態に過度に拘泥することなく、あくまで人間文化の本質の究明という理性による普遍化作業を旨とする著者の矜持を認めるべきだろう。

（ミネルヴァ通信「究」二〇一八年八月号）

＊創文社の書籍のほとんどは、その後、講談社の手で「創文社オンデマンド叢書」が立ち上げられ、電子書籍やオンデマンド出版のかたちで引き継がれている。

25　〝正統〟をめぐる争い

美濃部達吉『憲法講話』ゆまに書房、二〇〇三年

美濃部達吉は戦前の日本を代表する憲法学者である。いわゆる天皇機関説を主張し、天皇への主権の帰一を説く東京帝国大学の同僚・穂積八束（一八六〇～一九一二）と上杉慎吉（一八七八～一九二九）の正統学説を果敢に批判し、大日本帝国憲法（以下、明治憲法）のもとにおいて自由主義的な憲法学を樹

立したことで著名である。天皇機関説とは、天皇は主権者としても、実際のその権力の行使は憲法によって制約され、憲法によって定められた政治的権能を担う国家の一機関に過ぎないという学説である。

天皇機関説は、長らくアカデミズムにおける通説の地位を占め、戦前のキャリア官僚の登用門であった高等文官試験でも受験生はもっぱら美濃部の教科書で憲法学を学んでいた。だが、昭和に入ると、その説くところが不敬であるとして右翼勢力からの糾弾を招き、一九三五年に激しい機関説排斥の運動に耐えかねた政府は、二度にわたって声明を発し、日本国は万世一系の天皇が全権を握って統治を行うことを国体としており、天皇機関説はこの国体に悖るものであるとして否定した（国体明徴声明）。当時貴族院議員だった美濃部はその職を辞し、彼の憲法学上の著作は発禁となり、機関説を大学はじめ教育の現場で教授することは禁ぜられた。世に言う天皇機関説事件である（ちなみに、美濃部の生地・兵庫県高砂市の高砂公民館所蔵の『美濃部親子文庫』には、この時の右翼団体からの脅迫状が多数存在している）。

この昭和期ファシズムを象徴する事件が生々しいがゆえに、天皇による統治権の総攬を掲げる天皇主権説こそ明治憲法の正統学派であり、美濃部らの機関説は正統にあらざるものとして、立憲学派など別の名称が与えられる。しかし、美濃部にしてみれば、正統学派の名は自分にこそふさわしく、穂積らが主張する天皇主権説のほうが異端なのであった。一九三五年に世の排撃にさらされるなかで、美濃部は重ねて自分の学説は決して明治憲法解釈の正道を踏み外したものではなく、そもそも伊藤博文のような憲法の制定者がその著である『憲法義解』で展開した論と異なっていないのだと弁明している。

美濃部の主張は正しい。伊藤の名で出された明治憲法の権威的コメンタールである『憲法義解』には確かに、「憲法は即ち国家の各部機関に向て適当なる定分を与へ、其の経絡機能を有《たも》たしむる者にして、君主は憲法の条規に依りて其の天職を行ふ者なり」との文言が見られる。明治憲法を、立憲主義を仮装した天皇大権主義の憲法と捉えるのは誤りであり、支配権力の制約と分割を主眼とする近代立憲主義の理念はそこにインプットされていた。穂積の〝正統〟学説も、学界において権威として受け入れられていたのではなく、彼が教授を務めていた帝国大学のなかにおいてすら、それは厳しい批判にさらされていた（拙著『渡邉洪基』ミネルヴァ書房、二〇一六年、第七章参照）。

美濃部の『憲法講話』は、一九一二年（明治四十五）に刊行された。歴史研究や原理論的研究を別にすれば、彼にとって最初の憲法学の著書である。そもそも、この時まだ彼は憲法学者ではなかった。彼が担当していたのは、比較法制史の講座だったのであり、その傍らで行政法も講じていたに過ぎなかった。いわば彼は越境して、道場破り的に憲法学に侵入してきたのである。

本書は、天皇主権説に対するあからさまな宣戦布告の書といえるが、それよりも注目すべきは、美濃部による国体の捉え方である。美濃部は穂積の国体概念を批判する。だがそれは、国体を憲法学から退場させようとしてではない。逆である。政理を排し、法理に純化した憲法学を唱える穂積らは、国体を単なる主権の所在を表す分類概念に解釈替えしてしまっている。美濃部によれば、国体とは憲法を生み出し、それが立脚する基盤なのであり、国体に基づいた憲法解釈が志向されなければならないとされる。美濃部の天皇機関説とは、国体憲法論であった。

そうしてみると、天皇機関説事件の際の美濃部の学説も、これを否定しようとした国体明徴派も、国体論を掲げた点では相違はなかったということになる。要は、国体のなかに何を読み込むかの違いだったといえるのである。国体の本義を天皇独裁とするか、それとも万機公論とするか、である。

美濃部は戦後の憲法改正に反対した。明治憲法でも民主主義的な政治は十分に可能だし、むしろそれこそが日本の国体に則っているというのが、彼の信念だった。日本的リベラリストの実像は、複雑な陰影に富んでいる。

（ミネルヴァ通信「究」二〇一八年十一月号）

26　創設の政治学

ハンナ・アレント著、志水速雄訳『革命について』ちくま学芸文庫、一九九五年

その半生が映画化されるなどハンナ・アーレント（以下、このように表記する）（一九〇六～七五）には、狭い意味での政治哲学者にとどまらない関心が寄せられている。亡命ユダヤ人としての起伏に富んだ生涯や師であるマルティン・ハイデッガー（一八八九～一九七六）とのスキャンダラスな関係など彼女の人生は、確かに静かな学究生活には納まらない波乱と緊張に満ち満ちていた。

だが、彼女の真価が、独自の政治思想と政治についての原理的考察にあったことは片時も忘れるべきではない。数多ある著作のうちで、ここでは一九六三年に発表された『革命について』を取り上げ

よう。

本書はフランス革命とアメリカ独立革命の比較論のかたちをとって、政治的共同体の組織構成や創設のあり方について論究したものである。ここでのアーレントの筆は、アメリカ革命の意義を称揚し、フランス革命については点数が辛い。アーレントは、アメリカ革命にたずさわった人々とフランス革命にたずさわった人々を指して、「創設者たちと解放者たち」と称する。アメリカ革命とフランス革命とを分かつもの、それは権力に対するセンスである。アメリカでは革命によって権力の創設がなされた一方、フランスで行われたのは、もっぱら権力の打倒であり、そこからの解放だった。その結果、二つの革命はどのような岐路をたどったか。アーレント自身の言葉を引こう。

フランス革命の人びとは暴力と権力をどう区別するか知らないままに、全権力は人民からくるものでなければならぬと確信していた。そこでこの群衆の前政治的な自然的強制力の前に政治領域を開放したため、国王や旧権力が一掃されたように、今度は彼ら自身がその力に押し流されたのである。これと反対に、アメリカ革命の人びとは、権力を前政治的な自然的暴力とはまったく反対のものだと理解していた。彼らにとっては、権力は、人びとが集まり、約束や契約や相互誓約によって互いに拘束しあうばあいに実現するものであった。（二九四頁）

ここでアーレントが言わんとしているのは、フランスにおいては暴力と権力の原理的区別が不十分だったため、絶対権力たる王制が打破された後に、今度は人民自らが絶対権力を行使するという弊に陥ってしまったということである。歴史上の多くの革命は、この隘路から逃れられなかった。いずれも自分たちが倒した前の体制の政治的体質を継承して絶対主義化した。「革命はその絶対者に代わる別の絶対者を探すという無益な誤った努力をつづけた」（二四五頁）のである。

これに対して、アメリカ革命は根本的に異なっていた。そこでは、赤裸々な物理的暴力とは区別される人間共同体の枢要な構成要素としての権力の構築が企図された。以前にこの連載で取り上げたダントレーブの権力観との親縁性が認められる。アーレントによれば、「権力とは、人びとが約束をなし約束を守ることによって創設行為のなかで互いに関係し結びあうことのできる、世界の介在的空間にのみ適用される唯一の人間的属性である。そして、それは政治領域では最高の人間的能力」（二七〇頁）とされる。

本書は、革命を論じながら、権力の創設という意味での立憲主義を構想したものである。創設の原語はconstitutionであり、それは憲法を意味する言葉でもある。憲法のなかには、共同体の構成員が協力し合って自分たちの生存と自由にとって合理的な権力を創設する（constitute）という意義が含みこまれている。立憲主義とは、フランス革命的に権力を縛り抑制することを主眼としたものではない。それは、われわれ（we, the people）がわれわれの権力を作り出すという法理でもあるのだ。

もとよりそこには危険性もはらまれている。アーレントが高唱するギリシャ的ポリスは、共和と述べつつ、精神活動に従事する知識人エリートの特権化を招くものではないか。あるいは、その共同体理解が、過度に政治化され、政治への人間生活そのものの解消をもたらす全体主義に陥らないか。アーレントは、フランス革命によって定められた人権宣言が、「人および市民の権利の宣言」であり、市民に収まらない非政治的人間の権利までことさら掲げたことに懐疑的なようである。この批判に応答して、人の権利と市民の権利との調和とバランスを保った共和主義の理論が次に構築されるべきだろう。

（ミネルヴァ通信「究」二〇一九年二月号）

27　哲人政治による民主政治の断罪

プラトン著、藤沢令夫訳『国家』上・下、岩波文庫、一九七九年

法はきっと、こう言うことだろう。――不幸のうちにあっては、できるだけ平静を保って、感情をたかぶらせないことが最も望ましいのだ。ほかでもない、そうした出来事がほんとうは善いことか悪いことかは、必ずしも明らかではないし、堪えるのをつらがってみても、前向きに役に立つことは何ひとつないのだし、そもそも人の世に起る何ごとも大した真剣な関心に値するものではないのだし、それに、悲しみに耽るということは、そのような状況のなかでできるだけ速やかにわれわれに生じてこなければならないもの〔起こったことについて熟慮すること〕にとって、妨げとなるのだから、とね。

（下・三二九頁）

古典を読むことの醍醐味は、このような文章と出会えることだろう。時空を超えて残ってきた言葉を通じてわれわれは、人間の変わらぬ姿を知ることができ、数千年前から説かれてきた真理に耳傾け、実践の糧とすることができる。それが、プラトン（前四二七～三四七）の手によって語られたソクラテス（前四七〇頃～三九九）の言葉であればなおさらである。

プラトンの長大な対話篇『国家』は、言わずと知れた政治哲学の古典である。そこでは、正義とは何かという根源的な問いを発しながら、それを体現する国家のあり方が構想されている。プラトンは、正義を哲学的に知悉した哲人によって支配される国家を理想とした。しかし、そのようなプラトンの哲人政治には当然批判が向けられる。我こそが人民にとって何が真の幸せであるかを知っていると説く独裁者によってなされる政治が、どのような禍をもたらすか。プラトン以後の人類の歴史は、その実例をこれでもかと提示することができる。われわれはむしろ、様々な他者を抱え込み互いに共存できるという意味でのデモクラシーの社会に生きることを前提としているのであり、そこでは政治に真理を持ち込むことは慎重でなければならない。また、プラトン自身が『国家』で展開しているのは、あくまで究極の理想論であることをわきまえており、『政治家』や『法律』といった他の著作では現実の人間社会に立脚した立憲主義的な統治のあり方を議論していることも忘れてはならない。

だが、プラトンが民主的な国制を次のようにソクラテスに語らせていることは、民主制の下にあるわれわれへの二千年以上もの昔から放たれた根源的な批判の矢として突き刺さる。

思うにこの国制のもとでは、他のどの国よりも最も多種多様な人間たちが生まれてくることだろう。〔中略〕これはさまざまの国制のなかでも、いちばん美しい国制かもしれないね。ちょうど、あらゆる華やかな色彩をほどこされた色とりどりの着物のように、この国制も、あらゆる習俗によって多彩にいろどられているので、この上なく美しく見えるだろう。（下・二〇四頁）

プラトンによれば、多彩で多元的であり、そして個人の自由を何よりも大切にする国制こそ民主制というものである。「それはどうやら、快く、無政府的で、多彩な国制であり、等しい者にも等しくない者にも同じように一種の平等を与える国制だ、ということになるようだね」（下・二〇六〜二〇七頁）と皮肉るプラトンは、民主制のもとでの人民はただ快楽を享受することのみを善とし、その快楽の質を問うことなく、欲望におぼれ、秩序とは無縁のものとなっていくと述べる。支配者もそこではただ大衆に迎合するだけで、教師は生徒にこびへつらい、生徒は教師を軽蔑する。プラトンの哲人政治の虚構を批判するわれわれは、だからといって、このような彼の民主制批判に反駁することができるだろうか。

勇を鼓して反駁を試みよう。プラトンよ、あなたは真理とは確固として存在し、ゆらぐことはないと言う。常に移ろうものを追い求める知識は哲学ではないとも。だが、真理を語る人が本当に正しいという保証は誰が行うのか。真理を語る人ではなく、それを求め続ける営みこそが国制で保障されるべきことではないのか。一人の哲人よりも、多くの知を集め既存の知の正しさを常に検証する運動にこそ民主制の可能性はあるのではないか。

（ミネルヴァ通信「究」二〇一九年五月号）

28 宗教復権時代の政治的教養

野田宣雄『教養市民層からナチズムへ——比較宗教社会史のこころみ』名古屋大学出版会、一九八八年

著者の野田宣雄氏は、京都大学文学部の西洋史学科を卒業し、ドイツ史を専攻した。京都大学教養学部で長らく一般教養の西洋史を講じてきたが、一九九一年に政治史講座の担当として京都大学法学部に移った。野田氏の講義は、その後研究者の道を歩んだ人たちの間で語り草となっている。最近では、日本政治外交史の五百旗頭真氏が、『日本経済新聞』に連載された「私の履歴書」のなかで、「両大戦間のドイツを中心とする欧州史で、人間理解・社会理解のある人が語る本物の歴史だった」と記している（二〇一九年二月七日付）。筆者も教養課程の時に受講し、悠然たる姿勢で滔々と弁じる講壇の姿に大きな感銘を受けた。

五百旗頭氏がそうであるように、野田氏の講義は、歴史学よりもむしろ政治学の学究に深甚な影響を与えてきたように思われる。それは、野田氏が論壇でも活躍し、政治評論にも健筆をふるってきたことも作用しているかもしれない。ただ、同氏が講壇の上では政治的発言には口をつぐみ、学者として禁欲的にふるまっていたことも人々の語るところである。

とはいえ、その学風は緻密な実証史学とは一線を画するものだった。野田氏は常々、史料一辺倒の実証主義がかえって歴史的な感覚を鈍らせることの危険を指摘し、研究者が自らの歴史センスを大胆に示すテーゼの重要性を語っていた。本書のタイトルはそのことを指し示しており、野田氏によれば、

ドイツにおいては近代化のなかで、大学教育によって聖別された教養市民層が唯一の文化的資本の所有者として社会に君臨してしまった。そのために、その他の文化的要素――特に宗教――が社会の片隅に放置され、その結果、教養から疎外された大衆のルサンチマンがナチズムの温床となったと論じられる。そのことが本書では、イギリスとの比較を通じた宗教社会史や知識社会史の観点から論証されている。

本書の魅力は、事実関係の確定よりも、われわれが生きる社会を成り立たせている恒常的なファクターについて、歴史に立脚した原理的な思索へと読者を駆り立てるところに求められよう。政治と宗教との関係、大衆とは何か、エリートとは何か、知識人とは何か、といった問題群である。その後、野田氏はハンチントンの『文明の衝突』に示唆を受けて、宗教とナショナリズムが再び勃興する世界秩序の混沌化の把握へと関心を移した。それはおそらく、現代に息づく歴史的なものの認識であり、また歴史による現代世界への復讐を著者が意識していたからに違いない。過去への沈潜ではなく、現代を刻印し、人間の理性によっては制御し得ない歴史の慣性を虚心坦懐に観察することを説き、そのような見地から多くの著述を残した。

私は、著者の大学院での政治史の演習に参加し、その後も野田氏を囲む研究会に加わって、その謦咳に接してきた。会の席上やその後の酒席で語られた言葉は、いまなお思い返すものがある。例えば、本書の「あとがき」では、今から三十年前にすでに「コンピューターの発達による歴史学の研究条件の劇的な変化への予感」が書き留められているが、野田氏は常々、コンピューター時代の到来による史料へのアクセスとその大量処理の簡便化によって、歴史学の瑣末主義が加速することの危惧を口にされていた。

また、宗教などかつての諸文明を規定していた歴史のファクターが再興し、それに背を向けるかたちで近代的国民国家の建設にいそしんできた日本はその受け皿を持たないが故に、世界秩序の激変に対応できなくなると警鐘を鳴らしていた。師はしばしば、「二十一世紀に日本なんて国があるか分からんよ。中国の一部になっているかもよ」と語っていたが、院生時代にはおとぎ話のように聞いていたことが、今になって不気味なリアリティを帯びていることに慄然となる。

二〇一九年三月、久しぶりに師を御自宅に訪問した。京都大学の大学院で教えを受けた「学友」たちとともに、である。その顔ぶれは、歴史学、社会学、国際政治、政治思想史と多岐に渡る。体力と視力が衰え、読書が億劫になったとのことであったが、頭脳は明晰で、テレビやラジオを通じて耳に入ってくる情報をもとに、しばしの談話を愉しんだ。その後、先生の最新の論考「世界史から何を学ぶか」が入っている文藝春秋編『世界史の新常識』（文春新書、二〇一九年）を入手した。短いながら、野田史観が横溢した珠玉の掌編である。一読の価値がある。だが、その読後感は、決して愉しいものではない。

（ミネルヴァ通信「究」二〇一九年八月号）

＊野田氏は、二〇二〇年十二月二十九日、逝去した。没後、門弟たちにより、野田宣雄『「歴史の黄昏」の彼方へ――危機の文明史観』（千倉書房、二〇二二年）が編まれた。

29 「国制知」への道しるべ

上山安敏『法社会史』みすず書房、一九六六年

ヨーロッパの近代国家の成立は、ユリスト（Jurist）と呼ばれる学識層の社会進出が背景にあった。十二世紀ルネサンスと称される学問の復興現象とそれに伴うボローニャ大学を嚆矢としたヨーロッパ各地での大学の設立は、知を求める人々の移動を引き起こした。彼らは、アラビア経由で還流した古典古代の典籍に刻まれた言葉を知ろうとして、郷土を離れ大学へと集ったのである。

中世の大学で人々が学ぼうとしたのは、医学、神学、哲学、法学であったが、その対象は前述のようにいずれもギリシャ・ローマ期のテキストであり、それを筆写し注釈を加え、その内容を議論することが行われた。このうち法学では、『ローマ法大全（Corpus Juris Civilis）』に集成された諸々のローマ法の文献が聖典として釈義された。ローマ法というJusを修得した人こそユリストであり、われわれが今日言う法律家の語源である。当初ユリストとは、法律家と聞いた時に考えられるように裁判の場で活躍していたのではなく、あくまで古典のテキストに通じ、古代人の叡智を今に伝える人々だった。大学でローマ法を学んだユリストたちが、やがてヨーロッパの隅々に散らばっていく。彼らを通じて再生したローマ法もまた、ヨーロッパ中に拡がることになる。「ローマ法の継受」と言われる事態である。だが、裁判で使われない法が、一体どこで継受されたというのか。

それは、各地で勃興しつつあった主権国家においてであった。ローマ法の継受は、そしてユリスト

の社会進出とは、近代国家の生成とリンクした現象だったのである。かのマックス・ヴェーバーは次のように言っている。「これ〔大学に学んだ法律家〕は西洋、ことにヨーロッパ大陸に固有のもので、大陸での政治構造全体にとって決定的な重要性をもっていた。ローマ後期の官僚国家の手で修正されたローマ法が後世に及ぼした影響は圧倒的に大きかった。合理的国家への発展という意味における政治経営の革命化の担い手がどこでもこの学識ある法律家であったという事実ほど、その影響の巨大さをはっきり示しているものはない」（前掲『職業としての政治』三七頁）。

つまり、西洋における合理化された近代的官僚制国家の発達は、大学で学んだ学識法律家であるユリストという新しい社会集団の誕生と不可分だったのである。ヴェーバーのこの指摘の背後にある壮大な歴史の構造転換を精緻に解き明かしたのが、本書である。上山氏の本を繙いた時、筆者は大学史と社会構造史、そして法制史と国制史が渾然一体となった論述に魅了された。

それから『憲法社会史』（日本評論社、一九七七年）、『ウェーバーとその社会――知識社会と権力』（ミネルヴァ書房、一九七八年）といった名作をむさぼり読み、いつしか「国制知」という観念に想到した。西洋近代の国制がユリストとローマ法、そしてそれを生み出した大学という制度に立脚していたように、およそあらゆる政治秩序は自らの支配を正当化し合理化するための知の制度や体系を構成要素としてインプットしているのではないかとの問題意識から案出したものである。筆者は、国制史を知識社会史として描き出すことを念願とするようになり、上山氏の初期の名著は、今なお導きの星であり、越えようとして越えられない頂であり続けている。

当の上山氏はその後、大学という制度を逸脱して生成する知の運動に関心を移し、『神話と科学』（岩波書店、一九八四年）、『フロイトとユング』（岩波書店、一九八九年）、『魔女とキリスト教』（人文書院、一九九三年）といった問題作を次々と発表し、西洋法制史などという枠にとらわれず、ヨーロッパの思想や知識のあり方を根源から問い直す作業に向かわれた。筆者が上山安敏と初めて見えたのは、まさに上山氏がそのような越境に踏み出してからだった。京都大学法学部での退官前の最終年度の講義を聴き、何かが憑依したように正統と異端の知識人間の丁々発止の葛藤のドラマを熱弁し、思想史の断層を提示するその講義に、数少ない受講者は呪縛にあったかのように一心不乱にノートに筆を走らせた。

上山氏の講義を受けなかったら、筆者は大学院で西洋法制史を専攻することはなかっただろう。もっとも、研究者となってからの筆者の営みは、上山氏が疾風のように駆け抜けていった枠組みをもう一度組み立てるものであるような気がしてならない。これもまた薫陶の一種と言えるのだろうか。

（ミネルヴァ通信「究」二〇一九年十一月号）

30　知的運動としてのナショナリズム

ベネディクト・アンダーソン著、白石隆／白石さや訳『想像の共同体――ナショナリズムの起源と流行』リブロポート、一九八七年

幕末の文久二年（一八六二）、徳川幕府は上海へ向けて視察団を派遣した。同地との交易の可能性を調査するためである。千歳丸と呼ばれる船に乗り組んだ一行のなかには、諸藩から選抜された者たち

も含まれていたが、そのなかにはかの高杉晋作（一八三九〜六七）もいた。高杉はまぎれもなく西洋列強の植民地と化した上海を目の当たりにして、「攘夷」の気概を新たにしている。

支那之衰微は形勢略記に申候通候。然るに如此、衰微せしは何故そと看考仕候に、必竟彼れ外夷を海外に防く之道を知さるに出し事に候。其証拠には、万里之海濤を凌くの軍艦運用船、敵を数十里之外に防くの大砲等も制造成さす、彼邦志士之訳せし海国図志なとも絶板し、徒に僻気象固陋之説を以唱へ因循苟且、空しく歳月を送り、断然大平之心を改め、軍艦大砲制造し、敵を敵地に防くの大策無き故、如此衰微に至候事也（『高杉晋作全集』下巻、新人物往来社、一九七四年、一五〇頁）

中国がかくも西洋諸国に席巻されるようになったのは、「外夷を海外に防く之道」、すなわち海防の策を講じず、彼らの進出を許してしまったからだという。そして、「日本にも速に攘夷の策を為さすんは遂に支那の覆轍を踏むも計り難し」と危機感を募らせている。これを裏書きするかのように、日本に帰国後の高杉はイギリス公使館焼き打ちのようなテロ活動に手を染めるのだが、他方で、富国強兵の道は広く海外との交易にあるとの認識も示していた。やがて攘夷とは、暴力による排外運動よりも、開国して列強と通商することを通じて国力を高め、万国と対峙していくことをむしろ意味するようになる。

それはさておき、上海体験は、攘夷意識の涵養のほかに、より重要な効果を高杉にもたらした。それは、出版文化との出会いである。宣教師たちは聖書の印刷のため、高性能の印刷機を備えた印刷所を上海に設けた。それを通じて、聖書にとどまらず、西洋の文物や学術を伝える漢文書籍が数多く刊行された。高杉をはじめとする日本人は、上海滞在中にそれらをせっせと購入している。漢文という素養を共有していたがゆえに、幕末の日本人は中国の出版文化の恩恵を本国以上に享受した。

その一例が、先の引用に記されている「彼邦志士之訳せし海国図志」である。これは、魏源著『海国図志』を指す。この書は西洋諸国の概説書として当代一級のものだった。だが、中国本国では顧みられず、むしろ当時の日本人によってさかんに読まれた。『海国図志』に代表されるように、当時の中国の出版文化は、日本に波及し、そこで大きく結実したのだと言える。ナショナリズムという実を、である。

ベネディクト・アンダーソンのナショナリズム論の名著『想像の共同体』は、ナショナリズムの成立における出版資本主義という前提を論じている。

人間の言語的多様性の宿命性、ここに資本主義と印刷技術が収斂することにより、新しい形の想像の共同体の可能性が創出された。これが、その基本的形態において、近代国民登場の舞台を準備した。（八三頁）

印刷という技術を通じて醸成された国民という意識は、したがって、極めて知的な産物であり、その担い手は知識人たらざるを得ない。アンダーソン（一九三六〜二〇一五）は、植民地においてナショナリズムが勃興し整序された運動となるに際して、宗主国の文化や学問に精通した知識人の存在に注意を促している。彼らこそ、本来あるはずのなかった国民を紡ぎ出したのである。

同じことが、高杉の上海体験についても指摘できる。冒頭で述べたように、上海に派遣された千歳丸には、幕臣のみならず各藩から選抜された藩士たちも乗り組んでいた。高杉のほか、薩摩の五代友厚のような明治期に活躍する者もおり、高杉は彼らと交遊し、知識の摂取に努めた。薩摩と長州のように「国」は異にするが、外的環境と言語的教養を同じくする者が、共通の体験を経ることによって、ひとつの「国民」へと転じていく知的覚醒がこの時、千歳丸の乗員たちの間で生じていたと言える。

このように、上海での見聞とそこでの出版文化の洗礼を積み込んだ千歳丸の船内では、まさに想像の共同体が作り出されていたのである（本書は、しばらく絶版であったが、今では『定本　想像の共同体——ナショナリズムの起源と流行』（書籍工房早山、二〇〇七年）として復刊されている）。

（ミネルヴァ通信「究」二〇二〇年二月号）

31　政治史の特殊性

坂野潤治『明治憲法体制の確立——富国強兵と民力休養』東京大学出版会、一九七一年

最近、学友たちと日本政治史のテキストブックを出した（清水唯一朗・瀧井一博・村井良太『日本政治史』有斐閣、二〇二〇年）。政治史を掲げる講義が日本全国の大学でどのくらいあるのか数えたことはないが、

なのではないか。

政治学を教える学部や学科でそのような講義があっても全然不思議ではない。だが、海外に目を向けた時、同様の授業は諸大学でなされているのだろうか。私の狭い見聞の限りだが、政治史と銘打った講義や教科書は少ない気がする。あってもそれは政治制度の歴史記述か外交史や国際関係史がメインなのではないか。

教科書を書いてみて、かえって日本の政治史なるものの特異性を考えた。おそらく多くの国では、政治史とは歴史学のなかで論じられているように思われる。そもそもランケ以来、歴史とは政治的偉大さの発現と観念されてきた。歴史学＝政治史だったのである。しかし、今の歴史学界の国際的な傾向は、むしろ政治中心の歴史記述をいかに相対化するかというものであろう。かつて一世を風靡した社会史の後も、トランスナショナルヒストリーやグローバルヒストリー、またジェンダー史の隆盛は、国家中心の歴史記述やマッチョな政治史の見直しを迫っている。

もうひとつ日本の政治史に特徴的なことは、それが政党政治や議会政治の進展が柱となっていることだろう。ヨーロッパであれば、近現代の政治史ではナチズムなどの全体主義の成立がむしろ焦点となるはずだ。そこでは、政党政治や議会制の破綻と再生に関心が向けられる。もちろん日本も一九三〇年代以降の軍国主義の台頭と政党政治の挫折の歴史を共有しており、それは政治史の重要なトピックである。だが、その一方で、非西洋圏でいち早く議会制度を導入し、それを定着させたという成功神話も日本政治史には欠かすことはできない。

坂野潤治氏の今や古典的研究『明治憲法体制の確立』は、明治期のいわゆる初期議会の政治史の実証的考察を通じて、政党政治の必然化という明治憲法体制の構造を説き明かした名著である。初期議会期には藩閥政府と自由党を中心とする民権派野党との対立と妥協を経て、議会政治が緒に就く軌道が築かれた。この点は、升味準之輔氏の『日本政党史論』（全七巻、東京大学出版会、一九六五～八〇年）でも、板垣退助、星亨、伊藤博文、山県有朋といった政治家たちの人間関係を中心に雄渾に描き出されている。

これに対して坂野氏は、単なる人間群像にとどまらず、明治憲法によって規定された政治的構造という観点から明快な回答を与えた。それによると、①地主層を主たる基盤とする民党側は地租軽減という民力休養を要求したが、衆議院で可決されても貴族院で否決されるので実現不能だった、②逆に政府のほうも軍備増強や産業振興のための積極財政を推進しようとしても、予算の増額には衆議院の同意が必要だった――この二つの理由から、立憲制度上、藩閥政府と最大野党自由党とは妥協と提携に向けて歩み寄ることが必然化したとされる。

かくして、当初はプロイセン的な欽定憲法主義を掲げて成立した明治憲法だったが、その実際の運用のなかでは政党政治が促される結果となった。その果てに、早くも明治期に第一次大隈重信内閣（隈板内閣）、そして大正期にはより本格的な原敬内閣のような政党内閣が成立した。これは明治憲法がモデルとした第二帝政期のドイツとは根本的に異なる政治のあり方であり（鳥海靖『日本近代史講義』東京大学出版会、一九八八年）、明治憲法体制にはイギリス的な議院内閣制へのベクトルもブレンドされていたのである。

本書がきっかけとなって、日本の近代議会史研究は長足の深化を遂げた。今後必要なのは、政治史の置かれた国際的な研究動向を踏まえたうえでの、日本発の議会史や立憲制度史の国際比較なのではなかろうか。

（ミネルヴァ通信「究」二〇二〇年五月号）

32　原罪としての国家

エンゲルス著、戸原四郎訳『家族・私有財産・国家の起源』岩波文庫、一九六五年

最近翻訳され、話題となっているジェームズ・C・スコット著、立木勝訳『反穀物の人類史』（みすず書房、二〇一九年）は、国家という制度が決して人類史の発展のなかで必然として生じたのではなく、人々を定住化させ、穀物栽培という農業に従事させることによって、収奪的に富を作り出すメカニズムとして描き出す。スコットによれば、国家とは狩猟採集や漁撈など多様な生業を営み、しかも多くの場合移動による生活様式を営んできた人々から、その本来のライフスタイルを引きはがし、自然に反するかたちで臣民化させたものに他ならない。

『反穀物の人類史』は、そのことを人類史的なかたちで一般化しようとの魅惑的な仮説構築の書だが、本来が東南アジアをフィールドとする人類学者であるスコットは、二〇〇九年に著した *The art of not being governed : an anarchist history of upland Southeast Asia*（Yale University Press、邦訳スコット、佐藤仁監訳『ゾミア』みすず書房、二〇一三年）において、フィールドワークに基づく豊かな知見によって、

ゾミアと呼ばれる東南アジア大陸部から中国やインドにも及ぶ広大な丘陵地帯に生きる多種多様な山岳民族の生活秩序を論じている。それによれば、ゾミアに暮らす民族は、中国や東南アジアの王朝へと組み込まれることに抗して、意図的に自らの生活様式を守り続けた。彼らは、定住化と臣民化を迫る国家秩序に対して、逃散という戦略で自分たちの自律的な社会秩序を保持したのである。さらにスコットは、文明に確信的に抵抗する野蛮の合理性や哲学性にも説き及ぶ。スコットによれば、文字の発明ということも、国家的支配者が自らの支配を領民に押しつけるための道具とされる。

スコットの国家に対する眼差しは、学術的なデータ集積や論理構成の外皮を伴ってはいるものの、異様な敵視で読者を慄然とさせる。その思想的背景として、ベトナム戦争世代の対抗文化やさらにそれ以前から存在するアメリカに固有なリバタリアン的伝統があるのではないかと思われるし、マルクス主義史学の転成という方面からの解釈も可能だろう。

スコットの収奪的国家論の系譜に位置する古典的著作として、フリードリヒ・エンゲルス（一八二〇～九五）の『家族・私有財産・国家の起源』が挙げられよう。スコットは国家を「税（それが穀物か労働力か正金かは問わない）の査定と徴収を専門とし、単数もしくは複数の支配者に対して責任を負う役人階層を有する制度」（『反穀物の人類史』、一一一頁）と見なしており、このような徴税機構としての国家という見方はエンゲルスにも当然共有されている。

もっとも、スコットの国家観が農業社会を前提としているのに対して、エンゲルスは商業と貨幣経済の成立、すなわち交換経済の拡大に伴い、氏族という原初的共同体を越え出て人間の社会性が対外的に拡張した点に国家の成立を認めている。いずれにせよ、スコットにおいても、エンゲルスにおいても、国家とは文明の産物であり、文明とは人間社会がその自然のあり方から逸脱した状態なのである。

スコットの議論には、もうひとつ括目すべき論点がある。彼は、人間が定住化し、農業を営むようになって以来、人類は疫病という苦しみに耐えなくてはならなくなったと論じる。パンデミックは農耕社会を繰り返し襲い、住民の大量死を招くが、いったん国家の支配に組み込まれた人々はそこから逃れられない。これに対して、ゾミアに暮らす山岳民族は、低地の水稲社会で伝染病が広がると、高地の奥へと逃げ出て、散住した。

狩猟採集民は集住する定住者よりも、健康で病気にかかりにくく、とくに動物原性感染症の流行に強いことが知られている。農業の出現は、総じて人々の福祉水準を向上させるよりも低下させてしまったようだ。

（『ゾミア』、一八九頁）

低地国家からもたらされる脅威は、奴隷商人や徴税人だけではなく、目に見えない細菌にまで広がっていたと十分に考えられる。これが、水稲国家の手の届かないところに居住する、もうひとつの説得的な理由であった。

（同前）

エンゲルスやスコットの説くのは、人間社会に刻印された原罪としての国家論である。しかし、禁断の知恵の実を食べた人類は、もはやそれ以前に還ることはできない。人類が今また陥っているパンデミックの危機に対処できるように国家を向かわせるしか方途はないだろう。

（ミネルヴァ通信「究」二〇二〇年八月号）

33　自由と国家

J・S・ミル著、関口正司訳『自由論』岩波文庫、二〇二〇年

一八七三年四月二日、イギリス駐在の日本公使寺嶋宗則（一八三二〜九三）は、大久保利通（一八三〇〜七八）に宛てて一通の書簡を送った（『大久保利通文書』第四巻、五〇四頁以下）。大久保はいわゆる岩倉遣外使節団の副使の一人として欧米各国巡歴の旅に出ていたが、日本からの帰国要請を受けて、旅程の途上で独りヨーロッパから日本に戻ろうとしていた。

中途半端なかたちで帰国せざるを得なくなった大久保に対して、幕末からのイギリス通だった寺嶋は、餞別として自らが抱懐している西洋文明の奥義についての所感を寄せた。それは、自由の何たるかについてである。

大久保に対して寺嶋は言う。「自由ノ権」と「自然ノ自由」は異なる。今の日本で少年洋学者たちが口にしている自由とは「法律ト良智トニ離レタル放蕩無頼」に他ならず、「富強ノ基タル開化自由」ではない。そもそも「自由ノ権」とは、「政体能《よく》整ヒ、人民ヨリ租税ヲ公平ニ取リ、裁判ニ彼我偏頗ナク

総テ人民ヲ治ムルニ公平」なところで育まれるものだと述べられる。

このように、寺嶋は自然状態のもとでの放恣な自由と安定した法秩序のもとでの自律としての自由を区別している。ここには、特有の名誉や道徳をコモンセンスとするジェントルマンとしての個人を自由の担い手とするイギリス市民社会の価値観が投映されていると考えられる。実地のイギリス社会の観察に裏づけられた英学者・寺嶋の面目躍如と言える自由論である。

ところで、イギリス人の手になる自由論と言えば、何と言っても、ジョン・スチュアート・ミル（一八〇六～七三）の『自由論』が挙げられる。この名著は一八五九年に初版が出版されており、ミルが存命の間には一八六九年の第四版まで版を重ねた。寺嶋が体験したイギリス社会を前提に、ミルの自由論も着想されたと言ってよい。しかし、両者が見ている自由のあり方には大きな相違がある。

まず寺嶋にとって自由とは、規律あるもの、法に則ったものでなければならなかった。そうであるが故に、自由は確固とした国家体制の整っていないところでは反故と化す。寺嶋は、自由な国民の創出のために、国家秩序の整備を唱える。具体的には法治主義の確立、公正な税制、国家による義務教育の完備である。

これに対してミルの自由論は、ある意味で寺嶋のロジックを逆立ちさせたものである。ミルにとって自由とは国家の活動をいかに制約するかという問題と不可分である。国家の干渉を受けずに、個々人は自由に自らの意見を育み、それを表明できなければならない。そのような自由があるが故に、人間は協働して真理へと近づくことができるのである。

人類は無謬ではないこと、大半の真理は半真理でしかないこと、意見の一致は、対立する意見をこの上なく十分にかつ自由に比較した上での一致でない限り望ましくなく、真理のあらゆる側面を認識するという点で、人類が現在よりもはるかに大きな能力を持つようになるまでは、多様性は害悪ではなくむしろ善であること――こうしたことは、人々の意見と同様に、人々の行動の仕方にもあてはまる原理である。人類が不完全なあいだは、異なった意見が存在することが有益である。それと同じように、生き方についても異なった試みが存在し、他人に危害がおよばない限りで性格の多様性に自由な余地が与えられ、自分で試みることがふさわしいと思うときには、異なった生き方の価値を実際に確かめてみることも有益である。（一二七頁）

この世のものはもしかしたら間違いがあり、不完全であるかもしれない、だからこそそれを検証し是正していく宿命を人類は負っており、そのために個々人に与えられているのが自由だとされる。ミルにとって自由とは、国家秩序の枠内で享受されるものではない。むしろ逆に自由が国家を形作っていくものである。

自由は国家によって与えられるのではなく、自由な個人によって国家が作られる。そのように説くミルは、もうひとつの自由の敵を見据えていた。それは「大衆の力」であり、同調圧力を生み出す多数の専制である。それを防禦するもの、それは国家以外にあり得ないのではないか。そうすると、ミルの自由論もまた自由を与える国家のあり方に還っていく。（ミネルヴァ通信「究」二〇二〇年十一月号）

34　権力の分割とひとつの国制

A・ハミルトン／J・ジェイ／J・マディソン著、斎藤眞／中野勝郎訳『ザ・フェデラリスト』
岩波文庫、一九九九年

伊藤博文が、トクヴィルの『アメリカのデモクラシー』を愛読していたというエピソードは、先にで触れるところがあった（本書9「明治人が読んだトクヴィル」）。伊藤が座右に置いていたという、アメリカを論じる時に避けて通れない政治学上の古典がもう一冊ある。『ザ・フェデラリスト』である。この書を伊藤は、明治憲法の起草過程で常に手元に置き参照していたと言われる（金子堅太郎『憲法制定と欧米人の評論』日本青年館、一九三七年、七一〜七二頁）。

伊藤自身の語るところでは、このアメリカ政治思想の金字塔との出会いは、明治四年（一八七一）に彼がアメリカの財政制度の調査のために訪米した際に遡る。伊藤は同書を通じて、小規模の国にしか適用されないと考えられていた共和政体がアメリカのような一大連邦国家に施行されるにあたって、本書の著者三名をはじめとした建国の父たちの甚大な努力があったことを知り、その国の歴史や現状に適合した憲法の制定に開眼した旨を語っている（伊藤博文（小松緑編）『伊藤公直話』、千倉書房、一九三六年、二一八〜二一九頁）。

明治憲法といえば、プロイセン流の強大な君権主義を定めた憲法とされる。それが、連邦的共和制を樹立したアメリカ憲法を導いた『ザ・フェデラリスト』の影響を受けたとはにわかには信じがたい。

伊藤は本書から何を汲み取ったのだろうか。

そう考えた時にひとつ思い当たるのが、伊藤が明治憲法を自負して、それがモンテスキュー(一六八九〜一七五五)の主唱する三権分立に基づく権力分割の弊を克服し、主権の不可分性を鮮明にしたと述べていることである。三権分立を否定するなど真正な立憲主義を蔑ろにするものでしかないと思われよう。だが、このように高唱した時、伊藤の念頭には『ザ・フェデラリスト』の次の一節があったかもしれない。

権力分立制についての公理も、立法部・行政部・司法部が相互にまったく関連をもってはならない、ということを意味するものではなかった。……この三部門が相互に憲法上の抑制権を行使しうるように、互いに関連、混合していなければ、自由な政府にとって不可欠なものとして要求されている権力分立の公理は、実際には正しく維持することができない。(二二五頁)

この部分を執筆したマディソン(一七五一〜一八三六)によれば、そもそもモンテスキュー自身が論じていたことがまさにこのことなのであって、彼は単に国家権力を立法、行政、司法に分割し、それぞれ独立の機関に割り当てよなどと述べていたのではない。主としてイギリスの国制の観察を通じてモンテスキューが見て取ったのは、国王、議会、裁判所の三機関が、相互に抑制し合いながら均衡をとって国家権力を発動させるという抑制と均衡のシステムだった。伊藤はこの点をさらに推し進め、天皇に国家権力を帰一させ、それを各機関に配分することで統一的でバランスの取れた立憲国家が形作られると豪語したのかもしれない。しかし皮肉なことに、明治憲法はその後、統合を欠き、割拠性に苦しめられることになる。この点、次のように国制を考察していた本書の著者たちの方が一日の長があったといえる。

政府各部門の間に権力を配分することは不可欠であるが、それを実際に維持してゆくためには、いったいいかなる手段方法に訴えればよいのであろうか。〔中略〕政府を構成する各部分が、その相互関係によって互いにそのしかるべき領域を守らざるをえないように、政府の内部構造を構成することによって、欠陥を補う以外に手段はないといわざるをえない。（二三六頁）

なお、アメリカ憲法の制定の際に起草者たちが心を砕いたのは、連邦政府の専制化を防ぎ、いかに連邦を構成する各邦の権利を尊重するかということだった。他方で、『ザ・フェデラリスト』の共著者の一人ハミルトン（一七五五～一八〇四）は、ローマの独裁官に当たるような自由の庇護者としての強力な執政者の必要を唱えている。内憂外患から自由な国制を守る強力な行政部の存在である。「行政部が活力的であることは、およそよき政府の本質」（三一四頁）なのである。

そのようなものとして構想された大統領が、権力の抑制と均衡をおびやかすトリックスターとなる事態に直面した時、『ザ・フェデラリスト』の著者たちは何と言うだろうか。彼らならば、このような時のためにこそ憲法はあるのだとむしろ人々を鼓舞するかもしれない。

（ミネルヴァ通信「究」二〇二一年二月号）

35　明治憲法史の大きな壁

稲田正次『明治憲法成立史』上・下、有斐閣、一九六〇年、一九六二年

国立国会図書館の憲政資料室は、日本が誇る近現代史史料のアーカイブである。ここを無視して、日本の近現代史研究は成り立たない。明治憲法発布五十周年を記念して貴族院と衆議院によって企画された憲政史関連の史料収集事業を引き継ぎ、一九四九年に発足した。岩倉具視、三条実美、大久保利通、木戸孝允、伊藤博文といった幕末維新の代表的政治家のものをはじめとして、近現代の日本政治史に関わる政治家、官僚、軍人といった人々の膨大な個人文書が収められている。

もともと西洋法制史の徒であった筆者が、同室の存在を知ったのは大学院の博士課程に進んでからである。京都大学大学院法学研究科に九州大学から大石眞教授（憲法学）、名古屋大学から伊藤之雄教授（日本政治外交史）が赴任してこられた。明治日本におけるドイツ国家学の継受に関心が移ってきていた私は、両先生のゼミの門を叩いた。

大石教授は実定憲法学が専門だが、その解釈論の基礎には緻密な憲法史の学殖があり、そのことは初期の業績『議院自律権の構造』（成文堂、一九八八年）や『議院法制定史の研究——日本議会法伝統の形成』（成文堂、一九九〇年）に現れている。当時の大学院のゼミでは、日本憲法史の授業を開講されて

いた。

伊藤教授のほうは、本来は文学部の史学科の出身で、京大法学部が引き抜いた時は院生たちの間でも話題になった。その後、明治天皇、伊藤博文、山県有朋など日本近代政治史を彩った主要な政治家の評伝を中心に健筆をふるっているのは周知のところである。

両教授のゼミに参加してすぐに、筆者は憲政資料室の何たるかを教えられた。大石教授も伊藤教授も、その仕事は憲政資料室を抜きにしては考えられない。同室に通いつめ、卓抜した職員のサービスを得て、次から次へと貴重な一次史料を出納してもらい、それらを読みこなして堅実な実証的研究をものされた。

憲政資料室によって生まれた金字塔的研究のひとつとして、稲田正次『明治憲法成立史』全二巻を挙げることに異論を唱える人はあるまい。この名著についても、大石・伊藤両教授の授業に出てからすぐにその存在と価値を教えられた。同書は、明治元年の五箇条の御誓文から筆を起こし、明治二十二年の大日本帝国憲法ならびにその附属法の制定までを史料を博捜して描き切った総ページ数二千に及ぼうかという大著である。帝国憲法の起草過程や前述の御誓文、民選議院設立建白書、漸次立憲政体樹立の詔など明治憲法史の重大局面の経緯や基礎史料に漏れなく目を通し、読み込んだうえで書かれており、この時期を研究する学究にとって、今なお導きの星と言ってよい。稲田氏は本書の刊行後も憲政資料室をひんぱんに訪れ、史料を確認しながら自著の叙述の推敲に努めていたという。

他方で、本書の呪縛というものも指摘しておかねばなるまい。あまりに圧倒的な本書を前にして、いったい明治憲法史の名の下で何が残されているのかとの徒労感を味わった研究者は多いであろう。本書を乗り越える新たな憲法史の新たな視角やスタイルの模索が、本書以後の明治憲法史の課題である。既述の大石教授の研究は憲法学の立場からそれを推し進めた最たるもので、稲田氏の著書では必ずしも十分な考察がなされていなかった議院法のような憲法附属法の立法史を再検討し、憲法秩序のより立体的な構造的把握を志向したものである。

遅れて日本憲法史に参入した筆者も、大石教授の憲法秩序論と伊藤教授の人物中心史学の影響を受けながら、ドイツ流の構造史的憲法史（Verfassungsgeschichte）の手法を明治憲法史に適用できないかと考えて、『ドイツ国家学と明治国制』と題した学位論文をまとめた（一九九九年に同名でミネルヴァ書房より刊行）。拙著では、伊藤博文の憲法観に注目し、それが憲法秩序を成り立たせる知の制度や形態の造形を目指したものだったと論じて、憲法史ではなく国制史の視座を設定しようとした。

筆者自身の国制史はいまだ道半ばである。このままでは、稲田『明治憲法成立史』の落穂拾いをしただけかもしれない。座右に置いてある本書を眺めながら、乗り越える壁の巨大さに嘆息する日々である。

（ミネルヴァ通信「究」二〇二一年五月号）

36　政治学の体系

アリストテレス著、牛田徳子訳『政治学』京都大学学術出版会、二〇〇一年

以前、プラトンの『国家』を取り上げたので、アリストテレス（前四七〇頃〜三九九）の『政治学』を無視するわけにはいかない。前者が対話篇で、正義というものを哲学的に知り抜いた哲人による理想の国制を理念的に弁証するものであるのに対し、後者はアリストテレスの時代に事実上存在した様々な国家の制度を渉猟して、あり得る国制の分類と体系化を行い、最善の国制について考察したものである。

この体系的政治学の偉大な古典については、大学院生の時、木村雅昭教授の比較政治学のゼミに参加させてもらっていた時に、木村先生が語られた言葉が印象に残っている。先生は次のように述べられた。「法律学は体系を作ることに一生懸命だが、政治学ではアリストテレスが『政治学』でとっくの昔に体系を作ってしまっている」と。

これは意外な言葉だった。筆者は、政治のような先行きが見えず何が起こるか分からない世界は、体系のような確然としたものとは無縁のもの、あるいは邪魔でしかないものと考えていた。これに対して、法律学は体系を作り出そうとする。それは、法的な争いに予測計算可能性をもたらすためで、事案がインプットされれば判決が出てくる自動販売機として法律学の体系はあると当時の筆者はイメージしていた。これに対して、政治の世界は、既成の体系なるものにとらわれないその時限りの決断

の場だと考えていたのである。

しかし、確かによく考えれば、法律学の精緻な体系ができたのは、体系熱にうかされた十九世紀のドイツ法学以降と言ってよく、それまでは法文の雑多な寄せ集めに過ぎない『ローマ法大全（ユスティニアヌス法典）』のカズイスティックな教義学が基調だった。

ギリシャ時代に早くもアリストテレスの手によって体系化を遂げていた政治学だが、その構成が今日もなお維持されているといるわけではない。大学の政治学の授業で、その体系が政治学入門として教えられているわけでもあるまい。むしろ、アリストテレスの作り出した体系は、政治学の玄人が、自らの思考の整理や新たな発見のためによじ登って立ち上がろうとする巨人の肩と言えようか。

さて、本書は『政治学』と銘打ってはいるが、そこで論じられているのは国家である。国家の体系的知識を講じたものである。本書が『国家学』と題して邦訳されたことがあるのも故なしとしない（青木巌訳『国家学』第一書房、一九三七年）。

かつて丸山眞男（一九一四〜九六）は、日本の戦前の政治学がもっぱら国家学（Staatslehre）として展開し、それはドイツの影響を受けたもので、「市民的自由のひ弱さと、これに対する官僚機構の磐石のような支配力を反映した結果に他ならない」（「科学としての政治学」前掲、丸山眞男『現代政治の思想と行動』、三四五頁）と指摘したことがある。確かに、政治という現象を国家に限局するのは、今日の目から見れば、いかにも視野狭窄だろう。

また、当のドイツにおいても、すでに二十世紀の初頭にマックス・ヴェーバー（一八六四〜一九二〇）

は、ドイツの伝統的な国家学を刷新して、国家という制度的に固定されたかたちではなく、支配という現象の生成と機能的分化を社会学的に体系化しようとした（『支配の社会学』）。

ヴェーバーは、王制、貴族制、民主制《ポリーテイア》というアリストテレス以来の三つの国制の分類に代わるものとして、支配を成り立たせている正統性の根拠に着目して、伝統的支配、カリスマ的支配、合法的支配の三類型を提唱した。ヴェーバーは、自らの支配の社会学をアリストテレスの政治学以来の方法的革新と位置づけていた。

学問的方法として、アリストテレスの体系化は過去のものかもしれない。しかし、「人間は自然によって国家的（ポリス的）動物」（九頁）と説き、人間がよく生きるための終局の共同体として国家を構想するその壮大な体系は、今なお色あせることが無い。

特に、「市民がなんらかの特定な仕方で組織づけられ、全員であれ少数であれ、国家に参与する体制」（五頁の牛田氏による訳注）としての民主制《ポリーテイア》＝立憲制を論じるその視座は、立憲政治と民主政治の関係が改めて問われている今日において、すぐれてアクチュアルである。アリストテレスにおいて、市民の政治参加を保障した政体としてのポリーテイアとは、むしろ立憲制を指し、その堕落形態が民主制《デモクラティア》（衆愚制）と見なされていた。その問題設定は、民主主義とポピュリズムの境界を見定めようとする今日の政治的知性にとって無縁のものではない。

（ミネルヴァ通信「究」二〇二一年八月号）

37 国家の公益と政治家の私益

マイネッケ著、岸田達也訳『近代史における国家理性の理念』Ⅰ・Ⅱ、中公クラシックス、二〇〇一年

野田宣雄先生が亡くなった（二〇二〇年十二月二十九日没）。野田先生（以下、野田氏と記す）は京都大学教養部で西洋史を講じていたが、その後、法学部に移られ、政治史を担当された。筆者は、野田氏が法学部に移籍されたその年の大学院の授業を受講し、以後、学恩に浴してきた。そのことは、前述の通りである（本書28「宗教復権時代の政治的要望」）。

没後、門弟たちで野田史学のエッセンスを後世に伝える論集が編纂され、筆者も編者の一人に名を連ねた（野田宣雄『「歴史の黄昏」の彼方へ――危機の文明史観』千倉書房、二〇二二年）。筆者は、政治論や国家論の観点からその業績を見直している。野田氏は、文学部の西洋史学科の出身で、政治学の専門的トレーニングを受けてはいない。その点は、私も同様で、本当の専門は法制史であり、政治史や国家論への関心もあって、政治学系の授業にもいくつか顔を出した。なかでも、野田氏の謦咳や書かれたものからは、政治の見方について大きな影響を受けた。

野田政治論は、二つの大きな柱からなっていたと考えられる。ひとつは政治家論であり、政治的リーダーシップに関する議論である。もうひとつは、国家論であり、制度としての国民国家の帰趨への関心である。そこで考えられている政治指導者とは、民主制国家におけるそれである。有権者の支持を受けて執政にあずかる存在である。だからといって、そのようなリーダーは、大衆の歓呼と喝采に

よる支持を受けて、ポピュリズム的に彼らを導く者として観念されているのではない。

むしろここで特徴的なのは、民主制におけるリーダーとは、被治者たる国民との間に一定の緊張感をはらんだものとして考えられていることである。「権力の座にしがみつこうとする権勢欲の旺盛な政治指導者と、それをチェックし、政治指導者を権力の座から引きずりおろそうとする一般有権者との間の激しい攻防戦」があって、はじめて民主主義は充実したものになるとされる（野田宣雄『二十世紀の政治指導』中公叢書、一九七六年、七一頁）。

このことを制度論的に言えば、次のようになろう。支配者と被支配者の置換性を本旨とする民主制においては、権勢欲をもった個人と大衆との抗争に基づく政変というものが体制内にインプットされていなければならず、そのような抗争は社会を機能不全に陥れるものではなく、むしろその活性化をもたらすものである。野田氏にとって国家とは、そのような民主制の抗争のダイナミズムを制度化したものであり、そのようなダイナミズムを乗り切って権力の座に就いた者が、国民のリーダーとして内外にその国家を代表すべきとされたのである。

このような指導者論の下敷きになったものとして、二十世紀のドイツの著名な歴史家フリードリヒ・マイネッケ（一八六二〜一九五四）の国家理性の議論がある。野田氏は好んで、「国家の利益も、常に同時に、何らかの仕方で支配者の利益と溶け合っている」とのマイネッケの言葉を引いている。また、国家理性という、国家を健全かつ力強く保つために政治家に要請される国家行動の基本原則や国家の運動法則というマイネッケの定式も、先生の念頭を常に離れなかった問題意識だった。この国家理性の要請は、時に権力者のぎらぎらした権勢欲に支えられて実現される。このようなパラドックスを見据えて——少なくとも歴史家が——ありきたりの道徳規範で政治指導者を裁断することは強く戒められた。マックス・ヴェーバー（一八六四〜一九二〇）の言うように、政治家は、公益のために、時に悪魔とすら契約を結ばなければならないのである。

悪魔と契約を結んだ咎で、時に政治家は指弾される。その奉仕の対象たるべき人民からである。ここで政治家は、自らの権勢欲を奮い起こして、どちらかの道を歩まなければならない。濁った国民の声に迎合するか、それとも澄んだ国家の必要に従うか、である（Ⅱ、一四〇〜一四一頁）。

だが、今日、問題はさらにその先にある。マイネッケによれば、近代以降の政治の進展は、自由主義的、民主主義的、国民的および社会的な勢力や理念が国家理性を支配し、制御不能なものと化している（同、一四二頁）。外からのグローバリズム、内からのポピュリズムによる近代国家の解体にまで事態は進んでいると言えそうだ。今必要な国家理性とは、国家の枠組みと構成を再設計する政治指導なのではないか。

（ミネルヴァ通信「究」二〇二一年十一月号）

38　体系化する精神

磯村哲『社会法学の展開と構造』日本評論社、一九七五年

野田宣雄氏逝去から一年足らずして、今度は、やはり筆者が大学時代に謦咳に接し、私淑してきた

上山安敏先生の訃報に接した（二〇二一年十月二十三日逝去）。九十歳を越えてもなお頭脳は明晰で、つい最近まで先生を慕って集う門弟たちとの会話を楽しんでいたと風の便りに聞いていたので、突然の知らせだった。上山先生のことも、先に本書で取り上げたことがある（本書29「「国制知」への道しるべ」）。しかし、改めて上山先生（以下、上山氏と記す）の追想から始めさせてほしい。

上山法制史学の転換点が、一九八四年に公刊された『神話と科学』（岩波書店）である。この書において上山氏は、大学制度によって掌握されてきた西欧の知識社会が二十世紀初頭に揺らぎ始め、大学の外部での様々な新しい知のあり方を求めた運動と伝来の大学アカデミズムとの相克を臨場感たっぷりに描き出した。

それまでの上山史学は、近代日本にも大きな影響を与えたドイツの近代法律学の生成過程を単なる学説史としてではなく、その社会的機能に着目した社会史的構造史として論究したものだった。以前にこの連載で取り上げた『法社会史』がそうであるし、その後に公刊された『憲法社会史』もそのような方法的観点で著された。

ただ、この面での研究スタイルには、先鞭がつけられていた。それが、今回取り上げる磯村哲の『社会法学の展開と構造』である。磯村は、上山氏の京都大学での先輩にあたる民法学者である。今なお精緻な法律解釈論で語り継がれている民法学の大家であるが、磯村は単なる実定法学者にとどまらず、その学問的関心は比較法や法制史、法社会学など広範な領域に及んでいた。その豊富な知見は多くの研究者をひきつけ、京都では磯村を中心とする研究会が自然に生じて、学際的な法制度の探求が志向された。上山氏の学風もそのようなミリューのなかから生み出されていったのである。

磯村自身は決して多作ではなかったが、『社会法学の展開と構造』は彼の豊かな学殖と学問に対する厳格な姿勢がうかがえる名著である。何よりも瞠目すべきは、その緻密かつ堅牢な体系的論述であろう。本書において磯村は、美濃部達吉、末弘厳太郎、オイゲン・エールリッヒらの法学者の理論体系を卓抜に再構成し、その後世に継承されるべき意義を摘出している。ここに明示されているのは、思想史研究のひとつのあり方だと言える。それは、残された著作の全体からひとつの内在的な理論体系を再構成するという手法である。この点を著者は、末弘法学の考察に際して、次のように述べている。

もし「体系的」ということを、一問題について統一的な大きな本を書くことや、一定の普遍的原理を不動の出発点として一切の現象を演繹することを意味するなら、博士〔末弘〕は確かに「体系的」ではない。しかしそれが特殊的なもの・現象的なものを通して「原理」を追求することを意味すべきならば博士の思想は高度に体系的である。……博士は――十八世紀の用語を借りると――「体系の精神」（esprit de systéme）ではないが、鋭い「体系的精神」（esprit systématique）である。したがって博士の仕事を全体として検討するならば、その思想を一定の諸原理に基づいて再構成し著作の断片性をこえてその体系的構造を析出することが可能となるのである。

（六三〜六四頁）

このような方法的関心による本書の白眉は、第三篇であろう。ここでは十九世紀後半のドイツで一世を風靡した概念法学を批判した自由法学の提唱者にして法社会学の始祖オイゲン・エールリッヒ（一八六二〜一九二二）の学問的全容が見事に再生されている。概念法学の体系的実証化の方法をラジカルに批判していたエールリッヒの真価が、このように体系的手法で再構成されるとは皮肉のようにも思われる。だが、その論述の展開は、エールリッヒの理論体系が有機的に立ち上げられていく現場に際会しているかのようなスリリングなもので、読者はそれを読み進めながら、「体系の精神」ではなく、「体系化する精神」こそ学問の真髄であることを知ることになるであろう。

上山氏の当初の業績もそのような体系化への飽くなき追求が認められる。それは、磯村が培った京都大学の学風だったと見なせる。もっとも、上山氏自身は、冒頭で述べたように、その後、体系化の網から常にすり抜けていこうとする別の知的運動に関心を寄せ続けた。それは、上山氏がたどり着いた独自の境地なのだろう。

（ミネルヴァ通信「究」二〇二二年二月号）

39　ヨーロッパ統一の歴史的前提

ヘルムート・コーイング著、上山安敏監訳『ヨーロッパ法文化の流れ』ミネルヴァ書房、一九八三年

第二次世界大戦の敗北の後、ドイツは東西両陣営に引き裂かれた分断国家として歩みを始めざるを得なかった。西ドイツは、西側諸国の一員として、特に西ヨーロッパの自由主義圏に属するものとし

て、積極的にそこに同化していこうとした。それは、十九世紀のドイツ統一以来の国家主義を矯正し、西欧というより全体的な秩序空間のなかにドイツという国家を位置づける作業である。

ヘルムート・コーイング（一九一二〜二〇〇〇）は、戦後ドイツを代表する法学者として、まさにそのようなドイツ法の歴史的あり方を提示した。彼によれば、ヨーロッパ（西欧）諸国の法は始原的に一体のものである。以前にこの連載で上山安敏（本書の監訳者である）の『法社会史』を取り上げた時に述べたことと重複するが、十二世紀ルネサンスと呼ばれる学芸復興の運動のなかで、ボローニャ大学を嚆矢としてヨーロッパ中に大学が設立され、そこでは神学と医学と並んで法学が講ぜられた。法学といっても、学生たちが学んだのは、『ローマ法大全（Corpus Iuris Civilis）』の名で知られるローマ皇帝ユスティニアヌス帝（四八三〜五六五）が六世紀に編纂したテキストである。それは、当時実際に妥当していたヨーロッパ諸地域の法とは無縁のものだったが、ユリステンと呼ばれることになる学識法曹たちは、それを古典古代の叡知が封じ込められた「書かれた理性（ratio scripta）」と見なした。

大学で法学を修めたユリステンは、ヨーロッパ中に広がり、ローマ法を普及させていく。やがて彼らは法実務の世界にも進出し、ヨーロッパ一円にローマ法は妥当していく。そのようにして継受されたローマ法は、「ユース・コムーネ（Ius Commune）」と称され、ヨーロッパ普通法と見なされた。そのもとで、ヨーロッパは法的に一体だったのである。

このような法共同体としてのヨーロッパを動揺させたのが、十九世紀に勃興した国民国家であり、それによるナショナルな法典編纂であった。法はそれぞれの国民国家の専有物となってしまった。それは、ヨーロッパ法の本来の姿からの逸脱である。中世にひとしくローマ法を継受し、それをもとに法律家を養成してきた西欧の各国は、ひとつの法共同体を形成しているはずである。ナショナリズムの高揚が悲惨な戦禍をもたらした後、ヨーロッパはその原点に立ち返らなければならない。

このような考えから、コーイングは戦後のヨーロッパ共同体からヨーロッパ連合にいたる統一の流れを法制史的に正当化し、促した。ドイツを代表する学術組織マックス・プランク協会の重鎮として学界に君臨した彼は、フランクフルトにマックス・プランク・ヨーロッパ法史研究所を創設して初代所長となり、ヨーロッパ法の始原的一体性の学術的解明のために様々なプロジェクトを指導した。そのようなコーイング法史学のエッセンスは、本書のほか、久保正幡・村上淳一訳『近代法への歩み』(東京大学出版会、一九六九年)、佐々木有司編訳『ヨーロッパ法史論』(創文社、一九八〇年)として、日本語でも触れることができる。

彼の所説が、ナチスによるヨーロッパ秩序の蹂躙に対する反省と戦後のヨーロッパ統合への決意に裏打ちされたものであることは見やすい。単純化して言えば、ローマ法を継受したという共通の法の伝統をもつ西欧圏は、一体となるべきである。それが、コーイングのテーゼとなっている。

だが、今となって考えると、これは冷戦下での思考枠組みであったとも言える。冷戦終結後、ヨーロッパの統一は東欧の旧共産圏へと拡大し、現在のEUは、決して歴史的伝統をともにする共同体ではなく、政治経済的な国家間連合となっている。翻って、本来の西欧地域について考えてみても、ローマ法継受とは地方ごとに様々なレベルや程度の差があったのであって、そこから一様な法実務や法学が成立したわけではない。EUとは、あるべき状態への回帰ではなく、全く新しい挑戦なのだという声も聞かれる。

ヨーロッパの拡大が単なる政治的企図に基づくものであれば、それはやがて別の政治的意思との深刻なコンフリクトを生むであろう（実際、二〇二二年二月に始まったロシアによるウクライナへの侵攻で、われわれはそれを目のあたりにしている）。そのような情勢を踏まえながら、ヨーロッパが一体であることの意味と限界を問う作業が必要なのではないか。


（ミネルヴァ通信「究」二〇二二年五月号）

40 ユートピアニズムとリアリズム

E・H・カー著、原彬久訳『危機の二十年――理想と現実』岩波文庫、二〇一一年

天邪鬼であることは、知識人の特権であり、また責務である。最近、近藤和彦氏の手になる新訳が出された名著『歴史とは何か』（岩波書店、二〇二二年）の著者にして二十世紀を代表する歴史家の一人E・H・カー（一八九二〜一九八二）は類い稀な天邪鬼だった。彼は、時勢やその時々の大方の意見とは距離を取り、それへの懐疑精神を隠さなかった。彼が凡百の天邪鬼と異なるのは、そのような懐疑精神を単なるシニシズムに陥らせるのでなく、体系だった論理構築を行ったことである。

カーの『危機の二十年』は、国際政治学の誕生を告げる現代政治学の古典であるとともに、天邪鬼カーの真骨頂が示された著作と言える。ここでカーは、第一次世界大戦の惨禍の衝撃を受けて創設さ

れた国際連盟を支配していた理想主義的な平和思想に根本的な懐疑の目を向け、連盟が掲げる集団安全保障体制の欺瞞性を仮借なく論難する。

このように理想に突き動かされる思潮に冷や水を浴びせる一方で、カーはリアリズムの限界も指摘している。カーによれば、「われわれは純粋なリアリズムのなかに安息の地を見出すことはできない。なぜならリアリズムは、論理的には圧倒的な力をもっているとはいえ、思考の追求にさえ必要な行動の活力をわれわれに与えてはくれないからである」（一八一頁）とされる。リアリズムはそれだけでは何もなしえない。それは、ユートピアニズムに寄生して初めて自己の存在意義を示せるのである。そのような両者の関係をカーは次のように述べている。

ユートピアニズムがうわべだけの耐え難いまがいもの――それは単に特権階級の利益の隠れ蓑として役立つのだが――となった場合、リアリストは、ユートピアニズムの仮面をはぐのに必要不可欠の役割を演ずる。しかし純粋なリアリズムは、いかなる国際社会の成立をも不可能にする露骨な権力闘争をもたらすだけである。今日のユートピアをリアリズムの武器でもって粉砕した暁には、われわれはさらにみずからの新しいユートピアを築く必要がある。（一九〇頁）

すなわち、カーが志向していたのは、ユートピアニズムの根絶ではなく、それをリアルな地盤に立脚した耐久力ある理念となすことだったと言える。「カーが最も嫌ったのは、……リアリティを覆い隠す「道義的偽善」」（「訳者解説」、五三四頁）だったのであり、そのような偽善を排し、リアリティをしっかりと把捉した理想の探求が要請された。

だが、これは非常に困難な営為である。当のカー自身が、これで足をすくわれた。カーはリアリズムの立場から第二次世界大戦前にはスターリニズムやナチズムとの宥和やそれらの認容を行い、国際連盟を中心とする集団安全保障体制をユートピアニズムの表れとして唾棄した。彼によれば、集団安全保障体制は第一次世界大戦後のパリ講和会議で定められた現状の維持を目的としたもので、それは様々な矛盾と問題を抱えた国際関係の現状を糊塗している。そのような現状のもとで、「英米が「平和」を主張し、独伊が「戦争」を欲するのは、前者が道徳的に高潔であり、後者が不道徳者であるからではなく、既に十分利益を得て満足している前者は「現状」の維持を欲し、そうでない後者が「現状」の転覆を望むだけ」（三牧聖子「『危機の二十年』（1939）の国際政治観」『年報政治学』二〇〇八―Ⅰ、三二一頁）という帰結をもたらす。リベラリズムの立場から、カーは英米主導の平和主義が国際秩序の不安定化を招くことを指摘した。

しかし、このようなカーのリアリズムが、歴史的検証に耐えられるものでないこともわれわれは知っている。独伊への宥和と譲歩は、ファシズムの席巻をもたらした。その反省から、第二次世界大戦後、集団的安全保障はより強固となり、今ではリアリティに裏打ちされた国際システムとして機能している。ユートピアニズムとリアリズムは二者択一で選択されるものではなく、その融合が図られるべきと言えよう。ひとつの思想体系のなかで、常に自らの妥当性を自己内検証するために、この両者をあわせもつ必要がある。今、国際秩序はカー自身ですら足すくわれた難局に再び直面している。カーを震撼させ、本書を書かしめた危機の時代の再来である。洞察と苦汁の書として、本書は味読に値する。

（ミネルヴァ通信「究」二〇二二年八月号）

41　東洋道徳と世界生活のなかの立憲主義

佐々木惣一『立憲非立憲』講談社学術文庫、二〇一六年

一九一八年（大正七）に初版が出た佐々木惣一（一八七八〜一九六五）の『立憲非立憲』は、次の一節で始まる。

我が日本が、遥に西洋諸国に後れて、第十九世紀の末に至りて初めて、立憲国と為ったのは、或意味に於て、我が日本が立憲制度の終りを全うせしむべきの使命を受けたのである。

佐々木惣一は主として戦前に活躍した憲法学者である。京都帝国大学法科大学の教授を務め、憲法学における京都学派をほぼ一身に体現した存在と目される。昭和八年（一九三三年）に勃発した瀧川事件（京大事件）では、同僚の刑法学者瀧川幸辰（一八九一〜一九六二）に対する文部省の休職処分に抗議する運動の中心となり、京大教授の職を辞することになった。

佐々木の学風は、「体系的論理に裏付けられた実証主義的法解釈学者」（大石眞「あとがき――解説に代えて」佐々木惣一『憲政時論集Ⅱ』信山社、一九九八年）とか、「執拗なまでの条文へのこだわり」（本書所収の石川健治氏による解説）というイメージで通常語られる。その一方で、佐々木は大正デモクラシーを推進した論客として、時局への積極的な発言を厭わなかった。法のロジックや象牙の塔に閉じこもる浮世離れした学究ではなく、国を担うことを国民の使命と見なすという意味での立憲主義者だった。その根底には、「憲法制度を吾々の生活から観なければならない」（本書「序」）という哲学、すなわち社会規範として法を捉えるというドイツ留学時に育まれた哲学があった（前掲の石川氏による解説を参照）。

それに付け加えて指摘しておきたいのが、佐々木の立憲主義には、東洋道徳の精華こそ立憲主義との彼の思いが込められていると解せられることである。少なくとも、法を論じる佐々木の口吻は、道徳を語り、道を説く求道者の姿を髣髴とさせる。

臣民が、統治輔翼なる臣民道を尽す為に、帝国憲法を尊重すべきであり、而して、我国に於ては、臣民道を尽す為に必要なる行為を為すことが、最高の国民道徳の規範として要求せらるゝのである、といふの理が、十分に理解されてゐないのではあるまいか。

（佐々木惣一「帝国憲法と臣民道」『佐々木博士還暦祝賀記念』佐々木博士還暦祝賀會、一九三八年）

「道」の探求は、佐々木の学問を一貫している。本書においても、立憲の真価は国民道徳に立脚するものとされ、そのために忠君が説かれ、忠君を全うするためには国民一人一人が争臣となって時に君主を諌めなければならないと強調される（二一二頁以下）。

時勢に流されない求道の姿勢は、戦時下でも屹立していた。ドイツにおいて社会条件や政治的環境の変容による憲法の変遷に目を開かれた佐々木であったが、その地においてナチス体制の下、社会や民族の要請によって法文が蹂躪される事態が生じるや、佐々木は毅然として日本憲法学が積み上げてきた独自性・固有性を掲げる（佐々木惣一『我が国憲法の独自性』岩波書店、一九四三年）。そして、国家の存亡が意識されつつある戦時下の昭和十九年（一九四四年）十一月、政道学塾という私塾を立ち上げ、「道」を具現するための孤高の営みに携わった。政道学とは、「政治及び政治法即ち政治に関する法を一体的に考察して、以て国家の存在形態を明にするの学」（佐々木惣一「政道学塾創設の趣旨」同『政道學塾創設報告竝塾則』）であり、それは佐々木による国家学復興の試みだった。それが、江戸時代後期に叢生した私塾の伝統に連なるものとして、そしてそれら私塾が眼目とした修養を遠望したものであることも特筆される。

終生一貫して「道」を求めた佐々木は、戦後も日本国家の人類的使命を強く意識して、憲法学の研鑽に努めた。絶筆である「世界の進歩に対する日本国民の責務と日本国憲法」（『世界』第一五七号、一九五九年）では、「世界生活」というコンセプトを提示し、国家を媒介としてその価値の樹立に参与することが謳われている。それは、東洋道徳としての立憲主義を喧伝し、国家学としての政道学を希求した佐々木の学問的主題の最後の変奏であった。

（ミネルヴァ通信「究」二〇二二年十一月号）

42　国家的法観の彼方へ

オイゲン・エールリッヒ著、河上倫逸／マンフレート・フーブリヒト訳『法律的論理』みすず書房、一九八七年

著者のオイゲン・エールリッヒは、十九世紀末から二十世紀初頭にかけて活躍したオーストリアの法学者である。故国ハプスブルク帝国が解体した第一次世界大戦後の戦間期という激動の時代を生きた点で、ハンス・ケルゼンと境遇を同じくする。二人はともに、国家なき状態での法と法学のあり方を考究した。しかし、そのアプローチと関心は好対照をなしている。

エールリッヒの主著『法社会学の基礎理論』は世界的な名声を博し、法社会学という学問分野を作り出した名著である。その「はじめに」は、次のように書き起こされている。

良書というものは一つのセンテンスで纏め得るものだとよく言われている。もし本書がそのような基準にかなうものであるとするならば、それはこうなる。すなわち、法発展の動因は、あらゆる時代におけると同様に現代でも、立法や法律学や司法にではなく、社会そのものの中にある、と。

このようなテーゼを打ち出し、エールリッヒは、ローマ法からヨーロッパ諸国の法制史、また東欧地域の法習俗を豊富に引照して壮大な比較法のパノラマを描き出した。

エールリッヒ法社会学のエッセンスを表すのが、「生ける法」のコンセプトである。法は国家でなく、社会によって生み出されると説くエールリッヒは、法学の考察対象を国家によって制定された実定法ではなく、現実に社会生活を規制している様々な規範とすべきことを訴えた。社会のなかで実際に生きている法、その探求が法学の課題とされたのである。

このような主張は、日本においても戦前から大きな影響を及ぼしていた。日本における法社会学の創始者に数えられ、また、エールリッヒも与した自由法運動の紹介者だった末弘厳太郎（一八八八～一九五一）、入会調査など日本の伝統的コミュニティの法慣習調査を行ってまさに「生ける法」の観察を行った川島武宜（一九〇九～九二）など日本の法社会学は、エールリッヒとの出会いによって定礎されたのである。

だが、エールリッヒの法学体系は、狭義の法社会学にとどまるものだったのではない。もともとローマ法学者として出発し、多民族国家のハプスブルク帝国の辺境地ブコヴィナの出身として、彼の脳裏には近代的主権国家が立法権というかたちで法創造を独占的に行使するという思考の相対化が刻印されていた。本書『法律的論理』は、『法社会学の基礎理論』の続編として著され、「生ける法」の妥当性を弁証するために、国家による独占的法創造という国家的法観の論破を目指して公表されたものである。

エールリッヒにおいて、国家という装置は万能なものではなかった。そこには、彼の出自と生きた環境が投影されている。前述のように彼は、ハプスブルク帝国の片隅、現在のルーマニアにあたる地に生を享けた。ユダヤ人だったエールリッヒにとって、国家は二重の意味で虚構だった。ひとつには、国なき民であるユダヤ人として。そしてもうひとつには、オーストリア・ハンガリー二重帝国といういびつな構成の多民族国家の住人として。特に後者の観点は、法学者としてのエールリッヒにとって決定的な影響を与えた。首都ウィーンの皇帝や議会がどのような法令を発しても、それがこのいびつな礫岩のような帝国の隅々にまで行き渡るなどあり得なかった。民族、言語、宗教を異にする辺境の地域においては、その地の習俗や慣習にもとづいた社会規範が支配しており、中央で制定される法規以前にそちらの方が妥当していた。エールリッヒの法学は、この事実に裏打ちされ、国家制定法の解釈学ではなく、社会学的な法の観察にこそ法学の「科学」的使命があると説くものである。

だが、前述したように、狭義の法社会学の構築にエールリッヒの関心が収斂したわけではない。むしろ、その真価は、法をその社会の歴史的文化的生成物と捉えることにあり、逆に言えば、法を通じてその社会の歴史的文化的特質を考察することであった。そのような意識に立脚して、本書では、古代ローマ法以来の西洋における法的思考のあり方が歴史的に跡づけられ、国家制定法の万能視へと至る過程とその特異性が論証されている。

国家的法観を相対化するエールリッヒの理論は、ローカルな法創造に注意を向けるものである。他方で、「国家なき法（Law without State）」というテーゼは、法のグローバル化という観点からも注目されており、現代的な射程を有している（Gunther Teubner (ed.), *Global law without a state*, Dartmouth Publishing, 1997）。

（ミネルヴァ通信「究」二〇二三年二月号）

43　「三権分立」の蘊奥

モンテスキュー著、野田良之ほか訳『法の精神』上・中・下、岩波文庫、一九八九年

フランスの啓蒙主義の思想家モンテスキュー（一六八九～一七五五）の大著『法の精神』は一七四八年に出版された西洋政治思想の古典中の古典である。社会科の教科書でも必ず言及されるので、その名は周知のものだろう。そして、専ら、三権分立ないし権力分立を定式化した書として取り上げられる。

だが、日本語訳で大部な全三巻に及ぶこの著作は、決してそのことを主題としているのではない。筆者は、大学生の時、日本におけるタイ研究に大きな足跡を残した矢野暢氏が、モンテスキューの『法の精神』を読んで、世界にはいかに多様な法があるのかを教えられ、研究の励みとなった旨、語っていたのを聴いたことがある。

実際、『法の精神』では、人類が古今東西に築いた様々な法制度のパノラマが展開されている。その際に、モンテスキューの念頭にあったのは、法というよりも、むしろ「国制《コンスティテュシオン》」ではないかと筆者などには思えてくる。『法の精神』の全巻を通じて、「国制《コンスティテュシオン》」の語は繰り返し記され、あるべき国家の姿が探求されている。あるべき国家、モンテスキューにとってそれは、自由と名誉が保障される国家だった。

では、三権分立論は、自由と名誉のための制度的保障としてモンテスキューによって論じられたのか。小嶋和司『憲法学講話』（有斐閣、一九八二年）にならって、この点についてのモンテスキューの議

論を腑分けしてみよう（二七一頁以下。なお、最近の研究として、上村剛著『権力分立論の誕生』岩波書店、二〇二一年）。

小嶋氏によれば、権力の分割を説くモンテスキューの議論は、三つのモチーフに分類される。第一は、権力行使の分離を重視するものである。三権分立を唱えたと俗解される『法の精神』第十一編第六章「イギリスの国制について」の冒頭で、モンテスキューは立法権、万民法に属する事項の執行権、公民法に属する事項の執行権（通常の司法権）の三種の権力があり、「もしも同一の人間、または、貴族もしくは人民の有力者の同一の団体が、これら三つの権力……を行使するならば、すべては失われるであろう」（上・二九二頁）と記す。この立場からは、「執行権力が立法府から選ばれた若干の人々に委ねられるならば、もはや自由は存在しないであろう。なぜなら、二つの権力が結合され、同じ人々がそのいずれにもときとして参加し、また、常に参加しうるからである」（上・二九九頁）とされ、厳密に言えば、議院内閣制は否定される。アメリカ合衆国型の大統領制こそが自由の国制ということになろう。

第二のモチーフは、権力間の相互抑制の重視である。モンテスキュー自身の言葉を借りれば、「政治的自由は制限政体にのみ見出される。しかし、それは制限政体の国々に常に存在するわけではなく、そこで権力が濫用されないときにのみ存在する。……権力を濫用しえないようにするためには、事物の配置によって、権力が権力を抑止するようにしなければならない」（上・二八九頁）ということである。この立場からすると、肝要なのは権力の抑制と均衡であり、権力の三分など決して本質的なものではない。

第三のモチーフは、混合政体論である。モンテスキューは、君主政・貴族政・民主政がブレンドされた国制こそ自由なものと考えていた。ここでも直接引用すると、「自由な国家においては、自由な魂をもつとみなされるあらゆる人間が自分自身によって支配されるべきであるから、人民が一団となって立法権力をもつべき」（上・二九五頁）であり、そのために、「立法権力は、貴族の団体にも人民を代表するために選ばれる団体にも委ねられ、両団体はそれぞれ別々に会議と審議をもち、別個の見解や利害をもつ」（上・二九七頁）。

議会の貴族院と庶民院であり、それを両立させることで、貴族政と民主政の抑制と均衡が期される。他方で、「執行権力は君主の手中におかれるべきである。政体のこの部分は、ほとんど常に即時の行動を必要とするので、多くの人よりも一人によって、よりよく処理されるからである」（上・二九八頁）ともされる。

以上のように、「三権分立」とレッテル貼りされるモンテスキューの国制論だが、その実態はもっと複雑で豊かな認識に富んでいる。執行権の論じ方についても、権力を抑止するためだけではなく、いかにそれを有効に作動させるかに意が尽くされている点にも留意したい。

（ミネルヴァ通信「究」二〇二三年五月号）

44　洋服としての憲法

久米邦武編、田中彰校注『特命全権大使米欧回覧実記』全五巻、岩波文庫、一九七七〜八二年

岩倉使節団は、西洋文明の受容を目指した明治維新のメルクマールとして、特筆される。それから百五十年が過ぎた。正確に言えば、一八七一年に岩倉具視を全権大使とする大規模な欧米諸国への使節団が派遣され、一八七三年九月にその旅を終えて復命した。

この一大旅団の歴史的意義をめぐっては、当然様々な側面から光が当てられる。ここではあえてその政治「学」的意義を考えてみたい。西洋の社会や風俗に直接触れてその真価を学び取ろうとした使節一行にとって、かの地の政治の仕組みやあり方を学習することも重要なミッションだった。いやむしろ、岩倉はじめ木戸孝允、大久保利通、伊藤博文といった政治家は、そのことに多大な関心を抱いていた。彼らが観察した西洋政治社会の姿を浮き彫りとしてくれるのが、使節に付き従い、綿密な旅行記『特命全権大使米欧回覧実記』をまとめあげた久米邦武（一八三九〜一九三一）である。この旅行記（以下、『実記』）については、本書ですでに言及するところがあったが（前掲「覇道としての文明」）、ここでは別の観点から取り上げたい。

岩倉使節団は、万国公法に依拠しようとしていた日本政府の幻想を払拭し、国家としての独立を完備なものとするために、国力の増強と国内体制の確立こそが肝要との認識を政府のトップリーダーたちが得る契機となった。万国公法のような絵に描いた餅では現実のパワーポリティックを制御するこ

とは期待できない。むしろ、国家としての体裁と内実を堅固なものとして、他国から侮られないことが重要とされる。ここに至り、国家形成のモットーも、万国公法から憲法へと転換した。そのことを象徴的に示す久米の文章を引用しておこう。使節団一行がベルギーを訪れた時の一節である。

白耳義人ハ、又ミナ謂フ、国ニ自主ノ民乏シケレハ、国力衰弱シ、国ヲ保存シ難シト、政体法規、ミナ自主力ヲ養フヲ目的トナシテ協定シ、上下心ヲ合セ、互ニ粋励風ヲナシテ、自主ノ業ヲ植エ……

（『実記』第三巻、一六七頁）

引用文中「政体法規」とあるのが、憲法に他ならない。なぜ憲法を定めるのか。それは、憲法を通じて、国民の独立心を涵養し、上下の心を合わせて国としての一体化を図り、そうすることで自律した個人を生み出して国力を高めるためとされる。国民統合の基軸、それが憲法なのである。ベルギーのような小国がヨーロッパ大陸のなかで独立を保っていられるのはなぜか。民族や言語を異にしながらひとつの国家としてまとまっているのはなぜか。久米はその答えを憲法に見出した。憲法を通じて、国民が生み出され、その国民によって支えられる国家が盤石なものとなるのである。

後年の久米が指摘している興味深い東西文明論をここで紹介しておきたい。造形についての両者の差異を久米は次のように論じている。

西洋人は何事もキチンと極《きまり》のついた事を好み、東洋人は余裕のあるのを好む。一の機械に見ても、西洋人は極細緻のを悦び、衣服も頸から手足までもキチンと極をつけてあるが、東洋の服はブワ〳〵して融通がある。かうした性質の相違は言はゞ、造化の与奪と覚え、西洋人は人の文体の一部を其の儘描写して賞玩するが、東洋人は雅致風韻と称して不自然な自然を描写し、筆数を出来る丈省略した画に趣味を持つのは、両者の生活環境に於ける造物者不平等の妙用に由ると解せられる。

（久米邦武『久米博士九十年回顧録』下巻（復刻版、宗高書房、一九八五年）、一八四頁～一八五頁）

写実的で、きちんと形を表すのが西洋の文化であり、そのことは衣服や美術からもうかがうことができると久米は説く。言葉を換えれば、「キチンと極《きまり》のついた」ように造形することこそ西洋の美学と久米は看取した。

このことは憲法についてもあてはめてみることができよう。自らを自覚し塑型しようとする国民的なムーブメントが生起した時、それがひとつの独立した国家となるためには、それに衣服をまとわせなければならない。国家としてのかたちを与え、その身体をきっちりと制約する洋服を、である。それが、国制《コンスティテューション》にまとわせる憲法《コンスティテューション》なのである。

（ミネルヴァ通信「究」二〇一三年八月号）

Ⅱ　現代の書を読み解く

45 私の忘れ得ぬ一冊

小嶋和司『憲法学講話』有斐閣、一九八二年

『憲法講話』といえば、戦前を代表する憲法学者・美濃部達吉の名著である。また美濃部の後継者で戦後憲法学界の重鎮だった宮沢俊義（一八九九～一九七六）も岩波新書より同名の書を世に出している。著者の小嶋和司は美濃部・宮沢の系譜に連なる憲法学者であった。だが、そのようにして学派や学燈を云々して小嶋を語るのは、本人が最も忌避する行いだろう。小嶋の学究生活とは「不断の懐疑と柔軟な多面的思考」を旨とした、独学力行を地で行くものだったからである。本書は初学者向けに書かれたものである。だが、透徹した思惟とストイックなまでに抑制された叙述は、学を志す全ての人に今なお清新な魅力を放っている。学問に憧れを抱く学生は本書から学問の厳しさとその果てにある自由な精神的境地の片鱗に触れるだろうし、憲法に多少でも関心のある研究者は憲法の先にある人間共同社会の豊穣な意味と成り立ちについて目を開かされることになる。およそ法律学は体系を信条とするものだが、本書はどこから読んでもよい。どの一字一句にも、権威を懐疑し自らの理性的思考のみを信じて骨身を削るように思索してきた跡がうかがえるからである。書名に添えられた「学」の一字は、伊達ではない。

（『ミネルヴァ通信』二〇〇五年五月号）

46　思い出の中の中公新書

阿部謹也『刑吏の社会史』一九七八年、芳賀徹『大君の使節』一九六八年、福永文夫『大平正芳』二〇〇八年

『刑吏の社会史』阿部謹也　阿部史学は社会史とされるが、むしろ精神史と呼ばれるべきものだと思う。それを社会の辺境や底辺に生きる人々の視点から追求したところに真骨頂がある。本書は『ハーメルンの笛吹き男』と並んで、阿部史学への格好の誘いの書と言える。

『大君の使節』芳賀徹　一八六二年の徳川幕府による遣欧派遣団が残した見聞記を読み解き、幕末日本人の西欧体験を生彩な筆致で描いた名著。外交というものは、本来異文化接触の場にほかならないという観点から、著者は「外交の文化史」を説いてきた。グローバリズムと文明の衝突に引き裂かれている現在の国際社会では、どのような外交の文化があり得るのだろうか。

『大平正芳』福永文夫　最近のものから一冊。大平正芳（一九一〇～八〇）という戦後の総理大臣のなかでも地味な存在に光を当て、その秘められた思想や政治構想のみならず、彼が生き、そしてその命を削った自民党の権力構造をも解析している。冷静で淡々とした筆の運びから、かえって政治の業というものが浮かび上がってくる。

（『中公新書の森』中央公論新社、二〇〇九年）

47　人物史を自省する

家近良樹『西郷隆盛と幕末維新の政局――体調不良問題から見た薩長同盟・征韓論政変』

ミネルヴァ書房、二〇一一年

著者は言う。「私の研究手法はごくオーソドックなものである。思えば、私は研究者生活を始めて以来、それぞれの時期に脚光を浴びた研究対象や研究手法とは不思議なほど縁の薄い生活を送ってきた」（本書三二七頁）。

こう語る著者の家近氏は、これまで戦後歴史学を彩ってきた民衆史、社会史、国民国家論といった研究動向とは無縁に、政局史中心の研究スタイルを「愚直」に守り通してきた。そのことを氏は、「マイペースで、多くの人々の関心が集まるものに気持ちが向かわ」なかったというご自身の性分の故と韜晦されている。

しかし、ポスト冷戦後、反権力を旗印としてきた歴史学の諸潮流は求心力を失い、今や著者と方法を同じくする政局中心の実証史学がリバイバルの様相を呈している。その背景には、①権力が現に有し、また有してきた歴史形成や秩序構築の契機に目をふさぐナイーブな権力観が、安定を模索する世界情勢に対応しきれなくなったこと、②有効な歴史理論が見出せないなか、歴史叙述のあり方として原史料に立脚した実証的方法の確かさが見直されていること、③社会の逼塞感を打開してくれるリーダー待望論が歴史叙述の場にも投影され、政局のなかで強力な指導力を発揮した人物への関心が高まっていること、といった理由が考えられる。

　このようにして、これまでともすると不当に軽視されてきた政治史や人物史に脚光が寄せられている。特に評伝史学のルネサンスとでも称すべきものが目覚ましい。かつては、人物研究や人物論は歴史研究のなかで異端視される傾向があった（鳥海靖『逆賊と元勲の明治』講談社学術文庫、二〇一一年、二六二頁）。しかし、ここ十年の間で状況は完全に変わった。既存の著名な吉川弘文館の『人物叢書』シリーズに加えて、新たな人物評伝のシリーズが立ち上げられ（『ミネルヴァ日本評伝選』ミネルヴァ書房）、上々の売れ行きだという。

　以上のような潮流に棹差して、評者も研究を進めてきた。人物こそが歴史を作る、人物を描くのが歴史の醍醐味、という思いを評者も共有しているからである。だが、一抹の不安もある。振り子がふれるようなかたちで今日の人物史の活況があるのだとしたら、それはやがてはブームが去るということでもある。今は嬉々として研究に没頭できていても、十年後にはまた方法論の揺り戻しが生じ、人物研究の凋落が始まっているかもしれない。現実政治の場でのリーダー待望論が、ついに幻滅に終わることと軌を一にして。

　もとより、そのようなブームに追従しているような姿勢が、学問の本道からみれば邪念ということもできる。トレンドとともに忘れ去られる研究は、しょせんは時流の尻馬に乗っていただけのまがい物にしか過ぎず、真に一流の作品はそのなかから淘汰を経て残っていくと考えるべきかもしれない。だがその一方で、評伝史学が隆盛な現時点において、その意義と限界について方法的な自省をしておくことは、それを単なる反動という一過性の現象で終わらせないために必要な作業だといえる。

前置きが長くなったが、ここで取り上げる家近良樹氏の近著『西郷隆盛と幕末維新の政局』は、以上のような評伝方法論のための問題提起をはらんだ書として読むことが可能である。もとよりこの書は、単なる西郷隆盛の個人史研究というにとどまらず、幕末から明治六年の征韓論政変までの個別的政局のプロセスを対象とした政治史の作品であるが、ここではこれまで述べてきたような評者の問題関心に即して、主として西郷隆盛の人物評価の視角から検討したい。

著者は、「これまで日本の歴史があまりにも健常者中心の視点で叙述されてきた」（ⅰ頁）と言う。そのような問題意識に立脚して幕末維新の政局史を再考しようとする著者は、西郷隆盛に焦点を当て、その人物像と歴史的意義に迫ろうとする。そこから浮かび上がる西郷像は、通常思い描かれる泰然自若とした剛胆かつ廉直な豪傑ではなく、ストレスや病にもがき苦しむ、「狂気の世界に入りかけていた」（三八頁）人の姿である。

そのような観点から、まず第一章「西郷隆盛の体調不良と「明治六年政変」」では世に名高い征韓論政変が取り扱われる。著者は、この時期の板垣退助に宛てられた西郷の書簡を読み解き、西郷が当時、「まるで死神に取り付かれたかのように死に急」いでいたと指摘する（三〇頁）。そのような常軌を逸した精神状態が征韓論者の鹿児島士族の思いと呼応し、なりふり構わぬかたちで政府に韓国への派遣を強請することになる。しかし、この西郷の暴発は、大久保利通を中心とする岩倉使節団の面々が協働して仕組んだ政変によって未然に抑え込まれ、西郷は参議を辞職し、その公的人生は終焉する。

従来の研究では、このような西郷の錯乱的行動はこの時期に限定された突発的なものと見なされてきたが、著者はそこに「幕末維新期の政治闘争に伴う疲労の積み重なりや加齢」（ii頁）を読み込む。第二章「西郷隆盛のストレス源」は、その点の論証である。ここでは、西郷が実は策謀を好む性格だったことや、死地にわざと身を置くことで事態の打開を図る習性のあったことが指摘され、実際に幕末期までの前半生で彼は死の臭いを身体中から発散させていたことがいくつかの事例を挙げて説かれる。その一例として、有名な安政五年十一月の月照（一八一三〜五八）との入水がある。この時ひとり生き残った西郷は、投身という「女子のしそうな」手段を取ったことを悔いたというが、この体験は西郷のなかの死への衝動（タナトス）をいや増しに加速させるものだったろう。

西郷の体調不良にはそのような彼自身の性向のみならず、外在的な要因もあった。その最大のものが島津久光（一八一七〜八七）である。本書の第三章以下は、久光というアクターを据えて、幕末の薩摩藩の政治動向を再検討したものとして読める。通常、西郷と大久保という明治維新の立役者が幕末の薩摩藩を代表する人物だったと思い込みがちであるが、著者は、同藩における絶対的な存在は国父の久光であったことに注意を促す。

久光の意向は決して対幕強硬的なものではなく、討幕を明確に否定するものだった。西郷や大久保の武力倒幕路線は、藩政上、大義名分のない異端の立場であった。それがなぜ歴史の本流になり得たか。ここでも歴史は病によって左右された。すなわち、慶応三年十月以降の大政奉還から王政復古という事態の展開のなかで、久光、そして実際に西郷・大久保の暴発の重石となっていた小松帯刀（一八三五～七〇）が相次いで病床に臥すこととなったからである。このような権力の空隙が生じたことにより、西郷と大久保は藩主島津茂久（一八四〇～九七）を担いで武力倒幕へと薩摩藩を急旋回させていく。

だが、西郷個人にとってそのツケは大きかった。明治維新後、彼は久光の憎悪を浴び、それが前記のような身心ストレスの一因となり、西郷は正気を失って征韓論に身を投じていくのである。

以上、本書の内容から専ら西郷の人物像に関わる部分を再構成してみた。その筆致は、著者自身が告白するように、「学術書においては考えられないほど西郷の内面に入り込む」（ⅱ頁）ものとなっている。だが、真に人間を描くとなった場合、必然的に内面の葛藤や懊悩にまで筆は降りていかざるを得ない。そのように主張することによって著者は、評伝史が反権力的歴史学の反動として安易な英雄史観に逆振れすることへの警鐘を鳴らしているのかもしれない。

確かに、評伝を書く時の陥穽は、その人を英雄として描くかどうかはともかく、対象に過度に感情移入してしまうことだろう。その結果、誰もが善人となり、理性的な存在となってしまう。これに対して、病気という視点を打ち出した本書は、政治のなかの個人を捉えるにあたって大きな問題を投げかけている。研究者は、研究対象たる人物を理解しなければならないとするあまり、具体的政局のなかで誰もが最後まで合理的に思考し行動していたかのように考える。しかし、現実の歴史の諸局面は、その場にいる個人の健康状態や突発的衝動という偶発的要因によって動かされてきたというのが実情かもしれない。

そのように書きながらも、評者には「だがしかし」とのひっかかりもある。それは、「では、大久保利通はどう捉えられるのか」と考えてのひっかかりである。本書が取り扱う時代において、西郷以上に現実の政局を動かしてきたのは大久保であろう。彼こそが、島津久光の意向を無視して討幕へと大きく舵を切り、明治維新後の国家建設を指導し、征韓論の暴発を抑え込んだその人である。著者も認めるように、その大久保も決して健康に恵まれていたわけではなかった（一二三頁）。

では、何が西郷と大久保を分かったのか。そこには、やはり政治的理性の強靱さこそが、歴史的アクターとしての試金石であるとの教訓が秘められてはいないか。病に苦しみ狂に陥った西郷を描いた著者によって、病に抗い理に踏みとどまった大久保がいかに論じられるのか鶴首される。

（『こころ』第五号、平凡社、二〇一二年）

48　「予が生命は政治である」

千葉功『桂太郎――外に帝国主義、内に立憲主義』中央公論新社、二〇一二年

桂太郎の再評価が目覚ましい。宇野俊一、小林道彦という大家による評伝（それぞれ吉川弘文館『人物叢書』、ミネルヴァ書房『ミネルヴァ日本評伝選』）や関係書簡を包括した資料集（『桂太郎関係文書』、『桂太郎発書翰集』。ともに東京大学出版会）の刊行が相次いでいる。本書は、その資料集を単独で編纂し、桂再評価の一翼を担ってきた気鋭の若手研究者による待望の評伝である。

本書において描き出される桂の姿は、シュテファン・ツヴァイクの『ジョゼフ・フーシェ』を髣髴

とさせる「政治的人間」の像である。陸軍官僚としてキャリアを出発しながら政治家に転身し、その後は軍の突出を抑え、山県有朋系官僚閥の元締めとして政党勢力と虚々実々の駆け引きをなすも、ついには官僚政治から議会政治へとくら替えする。そして親玉である山県の頭越しに政党結成の挙に出るが、憲政擁護の大衆運動の前に失脚する。最終的に挫折を余儀なくされたその政治人生であったが、本書は山県や伊藤博文らによる元老支配の打破を目指した気骨ある政治指導者像を浮き彫りにする。そこに認められるのは、山県の股肱の軍人政治家や調子のいい八方美人といったイメージとは隔絶した一人の強靱な権力政治家である。もはや「ニコポン宰相」の呼称で桂を語ることは許されなくなったといえよう。

死の床で桂は、「予が生命は政治である」と喝破したという。では、彼はどのような哲学で政治に身を投じていたのか。著者によれば、それは明確な国家観をもたず（そういった理念に左右されず）、その時々の現実に柔軟に対処することとされる。桂のカメレオン的な生涯は、「壊し屋」という不毛な言葉が政治を報じる紙面のうえを踊っている昨今に照らせば、政局を作り出して権力を掌握していく日本的政治家の原型のようにも映じる。もっとも、当の桂が確固とした国家構想と無縁であったわけではない。その点は冒頭で触れた小林道彦氏の桂伝が明らかにしている。本書と小林氏の本を併せ読めば、この稀代の政治家の凄味がより十全に会得できるだろう。

（『日本経済新聞』二〇一二年七月八日）

49　歴史家の分際を踏まえた珠玉の史論

有泉貞夫『私の郷土史・日本近現代史拾遺』山梨ふるさと文庫、二〇一二年

歴史学そのものへの問いかけ

本書の著者・有泉貞夫氏は、『明治政治史の基礎過程』（吉川弘文館、一九八〇年）、『星亨』（朝日新聞社、一九八三年）という戦後の日本近代史研究屈指の名作をものした著名な歴史家である。一九三二年に生まれ、二〇二二年にこの世を去られた有泉氏は、長年国立国会図書館憲政資料室に勤務されて近現代の政治史史料の整理に当られ、東京商船大教授を経た後、郷里山梨に戻り県史の編纂などに従事された。東京や関西のような学界の〝中央〟に背を向け、地方に閉居して俗塵を避けるかのように「何の役にも立たなくても、おもしろく楽しめた」歴史の研究に没頭されてきたその姿は、かつて江戸時代に各地に散在していた在村知識人を髣髴とさせる。実際、本書のなかには、青嶋貞賢、加賀美平八郎、野中眞、飯田蛇笏・龍太の父子といった甲州ゆかりの文化人や実業家・政治家の生きざまが興味深く綴られているが、それはそのような地方の文人の姿に著者が自らを投影されているからかもしれない。

だが、本書の魅力はそのような地方史的叙述に尽きない。本書巻頭の文章が、中沢新一氏を招いた講演会でのあいさつ文であるのは示唆的である。中沢氏のようなかつての〝ニューアカデミズム〟の論客の名を聞くと、ありきたりの文献史学者であれば眉を顰めるのではないか。しかし、有泉氏は（父親の民俗学者・中沢厚氏および叔父の網野善彦氏と懇意だったということもあるだろうが）その学問的魅力を率

直に評価し、同氏の山梨での講演会を有志と企画する。その折の主催者あいさつであるが、そこには中沢理論と日本史研究との架橋の可能性が的確に語られている。そして何よりもこの短文からうかがえるのは、専門的な特権意識から学を壟断するのではなく、知ることそれ自体を楽しみとするしなやかでみずみずしい感性である。地方にとどまりながらも、著者の学問的関心はまさに飛耳長目となって日本と世界を睥睨していたのであろう。そのことは、本書に収められた南京虐殺事件や太平洋戦争史観の変遷についての卓抜した論考まで含む諸篇を通読すればますます確信される。

やや先走りしたようである。本書は「私の郷土史」、「私の日本近現代史」、「県立博物館問題など」の三部構成からなる。第一部の「私の郷土史」では、先述の甲州人のほか、金丸信、色川大吉（山梨県在住）といった山梨ゆかりの人々についての含蓄あるエッセイのほか、著者が心血を注いだ山梨県史近現代編をはじめとする県史編纂事業の余滴が収められている。第二部では、すでに言及した「「南京事件」のとらえ方をめぐって」、「太平洋戦争史観の変遷」のほか、「伊藤博文の夢と遺産」、「日露戦争中の「征露」碑文禁止」といった本格的史論、さらには坂野潤治氏の『明治憲法体制の確立』（東京大学出版会、一九七一年）と『近代日本の出発（大系日本の歴史13）』（小学館、一九八九年）という記念碑的著作の書評と親交あった現代史家・江口圭一氏への追悼文などが並ぶ。そして最後の第三部で扱われているのは、県立博物館建設に反対するオピニオンである。

評者なりに整理すれば、本書は郷里山梨の人物史、色川・坂野・江口各氏ら研究者仲間との交友（と離別）をないまぜにして描かれる戦後日本近現代（史学）史、そして県史編纂や博物館建設をめぐっての地方の文化行政論を三つの柱としたものとして読むことができる。そして全体として、歴史学という知的営みのあり方という問いに収斂するものと受け取った。そのやや私的な読み込みを、以下本書で開陳されている政治家論と歴史家論の再構成を試みることで敷衍したい。

「理の政治」を目指した金丸信、星亨への評価

まず政治家論であるが、「金丸信ノート」と題された覚え書きふうの文章から始めることにしよう。これは山梨出身の不世出の政治家・金丸信（一九一四〜九六）の政治的生涯について概観したものである。金丸は田中角栄流の金権政治を継承した人物として記憶されている。いわゆる「金の延べ棒事件」で失脚して地元山梨に隠棲した金丸に、著者は県史編纂事業の一環としてインタビュー調査を行った。その副産物として著された文章であるが、ここで著者はこの長らく政界の黒幕として君臨し、国民的にもまた専門家的にも人気を博しているとは言えない政治家を「ただのポリティシャンではなく、戦後日本政治史に稀な器量の大きさを獲得できたステイツマンとして評価」する。すなわち、金丸の信条は「理念的対立を政治にとって本質的なものと見ない脱イデオロギー政治」であり、その政治構想は五五年体制の清算と二大政党が政策本位で争う政界再編成だったと説かれる。

これは地元政治家への情に流された過褒だろうか。しかし、著者の金丸論は硬質な論理構成で貫かれている。金丸は地元に利益を誘導する典型的な地方ボス的政治家として県政を基盤に国政に進出した。だが、そうすることによって、金丸は国政の場では官僚の信頼を得、野党との堅固なパイプを構築した。そこには妥協と人情こそ民主政治の原点と信じて疑わない脱理念政治という彼の〝理念〟が

ある。晩年彼が日朝国交正常化に腐心したのも、東アジアでの冷戦の終結が前述のような国内政治体制再編の前提として不可欠だとの強い思いがあったから、との推察がなされる。

このように利益政治を自家薬籠中のものとしながら、それに溺れず、むしろそれを克服した理の政治の実現を期すという姿勢は、著者の傑出した評伝『星亨』でも提示された政治家像である。その星亨は本書でも登場する。伊藤博文と田中正造（一八四一～一九一三）を繋ぐ人物として、である（「伊藤博文の夢と遺産」）。そこでは、伊藤が優先させる全体としての国民国家と田中が固守する部分としての地域的コミュニティとの葛藤を「利益の交換」で克服しようとしたのが、星だったと説かれる。

評者自身は著者の伊藤像に必ずしも全面的に賛同するものではなく、伊藤の国民国家構想は個の尊厳を起点として地方政治と国政を架橋しようとしたものだったと考えているが（拙著『伊藤博文』中公新書、二〇一〇年）、伊藤が全体性を志向する政治家だったとの指摘はその通りである。それは、近代的国民国家の墨守ではなく、地域的多元主義や多文化主義との調和が課題となっている現代の状況下では、確かに伊藤の限界と言える。しかし、星が長命を享受したとしても、大正期から露わとなった利益政治に狂奔し、国全体の方向を見つめる姿勢を忘却した政党政治の弊は矯められただろうか。著者の星研究を引継ぎ、この点をさらに追究する余地は残されている。

歴史家とは何か

それにしても、自由民権研究華やかだった時期に、星のような裏切り者や伊藤のような保守反動的藩閥政治家への共感を隠さなかった著者の研究姿勢（伊藤について、著者はその書簡に見られる「伸びやかで読みやすい文字、文章の明晰さで好感」をもち、それが自己の伊藤評に影響を与えたことを明記している）は、単なる「ニヒルさ」（「追悼・江口圭一――歴史は、楽しめたか」）というよりも、人間性というものに対するより根源的な関心と観照に根差しているように思われる。それは、本書のもうひとつのメッセージである歴史家論と表裏をなしている。

本書には、優れた歴史家の定義が論じられている。かいつまんで言えば、著者の考える優れた歴史家とは、史料批判のセンスと忍耐の持ち主であるが、それに加えて「史実に対する畏れ」、換言すれば、史実が「内包する歴史そのものの豊かさに較べれば、歴史家の想像力など知れたものだという自覚」を有した人種とされる（「飯田文弥氏喜寿賀宴あいさつ」）。また、著者は次のようにも語っている。

いつ頃からか私は、歴史から学び得るものは人とその営みの賢愚巧拙で、是非善悪は歴史の内側には見つけ出せないと考えるようになっていました。それでも私は、価値相対主義という泥沼に首まで浸かりながら、そこから蓮の花――読むに耐える作品――を咲かせようと念じています。

（「色川大吉氏への手紙」）

歴史家は歴史の裁判官にあらず、歴史家にできることは、そのなかで精一杯生きた人たちの生に共感をもって付き添い、それを記述して後世につなげていくこと――そのような述懐とも受け取れる。したがって、ここで価値相対主義とは決して価値に対するシニシズムとして理解されるのではなく、むしろ多種多様な価値の内乱状態を一身に引き受け、そこにかろうじてでも何らかのハーモニーを見出そうとするギリギリの楽観主義と把握されるべきもののように思われる。いずれにせよ、著者が歴史の流れに翻弄された小さき者に対しても、またそれに敢然と対処しようとした大きな者に対しても等しく学問的関心を捧げ、滋味あふれる文章を著すことができたのも、以上のような歴史観の発露だと考えられるのである。

既述のように、そのほか本書には山梨県の文化事業に従事し、またそのあり方にもの申してきた著者の気骨を示す文章も収録されており、それらはこの書のもうひとつの重要な柱をなすものとして論評されるべきである。しかし、紙幅も尽きつつある。ここではただ、そのような著者の実践が、歴史とは歴史家が媒介する現在と過去の対話と見なすその歴史観と無縁ではないのではないかとの指摘だけ行っておきたい。

評者は歴史をなりわいとし、歴史に関心を寄せる多くの人々に本書を薦めたいと思う。史料と情報との境界が消えつつあるなか、膨大な史料を博捜したことによってかえって論述が矮小化し平板化していく研究が目につく。またそれとは逆に、理論の名をかたって、堆積する史料を前に開き直るかのように鬼面人を驚かす言説を紡ぎ出そうとする書籍も散見される。そのようななか、歴史家の分際についての省察を踏まえ、確かな史料の読解と堅牢な論理性で歴史を構築していこうとする珠玉の史論は、大きな啓示を与えるものと言ってよい。

（『環』第五十一号、藤原書店、二〇一二年）

50　物語的歴史学

宮地正人『幕末維新変革史』上・下、岩波現代文庫、二〇一八年

かつてある高名な歴史学者が、「通史を書くのは地獄だ」と語っていた。一次史料による実証を旨とする専門史学は、往々にして史料批判による通念の打破や個別的単発的事象の緻密な考証に専心する傾向がある。かくして、歴史を長期的な視野で把握する「通史」は、良心的研究者からは敬遠される。だがそれは、歴史（history）の奥底にある「物語」（story）という原義を喪失させかねない。その時代の人や社会を包み込み突き動かす歴史の奔流を総体的につかみ取ろうとする営みは、学とは異質な〝詩〟の領分として、小説など文学の世界に委ねられる。

著者は厳密な実証的手法で著名な日本史家である。その仮借ない史料批判は、世間で流布する歴史像を時に厳しく指弾してきた。本書は、そのような学界の大御所である著者が満を持して送り出した物語的歴史学の大作であり、著者自身が強く意識している島崎藤村の『夜明け前』への学問的オマージュともいえる。本書をひも解けば、幕末維新の歴史的転換期の諸相が国際関係、政局、思想、文化、社会運動、民衆意識といった網羅的な観点から、そして政治外交史や社会史さらにはグローバルヒストリーの手法も動員して多角的に叙述され、しかもいずれの論述も豊かな史料的裏付けをもって綴られていることに驚嘆させられる。読者は、あたかも有機的に織りなされた歴史の一大タペストリーを展覧したかのような読後感に浸れるだろう。

一次史料がふんだんに引用された本書を読むことは、よほどの歴史好きでなければ難しいかもしれない。だが、国際環境の激変と資本主義の世界化という外圧のなかで、それに対抗し対応するかたちで民族観念が醸成され、下からの社会変革の運動となって湧きあがるも、やがては上からの国家の論理によって挫折を余儀なくされる辛酸の物語は、極めて今日的でもある。評者としては、やはりこの時期の時代精神を刻印する公議公論の理念が維新後の国家建設に化体していくという別個の物語にも関心があるが、それもこの雄編が与えてくれた歴史学への宿題といえるだろう。

（『日本経済新聞』二〇一二年十一月十一日）

51　日本政治史学のグローバル化

Harukata Takenaka, *Failed Democtatization in Prewar Japan: Breakdown of a Hybrid Regime*

本書は、一九九八年にスタンフォード大学に提出された博士論文をもとにしたもので、すでに日本語でもその成果は公にされている（竹中治堅『戦前日本における民主化の挫折――民主化途上体制崩壊の分析』木鐸社、二〇〇二年）。今回新たに本来の英語論文に加筆補修された本書が刊行されたことは、日本の政治史研究にとって大きな意義を持つ。冷戦終結後のイデオロギー対立の終焉のなか、日本では政治史研究の実証化が長足の進歩を遂げ、多くの重要な業績が発表された。本書は、そのような日本の研究状況を正確に把握しつつ、近代日本政治史の単なる記述にとどまることなく、それを通じて民主化（失敗）過程の理論化を行うという極めて社会科学的な挑戦の書となっている。

その理論化作業のキー・コンセプトとして著者が提示するのが、Semi-Democratic Regime（半民主制。日本語版では「民主化途上体制」と命名されている。以下、本稿でもこの呼称を用いる）である。それは、①政治的公職をめぐる競争がある程度実現しているものの、表現の自由などそれを保障する市民的権利が不十分なために、完全に自由かつ公正とはいえない、②すべての公職が有権者の統制に服するわけではなく、選挙の洗礼を受けない重要な政治的ポストが存在する、③限定された国民にしか参政権が認められていない体制と定義される（本書二頁）。民主的勢力と非民主的勢力が均衡して併存している体制と見なし得る。

このような民主化途上体制に該当するのが、例えば十九世紀後半のイギリスであり、また一九一八年から一九三二年にかけての日本においても成立していたとされる。本書が設定する課題は、民主化途上体制を固有の政治体制と見なし、体制変動論とは別個のかたちでその崩壊プロセスを理論化することである。戦前日本政治史の実証分析を通じて、民主化途上体制を崩壊させる要因の抽出が課題とされ、そのために強調されるのが、「政治制度」、「正統性」、「準忠誠」の三つのファクターである。「政治制度」とは政治が行われるルールを設定したものである。民主化途上体制においては、民主的勢力と非民主的勢力の棲み分けのための権限画定と考えられよう。「正統性」とは、マックス・ヴェーバー（一八六四～一九二〇）の提唱になる政治学の基本概念であるが、本書では当該の支配体制に対するエリートや国民一般の支持の水準の問題として専ら理解されているようである。最後に「準忠誠」であるが、これは政治体制に対する反逆を積極的に実践しないまでも、それに対する有形無形の支持を与える行為や意思といえる。このような三要素をもとに、「体制の正統性が失われ、民主的勢力のいくつかの部分が民主化途上体制に対して準忠誠となると――同時に、他の民主的勢力と協力して非民主的勢力に抵抗することを拒絶するようになると――、民主化途上体制は崩壊する」（本書四三頁）との仮説が導かれる。

以上のような仮説の構築が第一章でなされた後、第二章以下では戦前の日本政治の構造分析と民主化途上体制としてのそれの崩壊プロセスが詳論される。著者はいわゆる明治憲法下での日本の政治体制を、①一八八九年から一九一八年にかけての競争的寡頭体制、②一九一八年から一九三二年にかけての民主化途上体制、③一九三二年以降の権威主義体制の三つの時期に区分する。問題は、前述のようにイギリスと異なって、日本が民主化途上体制から民主的体制へ移行できなかったことであるが、著者は、公職に対する有権者の統制が日本では十分に伸張しなかったことを原因として挙げる。これはまさに政治体制の問題であり、戦前の日本においては、統帥権の独立を認められた軍部のほか、元老、枢密院、貴族院といった非民主的勢力が制度的に割拠しており、国民の選出になる議会による統制が政治構造的に困難という特質があった。

にもかかわらず、民主的体制への移行がアプリオリに封じられていたわけではない。本書の第四章では、原敬内閣誕生の一九一八年以降、日本でも非民主的勢力を席巻する勢いで民主的制度構築が進んだことが論じられる。すなわち、初の本格的政党内閣としてエリート層や国民の強い支持を得て成立した原内閣は、在任中軍部に対しても強い統制力を発揮し、シベリアからの撤兵、文官である原首相による海軍大臣の職掌の一時的代行、植民地総督の武官制限の撤廃という顕著な成果を挙げた。原内閣はその晩期、国民的人気に翳りが生じ、その点正統性の水準も低下するが、それでも民主化途上体制は盤石であった。原暗殺後もそれは変わらず、清浦圭吾を首班とする非政党内閣の成立と同時に発生した第二次護憲運動を経て誕生した加藤高明内閣のもとでは、男子普通選挙が導入される。しかし、これが民主化途上体制のピークであった。政党内閣は、非民主的諸機関の抜本的改革を行う機会を逸し、民主化途上体制の正統性を強化することはできずに終わる。結果としてみれば、この時期、軍部は政党内閣の猛攻を耐え忍ぶことに成功し、この後の政治的台頭がもたらされる。

第五章は、「軍部の勃興と政党内閣の衰退」の副題のもと、一九二六年から一九二九年の時期が取り扱われる。この時期に特徴的なのは、政党に関するスキャンダルの横行と政党間の党利党略にもとづく政治的駆け引きによって、民主化途上体制の正統性に大きな瑕疵が生じ、その欠に乗じるかたちで軍部の台頭が生じるという政治的展開である。その象徴的な事件として、一九二八年六月の張作霖爆殺事件が考察され、それが政党内閣と軍部の力関係が後者へと傾くことを如実に示すものであることが分析される。

そのような傾向は加速し、第六章で取り上げられる一九二九年から一九三二年の時期においては、末期症状を呈した政党政治の状況が論述される。一九三〇年のロンドン海軍軍縮条約問題における政権与党民政党に対する野党政友会の倒閣運動は、まさに準忠誠そのものであり、一九三一年の満州事変、そしてその前後の三月事件と十月事件という二度の軍人によるクーデター未遂事件は、軍部があからさまに民主化途上体制を否定したものであった。そのようななか、「衆議院の議場は討論審議の場所でなく、文字通りに喧嘩口論の道場」(本書一四六頁)と新聞に形容され、政党政治の正統性は地に墜ち、一九三二年の五・一五事件という軍部のクーデターによって遂に政党政治の命脈は断たれるのである。

冒頭で指摘したように、最近の日本政治史は、膨大な史料を渉猟したうえでなされる政治過程の緻密な実証という面で大きな進歩を遂げた。だが、そこから得られる知識を通じて、日本政治の歴史的教訓や遺産を理論化し、国際的に発信できるような状況にはまだない。そのようななか、本書は貴重な例外であり、日本政治史をグローバル化するパイオニア的業績と評し得る。

そのうえで、いくつかの疑問や希望を述べて、書評の責をふさぎたい。まず評者が違和感を持ったのは、本書における正統性の位置づけである。既述のように、ここではそれは、その体制がどの程度の支持を得ているかという問題として処理されている。しかし、この概念を支配の社会学に持ち込んだヴェーバーにあっては、正統性の問題とは、その支配体制が自らへの忠誠を、利害関心を別にした場合、何を根拠に調達しているかという問いであった。それをヴェーバーは周知の「伝統」、「カリスマ」、「合法性」の三つに理念型化したのである。ヴェーバー以後の政治学における正統性概念の展開に暗い評者には、本書での正統性の分析が、体制の「支持率」と同義のように思われたことを告白しておきたい。

また、正統性の問題を取り上げる場合、戦前日本においてその主軸となっていたのは天皇であろうが、本書では統治構造における天皇の機能に全くといってよいほど言及されていない。戦前日本政治史を普遍化するために、天皇制という特殊日本的要素を捨象したのかもしれないが、歴史記述として引っかかりを覚えたのは事実である。超然的君主の存在が民主化途上体制に与える影響は、イギリスやタイなどの例を考え合わせれば、十分に理論化作業へのフィードバックに値すると考えられる。

最後に、評者が本書において最も感銘を受けたのが、準忠誠を軸とした考察であったことを申し添えておきたい。特に、後継首相の選定について明確な制度やルールが不在だったことが民主化途上体制に対する政党の準忠誠を招き、政党内閣制の自壊をもたらしたとの指摘は説得的だった。制度設計が民主政治の実現にとっていかに重要であるかが再認識された。そして、準忠誠という視点を通じて、政党政治は自律性を持ち得るのか、あるいはそれは必然的に腐敗化するものなのかという問いに新たなアプローチが可能なのではないかと思われた。この問いの省察にこそ、本書の真価は求められるべきだろう。

(Social Science Japan Journal, 19(1), 2016)

52　復古主義的傾向に警鐘を鳴らす

片山杜秀／島薗進『近代天皇論――「神聖」か、「象徴」か』集英社新書、二〇一七年

国家神道は生きている。本書の主張を一言で言い表せば、こうなろうか。戦前に国教的な地位を占めた神道の体系である国家神道は、万世一系の天皇家を尊崇する意識を国民に植えつけた。敗戦後の

神道指令によって、それは解体されたと一般に見なされているが、著者の一人である島薗氏によれば、その構成要素のひとつであった皇室祭祀は、近年特別な意味を付与され、「神聖な国体」の復興の気運が盛り上がっている。二〇一六年の当時の安倍首相による伊勢志摩サミットでの伊勢神宮の利用などその一例とされる。

そのようななか、もう一人の著者片山氏は、二〇一六八月八日に当時天皇であった明仁上皇が国民に向けて出された「おことば」に希望をつなぐ。これは、戦前であればまさに国家神道の中核に位置づけられていたその人が、戦後の象徴天皇としての歩みに立脚してそのような近代天皇制の神聖主義的粉飾を清算されようとしたものに他ならない。その意味で、この「おことば」は、終戦からほどなくして昭和天皇が発布したいわゆる「人間宣言」の延長上にある。明仁上皇が天皇在位中にまさに身命を賭して積み重ねてきた慰問や慰霊は、天皇と国民との間の紐帯は、「信頼ト敬愛」によって結ばれていることの実践なのである。

このような現状認識と問題意識を共有する宗教学の第一人者と気鋭の政治思想史家が、昨今の復古主義的傾向に警鐘を鳴らし、明治維新以来の国家神道や国体論の成立と構造を説き明かしたのが本書である。対談という形式で、近代天皇制にまつわる神秘的側面が、最新の研究成果も踏まえながら平易に解説されている。

この極めて啓蒙的な新書を一読して、評者が次に知りたいと思ったのが、現憲法下における宮中祭祀の位置づけとその今後の役割である。上皇は、在位中、宮中祭祀についてもことのほか熱心だったと伝えられる。だとすると、そのような実践もまた「おことば」に示された象徴天皇としての役割と連関しているのだろうか。その点も踏まえた象徴天皇制の全体像が気になるところである。

（『公明新聞』二〇一七年四月三日）

53 「明治の精神」の体現？

家近良樹『西郷隆盛——人を相手にせず、天を相手にせよ』ミネルヴァ書房、二〇一七年

明治百五十年を来年に控え、明治維新を記念する事業が国や地方で盛んになりつつある。内閣官房に設けられた「明治百五十年」関連施策推進室は、「明治の精神に学び、日本の強みを再認識すること」を謳っている。他方で、明治維新を担った志士たちをテロリストとして糾弾する一連の書籍がベストセラーとなったりもしている。百五十年の歳月が経ち、日本の急速な近代化や戦後の高度経済成長の拠り所となってきた明治という国民神話にもほころびが生じているのだろうか。

ところで、前出のように政府は「明治の精神に学」ぶことを掲げている。「明治の精神」とは何か。その代表例として、西郷隆盛をあげることに異論は起こるまい。江戸幕府を倒し、新時代を切り開いた英雄にして、最後は俗物化した新政権に抵抗してこの世を去らざるを得なかったその栄光と挫折の人生に対して、多くの日本人は精神的高貴さを感じ取ってきた。泰然自若として時局に処し、道義に殉じたその生涯こそ明治の精神を体現するものとされたのである。

本書は、幕末史研究の泰斗による待望の評伝である。一次史料から徹底的に西郷の実像を炙り出そ

うとする歴史家としての力量は圧巻である。単に西郷個人の研究にとどまらず、薩長盟約（同盟ではない）、王政復古クーデター、征韓論政変といった幕末維新の一大政局の数々について、史料に密着してその経緯と歴史的意義が論じられており、現時点での学界の水準が示されている。本書をひもとけば、安易な史観の振りかざしに堕さない歴史学の醍醐味を味わうことができるだろう。

著者の筆は、等身大の西郷像を提示しつつ、強さと弱さが混在した彼の姿が人々の共感を呼び、伝説化していったことにまで説き及ぶ。西郷は決して豪放磊落な偉人だったのではなく、繊細で細やかな神経の持ち主だった。そして、若き日から直面しなければならなかった身近な人々との死別や彼自身の身心を蝕んでいた慢性的な病に苦しめられた一個の人間だった。明治の精神を語る時、われわれは強さだけではなく、弱さにも思いを致すべきというのは読みこみすぎだろうか。

（『日本経済新聞』二〇一七年九月九日）

54 「幕末第一の役人」

小野寺龍太『岩瀬忠震——五州何ぞ遠しと謂わん』ミネルヴァ書房、二〇一八年

文久元年（一八六一）、長州藩の重役・長井雅楽（一八一九〜六三）は「航海遠略策」と呼ばれる建言を行い、幕府と朝廷の間を周旋して公武合体を企てた。長井の唱えたのは、真の攘夷のためには鎖国を廃し、開国して広く諸外国と交際して世界に雄飛すべしということである（「御武威海外ニ振ヒ」、「一皇国ヲ以テ五大洲ヲ圧倒」すべし）。幕末の尊王攘夷思想とは、排外主義的な鎖国論のみを意味していたので

はない。積極的に国を開き、西洋文明を取り入れながら、外圧を押しのけて国際社会のなかで独立を保持することもまた紛れもない「攘夷」だった。

本書が「幕末第一の偉人」と説く岩瀬忠震（一八一八～六一）もそのような開明的「攘夷」論者の一人と目することができる。文人としても一流であった岩瀬は、開放的な視野と姿勢で日米修好通商条約など諸外国との条約交渉に臨んだ。本書はその詳しいやり取りを活写し、鎖国の世にすでに卓越した外交官が存在していたことを伝える。岩瀬ら幕府の外交当局者たちは、単に緊張感をもって夷敵と対峙していたのではない。酒食を共にし、ユーモアに溢れた談論で対等の人間としての交流を愉しんでもいた。本書のアメリカやイギリスとの交渉のくだりを読めば、外交という国益の貫徹を目指した熾烈な権謀術数の舞台も、その原点は人間と人間の生身の交際であることが分かるだろう。

幕末といえば、権力者による弾圧や過激なテロリズムが横行した時代とのイメージを抱かれるかもしれない。だが、その時代は、岩瀬のように豊かな教養に立脚しつつ、世界的視野をもって新しい知識に渇仰する奇人たちの叢生した世でもあった。彼らの多くはその時々の政局に翻弄され、志半ばで歴史の表舞台からの退場を余儀なくされる。岩瀬は安政の大獄で失脚し、長井も桜田門外の変以後の尊攘論の高まりのなかで切腹を命じられた。だが、新しい国際関係のなかでの日本のあり方を考えた彼らの遺志は確実に受け継がれ、明治以後の日本の礎を築いたのである。本書は、幕臣や薩長といった既成の政治集団ではなく、時代と格闘した一人一人の個人の思想と才覚こそ変革のエネルギーであるとの示唆を与えてくれる。

（『日本経済新聞』二〇一八年二月十七日）

55　グローバルな知のパノラマ

内田貴『法学の誕生——近代日本にとって「法」とは何であったか』筑摩書房、二〇一八年

日本には魅力的な法学入門書が数多くある。古くは末弘厳太郎、戦後の我妻栄、団藤重光、碧海純一、近時でも五十嵐清や田中成明といった著名な法学者によって、滋味にあふれた法学入門が著されてきた。これらに共通するのは、法を単に法律の条文と同一視するのではなく、人間の文化活動のひとつとして捉えるという視座である。法学とは本来、社会生活を営む人間を対象とした生々しい学問なのである。

本書の著者は、昨年約百二十年ぶりに行われた抜本的な民法（債権関係）改正の陣頭指揮に当たった当代を代表する民法学者である。精緻な法解釈や現代的な契約論の構成で高名な理論家肌のイメージとは一転して、ここで著者が雄渾《ゆうこん》に描き出すのは、わが国における近代法学創成期のドラマであり、自らの出自と系譜を探求する史伝である。

読者は、穂積陳重（一八五五～一九二六）・八束（一八六〇～一九一二）という近代日本の民法学と憲法学の礎を築いた法学者兄弟の足跡をたどるかたちで、この国に西洋由来の法学体系が樹立されていくプロセスを精彩に富んだ筆致で目にすることができる。

その筆は単なる学者兄弟の列伝の域を超えて、彼らに先立つ西周や津田真道ら西洋法学と最初に格闘した先人たちの姿、サヴィニー（一七七九～一八六一）やヘンリー・メイン（一八二二～一八八八）によ

って築かれた当時の欧州の歴史法学の思潮、そして兄弟を取り巻く明治日本の政治的・法制史的状況に及ぶ。本書を開けば、明治の日本を足掛かりとして十九世紀のグローバルな知のパノラマが堪能できるだろう。

本書でも言及されるグリム童話の作者グリム兄弟は、歴史法学の祖サヴィニーの薫陶を受けた高弟だった。兄ヤーコプ・グリム（一七八五～一八六三）は法のうちに潜む詩的要素を説き、それを探求する法の古事学を提唱した。一級のストーリーテラーの一面を知らしめてくれた著者によって書かれた本書は、法学もまた詩学＝史学と無縁ではないということを再認識させてくれる。法学入門に新たな名著が誕生した。

（共同通信社配信、二〇一八年五月六日）

56　「シュタイン詣で」を教えてくれた人

司馬遼太郎『「明治」という国家〔新装版〕』NHKブックス、二〇一八年

当時私は大学の四回生で、卒業後は大学院に進学して法制史を専攻することを決めていた。そのような時に、司馬遼太郎氏が出演するあの番組を見た。NHKで放映された「太郎の国の物語」である。この番組がもとになって、後日、『「明治」という国家』と題した本が編まれ、今日に至るまで版を重ねていることは、本誌の読者には贅言であろう。

卒業旅行でヨーロッパを回ることにしていた私は、出発の直前に放映された回を何の気なしに見て

いた。司馬氏があの朴訥とした語り口で、伊藤博文（一八四一～一九〇九）が大日本帝国憲法、いわゆる明治憲法を作るに先立って、ヨーロッパで憲法調査を行ったことを述べていた。その行程の途上で伊藤はウィーンを訪れ、ウィーン大学の国家学教授ローレンツ・フォン・シュタイン（一八一五～九〇）から大きな感化を受けたという。『「明治」という国家』には、次のようにある。

ついで伊藤は、ウィーンへゆき、有名なシュタイン博士に会うのです。このウィーン大学教授は、当時日本人の有力者のあいだで知られていて、明治五、六年ぐらいから、日本人がシュタイン詣でをしておりました。（三一八頁）

この時、画面にはウィーン大学本館の中庭の一角に立つシュタインの胸像が映し出されたと記憶している。

ウィーンを訪ねることは、この時の卒業旅行の目玉だった。オペラ・ファンだった私にとって、そこは憧れの地だったのである。御多分にもれず、ウィーンといえば音楽の都という頭しかなかった私は、伊藤博文とウィーンという何とも異なる取り合わせに深く印象づけられ、現地に行ったらこのシュタインという人の像は見ておこうと心に期した。

そして、実際にウィーンで、その像の前に立った。前述のように、それはウィーン大学本館の中庭にある。大学の建物はルネサンス様式の荘厳なもので、十九世紀後半にウィーンの大規模な都市改造がなされたとき、旧市街を囲む環状通り《リンクシュトラーセ》に添って国会議事堂、美術史博物館、市庁舎などの今日まで残るモニュメンタルな建造物群のひとつとして建立された。

玄関から入れば、すぐに中庭に通じる。そこは外部の喧騒から隔てられた厳かな空間である。学問の殿堂の雰囲気で満たされている。それを演出するのが、中庭をぐるりと囲む回廊であり、そこは十四世紀の創立以来、ウィーン大学で教鞭をとった著名な教授たちの像やレリーフによって彩られている。錚々たる学者たちの面影をしのびながら、学問の伝統の重みがひしひしと伝わってくる。

シュタインの像もそのひとつである。厳粛なオーラに飲み込まれながらその前に立ち尽くし、旅行者の常として記念の写真を撮った。その時は、自分がこの人の研究に手を染めるなど微塵も考えていなかった。そう、私はその後、大学院でシュタインの国家学を研究テーマに選び、それで学位論文を仕上げることになる。そのいきさつについては紙幅の都合もあるので、ここでは述べられない。以下では、司馬氏も触れている「シュタイン詣で」について簡単に記しておこう。

先の引用にもある通り、伊藤博文は憲法起草に先立ち、渡欧して憲法調査を行い、その際、特にウィーンでのシュタインの講義から大きな影響を受けた。一八八一年（明治十五）のことである。司馬氏はその経緯を次のように語っている。

この人の憲法学説も、プロイセン風の国権主義、立憲君主論にかわりはないのですが、人柄がやわらかく、それに比較憲法論というひろい視野をもち、さらには日本の国情をよく知っているというところに、ドイツでは中道を感じさせます。だからこそ日本人にとっての魅力があったのでしょう。伊藤は、シュタインがすっかり気に入り、八月九日付で、岩倉具視にその旨の手紙を出しています。（三一八頁）

その岩倉宛の書簡（正確には明治十五年八月十一日付）で、伊藤は「心私かに死処を得るの心地」と書き送っている。「心安らかに死ねる場所を見つけた」――それほどに伊藤はシュタインに惚れ込んだのである。伊藤の思いは膨らみ、シュタインを政府の顧問として招聘しようとするに至る。その企て自体はシュタイン自身から高齢を理由に断られるが、その代わりに彼は「ここウィーンで日本人を教育しよう」と伊藤に代案を提示し、伊藤の帰国後、日本の高位高官が陸続とウィーンのシュタインのもとへ押しかけるという「シュタイン詣で」なる現象が招来される（したがって、「明治五、六年ぐらいから、日本人がシュタイン詣でをしておりました」との司馬氏の言は正確ではない。もっとも、伊藤が訪問する前から、シュタインがウィーンの日本公使館と盛んに交流し、福沢諭吉と手紙を交わすなどの親日家であったのは事実である）。

それまで「シュタイン詣で」の実態は明らかでなかった。私は、ドイツのキール市の図書館に収蔵されているシュタインの遺文書を調査し、そこに残されている膨大な数の日本人からの手紙や名刺などを読み解く作業に従事した。山県有朋、陸奥宗光、松方正義、黒田清隆、森有礼といった錚々たる人々からの書状が残されている。彼らは直接間接にシュタインから教示を得ることを欲した。それを伝える一次史料から、「シュタイン詣で」の具体的様相を掘り起こし、その研究成果を『ドイツ国家学と明治国制』（ミネルヴァ書房、一九九九年）と題して刊行した。私の博士論文である。

博士論文に結実する最初の研究論文が公表された時、それを司馬氏へ謹呈しようとした。だが、結局出せなかった。自分は学者であって作家とは異なる、という気負いがそうさせたのだと思う。しかし、まだ一介の学生だった私がたまたま見た「太郎の国の物語」という番組とその後で手に取った『「明治」という国家』は、期せずして今に至るまでの私の研究者人生を規定するものとなっている。あの時、司馬氏に拙稿を届けなかったことが悔やまれてならない。

今回、この寄稿のお誘いを受け、遅ればせながら司馬氏が与えてくれた課題について報告する機会をいただけたことに感謝している。


（『遼』第六十八号、司馬遼太郎記念財団、二〇一八年七月）

57　官民共治の諸相

湯川文彦『立法と事務の明治維新――官民共治の構想と展開』東京大学出版会、二〇一七年

著者の湯川文彦氏は、いまだ三十歳代前半の新進気鋭の若手研究者である。すでに本書に結実する幾多の論考を公表してきており、その業績はつとに学界で注目されてきた。そのような著者がいわば満を持して公刊した本書は、二〇一二年度に東京大学に提出された博士論文がベースとなっており、その後加筆や改稿がなされたとしても、通常の博士論文とは質量ともにはるかに凌駕した大作である。

本書冒頭で、著者は明治十五年の地方巡察使派出に際しての当時の参事院議長・山県有朋（一八三八

〜一九二二）の言葉を引いている。山県によれば、維新以来、法令の制定改廃がおびただしくなされたが、残念ながら「法令適度ヲ失シテ実地ニ行ハレズ、民或ハ之ヲ奉ズルニ堪ヘザルコト」が頻発している。それというのも、「法ヲ議スル者泰西文明ノ治迹ヲ見ルニ精クシテ、内地ノ民情ヲ察スルノ疏ナルニ依ル」からであり、かくして「法律ト実際ノ情況ト相背馳スルヲ致ス」結果となっている、と（三頁）。

著者によれば、明治維新によって成立した新政府は、二重の課題に直面していた。ひとつは、西洋に範をとった法制度の樹立であり、もうひとつは日本の社会的現実に適合した現実的方策の提起（この点を、本書は「事務」の語で表している）である。換言すれば、統一的立法作用と実効的な行政を兼備した主権国家としての統治の確立であり、「立法・事務の当務者たちの視点を中心に据え、〝明治維新〟を支え、また規定していた立法・事務の一体的形成の内実を明らかにする」（二一〜二二頁）との本書の目的意識もそのようなものとして理解されよう。

浩瀚な本書は、四部構成で序章と終章を含めて全十三章からなる。第Ⅰ部は「立法と事務の課題」と題されている。

第一章「明治初年の立法における議事院と事務」は、幕末公議論の延長上に設置された公議所・集議院が直に陥った機能不全を立法の現実適合性の観点から捉え直そうとする。従来のような公議所・集議院に集った公議人の思想的守旧性に由来する限界論ではなく、著者は事務の〝実効性〟をもたらす統治プロセスの不在にこの時期の公議機関の陥っていたアポリアを見出す。それは、地方と中央政府の間の意思疎通をもたらす〝地方官〟の不在と言い直され、中央政府はそのような地方官の養成に努めていく。明治六年の大蔵卿・井上馨（一八三六～一九一五）による地方官会同の開会、井上に対立してなされた太政官制潤飾を契機とする地方官会議は、いずれも立法と事務の仲立ちとしての地方官の創出を目指したものだったとされる。

第二章「明治初年における教育事務の立案――大木喬任と学制」は、学制の制定に当たった大木喬任（一八三二～九九）の思想の再考察を通じて、大木文政の再評価が試みられる。明治初年に政府指導者層には民衆保護の撫恤思想が共有されていたとの指摘がなされ、大木もそのような観念の範疇にあったとして、その観点から彼の教育政策が検証される。従来、学制についての民情を顧慮しない急進的改革の側面が指摘されてきたが、文部省としては地方官から寄せられる地方の実情を十分に意識しており、小学校と民の実生活をいかに縮めるかという課題を進んで背負っていたとされる。

第三章「明治初年における事務分界の形成――開港場事務の再編をめぐって」では、開港場行政が俎上に乗せられ、それを内治と外交の混合する場との観点から、この二つの事務の分岐の過程が論じられる。本章では、開港場事務の掌握を目指す司法省などの内務機構とそれを嫌う外国勢力と日本の外務省との拮抗が描かれ、そのような関心からマリア・ルス号事件の処理が論じられる。副島外交の勝利と一般に目されているこの事件について、著者は外務省の突出を警戒する司法省や陸奥宗光神奈川県知事（一八四四～九七）に率いられる神奈川県庁の動向にも注目し、国内法の未整備という内治上の欠缺を奇貨としての外務省の功績という側面を指摘する。したがって、マリア・ルス号事件は、現場のフライングがいつ生じてもおかしくはないという当時の日本の統治上のインフラの不備を思い知らせるものだった。かくして、各省の省益を調整する協議の場として太政官の意義が高まり、明治六年の太政官制潤飾の背景をなすとの指摘がなされる。

以上のように、第Ⅰ部の論述において浮き彫りとされたのは、明治初年における行政事務のカオスと未分化の実状であった。これを踏まえて、第Ⅱ部「立法審査の方法」では、各省を統御する方法としての立法審査の形成が説かれる。

まず第四章「法制機関の台頭」では、立法審査機関の省益間の調整役としての機能に注意が促され、その点を明敏に察知していたことに「立憲カリスマ」伊藤博文（一八四一～一九〇九）の原点を求めている。そのような関心から伊藤は地方民会も構想したのであり、彼にとって地方議会とは「行政権に必要な意見を集約し、合意を取って事務を実施するため」のものだった。

第五章「元老院の自己改革」においては、元老院を舞台に展開された制度構想を陸奥宗光と細川潤次郎（一八三四～一九二三）の二人の議官の言動に探っている。陸奥が単なる立法府を越えて、行政権への積極的関与を志向したのに対し、細川は立法府としての自立化に踏みとどまろうとした。

第六章「官民訴訟の形成と再編――司法事務の変革」は、行政訴訟・行政請願としての官民訴訟に着目する。それは、司法権未整備のもとでの政府による司法的救済の代行の側面があったことが論じられ、その背景には司法省による民情把握の要請があったことが指摘される。

第Ⅱ部では中央政府による合理的事務処理のための組織再編の模索がテーマとされたが、続く第Ⅲ

部「地方事務の形成」においては、行政事務の現場でいかにそこでの現状に適応した現実的な方法が採られようとしていたかに焦点が合わされ、特に警察事務と教育事務が検討される。

まず第七章「警察事務の形成——行政警察導入と府県治」では、行政警察の導入過程が内在的に考察され、そこにおける府県の役割が論じられる。内務省が中央集権的警察制度を推進しようとする一方で、現実の警察事務は人材・費用不足でその速成は困難だった。結局、それは政府から地方官へ委託され、地方の官員や区戸長・議員との協議によって下から徐々に事務の実践が制度化されていったとされる。また第八章「教育事務の形成——学資金問題を中心に」では、教育事務に即して同様の構造が検証され、税の徴収ではなく、民費負担に依拠して事務の形成が遂げられていったことが、千葉県と埼玉県をケーススタディーにして検証されている。

第Ⅳ部「基本法令の制定」では、以上の論述を踏まえて、中央政府内での立法過程へと目を転じ、政府における立法の性格が論じられる。具体的に考察の対象となるのは、明治十一年の地方三新法と十二年の教育令である。

第九章「三新法の制定——松田道之の地方制度構想を中心に」は、地方官から内務省の法制官僚へと転じた松田道之（一八三九～八二）が滋賀県令時代に構想した地方制度改革を再構成し、それが大久保利通に認められて地方法制へと転用されていくプロセスをたどっている。旧慣の尊重を前面に打ち出す井上毅とは異なり、松田はその改良を唱えていた。松田にとっての自治は、旧慣の温存ではなく、君民共治を実質化する公議輿論に基づいた地方政治の実践となるべきものだったが、現実には地方自治の現場は行政負担に堪えかね、また財政的限界も露呈することになってしまう。

第十章「教育令の制定――田中不二麿の教育事務構想を中心に」では、新史料の細川潤次郎「教育雑纂」をもとにして、田中文政の再評価が試みられる。欧米通として自由主義的教育政策を推進し挫折したと評される田中文政だが、著者によると、松田と同様、そこには事務現場の観察に立脚して自らの掲げる理念を実効的に追究しようとした姿勢が認められるという。そして、松田や田中に認められる制度構想は、中央と地方の役割分担を定めて共に統治を担っていくというものであり、「官民共治」と名づけられるとされる。

最後に第十一章「教育令改正と教育事務の再編」では、「自由から統制へ」の標語で概括される教育令改正の動きが再検討される。通常、自由主義的田中文政との断絶と変転が強調される明治十年代の文教政策であるが、著者によれば、そこには一貫性も認められる。それは、教育事務の中央における体系化（＝「国家」化）と普通教育・職業教育を支柱とする「国民教育」の制度化だとされ、それらを骨子とする文部省の政策方針は、森文政に至るまで引き継がれていくと説かれる。

以上のような多岐にわたる論点を結び合わせて、結章「明治維新の展開構造」においては近代日本の国家的意義づけを単純に行政国家と性格づけるのではなく、その形成の実相を具体的に考察することの重要性が指摘され、「立憲ノ政治」（伊藤博文）としての官民共治の追求が明治維新の定着としての行政国家化のエトスであったことが示唆される。

史料を博捜し、多彩な観点を盛り込んだ本書は、史料収集能力とその分析、複眼的かつ透徹した歴史解釈の提示といった著者の歴史家としての豊かな素養を垣間見せる労作といえる。公文書の山に踏み入り、国家形成の多彩な現場を描写し、その果てに官民共治という当時の指導理念の提示に至る行論は、さながら一個の教養小説（Bidungsroman）に接したかのような感興を呼び起こす。

そのように本書の価値を確認しておいたうえで、望蜀とも言うべきいくつかの感想を記しておきたい。まず第一に、本書では地方行政の現場における官民のせめぎ合いに論及がなされている。俎上に乗せられているのは、主として警察と教育であるが、両分野におけるこれまでの研究史との批判的対峙が果たして十分になされているのか気になった。確かに、学制や教育令の制定過程の再検証というかたちで、教育史の古典的業績への目配せはなされている。しかし、この分野の門外漢である評者にも、近時の教育史が社会史的考察を通じた多くの重要な業績を生み出していることは周知である（評者の特に目についたものとして、柏木敦『日本近代就学慣行成立史研究』（学文社、二〇一二年）を挙げておく）。著者のこのテーマについての分析は、やはり公定的な制度史に偏っているとの感が否めず、地方や民衆の実情の考察にさらなる踏み込みが望まれた。

第二に、史料の山に分け入るなかで、著者が多くの歴史の埋もれた光景を提示してくれたこと既述の通りだが、それらの風景の間のつながりにもっと鮮明なストーリー性が提示されるべきであったように思う。この点を詳言すれば、せっかく浮き彫りにされた官民共治という国家形成の理念構造をその由来や背景まで視野に入れて思想史的に明らかとしてもらいたかったとの思いである。三谷博氏や伊藤之雄氏などによって、近代日本の政治史を規定した理念（公議、公利、輿論など）の提示がなされている。先行研究が強調するこれら指導理念の意義や相互の影響関係について、より正面からの学問的応答が聞きたかった。

第三に、本書では、「事務」、「立法」、「官民共治」といったキータームが提示されているが、それらは通常の語感や用語法とはやや意味を異にしたものとして使用されている。思うに、本書において、「事務」や「立法」の語は通常の語義ではなく、本書が対象とする明治初期という特殊な歴史状況を背景として用いられている。その結果、両概念は明瞭に区別されるものよりも、むしろ相互の作用関係が注目されている。その効果として、本書では当時の国家の統治作用のダイナミズムを描くことには一定の成功を収めているが、一方で概念的混乱を招き、分析の混濁を生じたとの印象が否めない。例えば、本書における立法の語は、ほとんど行政と同義の印象を受ける。独自の立法機関が未成立・未分化だった時代の用法としては当然なのかもしれないが、少なくとも社会科学的分析概念としての意義は損なわれ、後に大日本帝国憲法のもとで成立する権力分立的な意味合いでの立法権との接合が見通し難くなったのではないか。

第四に、第三のコメントとは齟齬するようだが、現代的な行政システムの思考法や観点をそのままこの時代の政治史に適用してはいないかとの疑念をもった。本書では、松田道之や田中不二麿（一八四五〜一九〇九）など専門的行政知を駆使して事務を処理しながら制度を構築していく〝法制官僚〟の姿がフィーチャーされている。彼らの制度構想や政策形成の軌跡が論述の醍醐味であるが、しばしば彼らは、今日の官僚のように自分たちの属する省益の実現を担った存在として描かれている。しかし、現代的な省益や省庁への所属意識が当時それほど強かったわけではなく、政府内や官民の間の人的流動はかなり枠を越えたもので、そのような人的交流や接触を通じてその場しのぎ的に統治の実践がなされていたというのが実態であろう。著者の意図するところは、そこから近代的な行政機構の生成のプロセスを描くことと推察できるが、にもかかわらず、省庁間の制度的障壁が前提とされていて、現代的な行政国家像をこの時期に当てはめていないかと気になった。

最後に、本書の焦点が錯綜し、論旨の一貫性に判然としないものがあったとの印象は率直に記しておく。扱った論点や人物が多岐にわたり、そのことによって全体的な焦点が一定しないという犠牲を招いたのではないか。既述のように、著者の狙いのひとつとして、松田や田中などの初期〝法制官僚〟の政策構想を再評価しようとしたことがあると見なし得る。その分、意図的であろうか、木戸孝允、岩倉具視、大久保利通といったこの時期の政治史を語るに当たって逸することのできない大政治家への論及は限られていた。しかし、現場の行政での葛藤を汲み上げ、それを昇華する統一的な国家理性を錬成するのは、やはり国家経営をあずかる執政者の思想と行動であろう。

確かに、本書の叙述のところどころで、大久保や伊藤の姿が示唆されている。松田を引き立て、彼に地方制度の綱領を定めるという大役を担わせたのは大久保だったとされるが、それならば大久保の全体的な国制構想のなかで、松田はいかなる地位を占めたのか。明治三年のアメリカでの制度調査が「立憲カリスマ・伊藤の原点」を指摘されているが、伊藤のカリスマ化は本書で論じられる様々な政体構想の断絶なのか、それとも連続なのか。同じ疑問は、明治十年代に地方制度改革を掌中に収めることになる山県についても想起される。細部を尊重する本書の論述からは、こういった点が決して明確でなく、隔靴掻痒の思いを味わった。このように、政治指導というものへの著者のスタンスが明らかでないことは、本書の物足りなかった点として指摘しておきたい。

以上、やや大局的な見地から勝手な感想を述べた。先に断っておいたように、いずれもこの重厚で充実した学術書に対する望蜀といってよいものである。著者の学殖を通じて、評者の無いものねだりを解消してもらえる次回作が著されることを願ってやまない。

（『史学雑誌』第一二七編第十号、二〇一八年十月号）

58 「伊藤博文関係文書」のデジタル化に寄せて

国立国会図書館デジタルコレクション「伊藤博文関係文書（その1）」

国立国会図書館憲政資料室所蔵の「伊藤博文関係文書（その1）」（以下、「伊藤文書」）の全史料がデジタル化され、ウェブ上で自由に閲覧できるようになった。壮挙である。地方にいる身としては、新幹線に乗って東京まで出かけ、限られた時間で慌ただしく出納をお願いし、複写申請してきた史料が、自宅にいながらパソコン上で瞬時に表示される。伊藤博文に一方ならぬ関心を抱いてきた者にとって僥倖にほかならない。否、伊藤研究のみならず、近代日本の政治史・法制史の研究への寄与ははかり知れないものがあると言って過言でない。公開に尽力された関係者の方々に深甚なる敬意と感謝の念を表したい。

デジタル化にあたって、本誌に何か小文をとのお申し付けである。筆者が適任であるか心もとないが、これまで伊藤博文研究に携わってきた身から、同文書への個人的な思い出と感想を記させていただくことでお許しを乞う。

今でこそ日本政治史・憲法史を主たるフィールドとしているが、もともと筆者はドイツ法制史を専攻していた。ドイツにおける国家学（Staatswissenschaft）なるものの歴史に関心をもった私は、最後のドイツ国家学者といえるローレンツ・フォン・シュタインという人物の生涯と思想を博士論文のテーマに選んで研究していた。このシュタインなる人は実に多彩な経歴の持ち主で、学問的にもプロレタリアートという概念を初めて体系だったかたちでドイツに紹介し、かのカール・マルクス（一八一八〜八三）にも影響を与えたと言われるが、晩年には当時の日本と交流をもった。一八八二年（明治十五）に憲法調査のため渡欧した伊藤博文がウィーン大学教授だったシュタインのもとを訪れ教示を得たことをきっかけに、政府高官をはじめとする日本人によるウィーンのシュタインを目指してのひっきりなしの〝参詣〟＝「シュタイン詣で」という現象が生まれた。

院生時代、私はこの「シュタイン詣で」の全容を浮かび上がらせるべく、北ドイツ・キール市のシュレスヴィヒ・ホルシュタイン州立図書館に残されている「シュタイン文書」所収の日本人からの書簡の読解に取り組んだ（同文書の日本関係史料は、その一部が萩原延寿氏の筆写によって、「シュタイン関係文書」として憲政資料室にも収められている）。

それは、シュタイン国家学の日本への展開という博士論文全体のなかでは各論のひとつに過ぎない研究のはずだった。だが、いつしか研究の力点は、シュタイン国家学を学んで実際に明治国制の構築にあたった伊藤博文その人に移っていった。ころ合いよく、坂本一登氏による『伊藤博文と明治国家形成』(吉川弘文館、一九九一年。現在、講談社学術文庫)が刊行され、読んだ。御多分に漏れず、伊藤博文など軽薄な成り上がり者の権力政治家なのだろうとそれまで考えていたが、坂本氏の著書は、そのような通俗的かつ通説的な伊藤像を真っ向から否定し、その独自の政治指導と国家構想が論じられていた。蒙を啓かれた筆者は、興奮しながら本を閉じたことを覚えている。そして、伊藤の憲法調査を軸に考察したならば、彼の思想性や憲法史的意義についてより深く掘り下げた伊藤論が書けるのでは、と思いを巡らせた。

研究生活は、人生それ自体がそうであるように、偶然の出会いによって左右される。博士後期課程の半ばで、筆者が学ぶ京都大学大学院法学研究科に大石眞先生と伊藤之雄先生が赴任され、筆者の日本史研究へのシフトは決定的となった。大石先生は言わずと知れた憲法学の大家だが、憲法史の研究でも重きをなし、ちょうど『日本憲法史』(有斐閣、一九九五年)の執筆を進めておられるところだった。そして伊藤先生は、当時まだ新進気鋭の面もちであったが、すでにその後続々と世に送り出される日本近現代史の大著を髣髴させる自信と馬力に満ち溢れていた。後に大作『伊藤博文』(講談社、二〇〇九年)を上梓されるように、伊藤研究の第一人者でもある。

勇を鼓して、この二人の先生の大学院の授業に参加させてもらった。本来ならば、博士論文の完成に向けてラストスパートを切らなければならない時期である。何の素養もない他の分野の勉強を始めるなど蛮勇でしかなかった。毎回の授業の準備に追われ、自分の研究は一時棚上げとなった。それが許されたのは、指導教授である河上倫逸先生の暖かい御理解があってのことである。河上先生は、どうもかねてより門下生のなかから日本のことも論じられる比較法史家を輩出したかったらしく、筆者の越境を後押ししてくださった。余談だが、博士課程三年の時に、京都大学人文科学研究所の日本部助手の公募を見つけて、応じることを勧めてくださったのは河上先生である。筆者にとっては偶然だが、師にとっては周到な計画の産物だったのか。

話が飛んだ。大学院での伊藤之雄先生の授業で講読したのが、『伊藤博文秘録』（正・続）であった。伊藤先生は驚異的なスピードで大量の一次史料（未公刊のくずし字史料）を読みこなし、そのバイタリティーと学殖にはただただ圧倒された。しかし、筆者にとって先生の授業で得た最大の収穫とは、基本的な史料とじっくり取り組むということである。憲政資料室に足繁く通い、膨大な原史料を収集して読解されていく後ろ姿とは裏腹に、伊藤先生は徒に新出の史料を振りかざして奇を衒った論文を書くのではなく、活字化された基礎的な史料をしっかりと消化することの重要さをも説かれた。そこで、授業では、くずし字史料の講習と並んで、『伊藤博文秘録』の講読が行われたのである。

伊藤先生の授業に出られたのは、博士課程最終年度の一年間だけだったが、『伊藤博文秘録』というテキストを精読することができたことは、疑いもなく筆者の研究者人生の転換点となり、今でも原点であり続けている。この本に収められている史料は、その多くが今回公開された「伊藤博文関係文書」収蔵のものである。それは、同文書への手引きであり、伊藤博文研究の格好の入門書と言える。

いや、『伊藤博文秘録』を通読せずして、伊藤を語ることは許されないはずである。ここには、伊藤博文なる政治家が何を考えていたか、何をもたらそうとしていたかが彼自身の筆で書き留められている。歴史家は、まず虚心坦懐にその声に耳傾けるべきだろう。世評というものは、あくまでエピソードであり、その人を語るに無意味ではないが、歴史学はあくまで確かな史料に立脚して組み立てられるべきであり、エピソードは史論を豊かにするスパイスに過ぎず、逆であってはならない。

『伊藤博文秘録』の講読を通じて感得したのは、伊藤の立憲指導者としての覚悟と自信である。そしてそこには、やはり明治十五年から翌年にかけてのヨーロッパでの憲法調査が無視できないことが確信できた。それまでは伊藤の滞欧憲法調査といえば、憲法起草者としての箔付けのためだとか政府内のドイツ化にあわせたドイツ主義者への転向のポーズと見なされてきた。中身のない表面的なパフォーマンスとの理解である。

しかし、『伊藤博文秘録』に残されたヨーロッパでの調査時のいくつかの文書に目を通せば、また「伊藤文書」のなかの関連史料も渉猟すれば、この時に伊藤が憲法の制定について大きな確信を得ていたことは疑い得ない。『続伊藤博文秘録』に収められた「我国体及憲法論」と題する史料がそのことを示している。これは、ウィーンでのシュタインからの講義を受けて書き留めた覚書である。そのなかで伊藤は、「憲法ハ大体ノ事而已ニ御座候故、左程心力ヲ労スル程ノ事モ無」いと喝破し、「縦令如何様ノ好憲法ヲ設立スルモ、好議会ヲ開設スルモ、施治ノ善良ナラサル時ハ、其成迹見ル可キ者ナキハ論ヲ俟タス」と記している（四五～四六頁）。

ここから明瞭にうかがえるように、伊藤は憲法調査を通じて、憲法を相対化する術を手にしたのだった。それは〝国制〟という視野を彼が得たことにより可能となった。すなわち、シュタインと出会ったことによって、伊藤は立憲体制の全体像へと目を開かれ、憲法という法典を制定しても、それを支える行政の働きがなければ絵に描いた餅に終わってしまうと確信するに至ったのである。国制という全体的秩序のもとで、議会、政府、天皇といった国家を構成する諸ファクターが均衡し連携することこそ立憲制度の真髄との認識に達したことは、伊藤を名実ともに「立憲カリスマ」へと脱皮させるものだった。そのような意味で、伊藤にとってシュタインの国家学は、福音に値するものだったといえる。伊藤の帰国後に「シュタイン詣で」が慫慂《しょうよう》されたのも故なしとしないのである。

「伊藤文書」には、「シュタイン詣で」への伊藤のコミットメントを示す史料も見出される。園田安賢による「スタイン氏講義筆記」である。全く同じ史料を筆者ももっている。京都産業大学名誉教授で幕末期からの日本憲法学関係文献の収集家として著名な宮田豊先生から頂戴したものである（宮田先生のコレクションの概要を示す目録として、宮田豊編『憲法書目』（私家版、一九八八年）がある）。「伊藤文書」の園田筆記は、警視庁の罫紙に記されているが、これは警察官僚だった園田から伊藤へ直接献本されたものだからであろう。これに対して、筆者の手元のものは、京都府警察本部の用紙に写されている。園田によってもたらされたシュタインの講義ノートの写本が、伊藤に届けられると同時に、地方官庁においても回し読みされていたわけだ。のみならず、全く同じ写本は、國學院大學所蔵の「藤波家文書」にも認められる。同家の藤波言忠は、明治天皇の幼少からの知己であり、伊藤の意を受けてウィーンでシュタインの講義を受け、帰朝後それを天皇に代講した。一官史の持ち帰ったノートが、国家の統治機構の隅々に浸透していたさまが髣髴とされる。

冒頭で記したように、「伊藤文書」の全ての史料がデジタル公開されたことは、近代史の研究者にとって大変な朗報であり、筆者のように遠方にいる者への恩恵は計り知れない。引き続き、「大久保利通関係文書」も同様に公開の作業が進んでいるとのことで、その日が来るのを一日千秋の思いで待っている。他方で、ここで思い起こされるのが、大学院でのもう一人の恩師である野田宣雄先生の言葉である。ドイツ政治史の泰斗である先生は、名著『教養市民層からナチズムへ』（名古屋大学出版会、一九八八年）の「あとがき」で、今から三十年前にすでに、「コンピューターの発達による歴史学の研究条件の劇的な変化への予感」を書き留めておられる。その結果として、歴史学界の瑣末主義が加速することとの危惧を先生は常々語っておられ、「新しい史料にもとづいて細かな事実を確定することよりも、ごくありふれた史料や既存の研究文献のなかにあらわれる諸事実を新しいコンテクストのなかに整序づけて解釈しなおすこと」の重要さを説かれていた。筆者なりに言いかえれば、〝歴史的構想力〟の必要性ということだろう。

野田先生がここで示された危惧は、今まさに現実のものとなりつつある。マルチアーカイブやデジタル化の促進によって、われわれの前には無限に開かれた史料の海が広がっている。だが、そこに放たれた研究者の手には、果たしていかなる航海の目的地や行く手を示す海図があるのか。史料の荒波のなかで漂流を続けるのみとならないか。あるいは、そのような状況を明敏に先読みし、史料研究のおちいるニヒリズムを見越して、思弁的なだけの衒学的な歴史解説が跋扈するかもしれない。
しかし、それはどちらも、人文社会学にとっては現実に目を閉ざした屈服でしかない。筆者は、人間が歴史を語ることとは、その社会の共生のあり方を構想し根拠づける営みと底辺でむずびついていると信じている。それこそデジタル化社会がもたらす史料の大海原で確かな航海が続けられるための〝歴史的構想力〟の源泉となるのではないだろうか。

（『国立国会図書館月報』第六九六号、二〇一九年四月）

59　主権国家としての同型性

ダグラス・ハラウンド『国際法と日本の主権』(*Douglas Howland, International Law and Japanese Sovereignty : The Emerging Global Order in the 19th Century*, Palgrave Macmillan, 2016)

国際法史を専門とする山内進氏は、かつて「日本人が衝撃的に出会い、その知識をうるために努力したヨーロッパ最初の法は国際法」だったと述べた（山内進「明治国家における「文明」と国際法」『一橋論叢』第一一五巻第一号、一九九六年、一九頁）。実際、幕末維新期に西欧の国際法は万国公法の名で移入され、それはある意味で西洋文明を代表するものとして日本に取り入れられた。山内氏は、当時のヨーロッパの国際法学で主張されていた文明国基準を指摘し、それが当該期の日本人の精神的傾向に及ぼした刻印を論じた。西洋国際法が唱える文明国基準によれば、国際法＝万国公法は一定の文明的段階に達した国にのみ適用されるものであり、それ以外の半開国や未開国・野蛮国は国際法上平等な取り扱いを受けるものではないことが正当化される。明治期の日本はこの西洋世界の要請を真正面から受け止め、万国公法の文明国基準に則った国づくりに邁進する。それは、不平等条約の改正を国是とする明治日本にとって、不可避の道だった。

そのように論じる一方で、山内氏は重要な留保も付している。右のような文明国基準は、当時のヨーロッパ国際法学のコモンセンスでは必ずしもなかった。そもそも、それまでの国際法思想には、自然法の伝統が確固としてあった。「自然国際法（jus gentium naturale）」と呼ばれるものである。それによれば、地上のすべての国家・民族に適用されるべき普遍的な国際法が存在する。諸国民の自然的権利と独立・自由を尊重する法規範である。他方で、「意思国際法（jus gentium voluntarium）」というものがある。それは、文明国相互間の合意を根拠とする国際法であり、十九世紀におけるその拡充が、排他的なヨーロッパ国際法の席巻という事態を招来した。

だが、意思国際法の席巻も、実際には単純なヨーロッパ中心主義の展開と同一視されるものではなかった。資本主義のグローバル化が進捗するなか、西欧諸国は世界中の様々な国々との通商関係を求めていたのである。それにあわせて国際法の適用範囲も拡大するという柔軟な姿勢を見せていた。当時のイギリスの国際法の権威ジョン・ウェストレイクは、文明国基準を堅持しつつも、その文明とは、相手国との外交や通商関係において信義誠実を旨とし、他国民の生命や財産を保障する姿勢と体制と観念していた。国際法は、決してヨーロッパ世界の自己完結的なものではなく、他の文明圏にも開かれたものだったのである。明治日本が遮二無二追随しようとした文明国基準に基づく国際法とは異なる、別個の国際法の潮流があったのかもしれない。

ウィスコンシン大学教授として東アジア近代史を専門とする著者によって著された本書は、以上のような山内氏の提示した問題意識と軌を一にして、十九世紀の国際法史の見直しを提唱するものである。その際に、日本を重要なアクターと見なして考察の対象とする点に特色がある。文明国基準を掲げる従来の研究が主張するところとは異なり、日本は幕末の開国当初から国際法の適用資格を認知されていたのであり、また日本自身もその資格を積極的に活用して国際法のグローバルな展開に寄与した。本書の論旨を一言でまとめれば、そのようになる。以下、順を追って、その説くところをたどってみよう。

第一章では、既述のような本書の問題関心と論敵が設定される。本書が論駁の対象とするのは、国際関係論の英国学派である。著者によれば、英国学派は国際システムと国際社会を区別し、十九紀の日本は西洋主導の国際システムに組み込まれたが、西洋諸国によって構成される国際社会からは排除されていたとされる。国際社会のメンバーとなるには、文明国基準をクリアーしなければならなかったからである。だが、これに対して著者は、実際の国際法の実務の上で、日本はその国家主権を尊重されており、国際社会のメンバーとしても認知されていたと指摘し、その論証が以下で詳論される。

まず第二章では、一八七一年に勃発した普仏戦争の際の中立宣言や一八七二年のマリア・ルス号事件が取り上げられ、国際法を援用する日本の主張が関係各国によって承認されたことが言及される。また、一八七三年に二つの国際法学会が創設されているが、そのうち国際法協会（The International Law

Association。当初はThe Association for the Reform and Codification of the Law of Nations）では設立時から日本人がメンバーとして含まれ、また万国国際法学会（Institut dedroit international）でも一八九二年に日本人会員を迎えている。これらの事実は、国際法適用の範囲が西洋文明国に限定されていなかったことを端的に示している。より決定的だったのは、主権国家としての同型性（isomorphism）だったことが説かれる。

第三章ではいわゆる不平等条約が取り扱われる。幕末の日本が西洋列強と締結した条約は、治外法権と協定税率を定めたものとして国家間の不均衡な関係を背景にしたものと一般に見なされている。しかし著者によれば、条約の土台にあったのは主権国家の対等性の観念であり、条約で定められた不平等な措置は、その例外として日本が相手国に認めた特権であったとされる。換言すれば、条約という明示の合意によらなければ、主権国家間の平等な関係から外れた特例を定めることはできなかったのである、日本と西洋諸国との間には同じ主権国家としての対等性が前提されていたということになろう。

第四章は、この時代に成立した電信、郵便、鉄道、衛生といったトランスナショナルな諸制度とそれに伴う国際行政法の発展のなかでの日本の位置づけが論じられる。まず一八六五年に設立された万国電信連合（International Telegraph Union）と一八七四年創設の万国郵便連合（Universal Postal Union）への日本の加盟について考察される。二つの国際組織において日本は、当初より参加を認められていた。著者によれば、それは「地位にかかわらず、構成メンバーの平等をうたった」（八〇頁）結果に他ならない。また、一八八〇年代に開催された海底ケーブル保護のための国際会議や万国衛生会議でも日本は積極的に参加し、また迎えられていた。テクノロジーの発展に伴う行政制度の国際化を支えるために、ここでも要請されていたのは文明国としての内実よりも主権国家としての同型性（isomorphism）だったのである。

第五章は、日清・日露戦争時の日本による国際法の援用について論じている。有賀長雄や高橋作衛といった国際法学者による戦時国際法遵守のキャンペーン活動への論及のほか、特に興味深いのは、日露戦時に日本がフランスを牽制してロシア艦隊への物資支給を限定した措置である。これは中立国制度の厳格化を要請していた英米両国の支持を得て、一九〇七年のハーグ会議での条約化の布石となった。日本はここで単に国際法の受益者のみならず、それを能動的に構成し、形成する主体として行動した。そこで決定的だったのは、文明国という実態があるかどうかではなく、主権国としての体裁を備えていたかどうかだったのであり、それが認められたならばあとは「交渉を通じて外交により、国際協定を通じて法的に、そして戦争を通じて直接に」自国の意思を貫徹することが認容されていた（一二六頁）。

最後に第六章では、以上の論述を総括して、日本が十九世紀の国際法の発展に果たした意義がまとめられる。非西洋圏の国でありながらいちはやく主権国家の装いをまとった日本は、国際法の適用から除外されることなく、むしろ国際法の妥当する国際社会の一員であることを望まれ、日本もその役割を積極的に担ったのである。「国際法がグローバル化し、大国がヨーロッパ・クラブにとどまらなくなるにつれ、日本の成功は国際共同体に自らの原理を吟味するよう強いた。日本が国際法や国家の行動を国際化したことで、西洋の威信は取り返しがつかないほど失墜したと結論づけても誇張ではないと私には思える」（一四二頁）。そのように著者は最後に述べている。

明治維新後の日本は不平等条約の改正を目指して、西欧基準の文明国として認められるべく自己改革に努めてきた、それは西洋文明が当時の国際社会の規範だったからである、ということは日本近代史を語る際の決まり文句である。本書はそのような定型的理解に重大な修正を迫るものである。そもそも文明国基準なるものは国際法の実務では意味をもっておらず、そこでの根本原理とはあくまで主権国家間の平等だったというのであるから。そして、十九世紀国際法史における日本の積極的な貢献を究明したことも本書の大きな意義である。日本という触媒を得ることによって、国家間の平等を胚胎させていたヨーロッパ国際法は、真の意味で国際法へと転じることができたのだから。

文明ではなく、主権国家としての同型性（isomorphism）こそがこの時期の国際法を貫徹し、推進してきた指導原理だったとの著者の指摘は説得的である。他方で、日本の側から捉えるならば、文明を規準にするか主権国家を規準にするかのいずれにせよ、日本は西洋主導の国際秩序に参入し、その東アジアへの拡充を促進してきたとの歴史の見取り図は動かし得ない。どちらにしても、日本は「長い十九世紀における国際法と主権国家なるものの成功と失敗を示している」のである（一四三頁）。

そのように考えると、文明か主権かの違いはあるものの、日本が西洋中心の国際秩序の触媒となったとの評価は避けられないということになる。十九世紀において日本が国際法の発展に寄与できたもうひとつのあり方は、「「文明化すなわちヨーロッパ化」の呪縛から離れ、ヨーロッパ文明とは異なる「文明国」の存在を国際法の次元で認め、それと共存し、国際法世界を多少とも主体的に変えていくこと」（山内前掲論文、三八頁）だったであろう。その可能性は、今なお積み残された課題として残っている。

（『日本研究』第五九号、二〇一九年十月）

60　文明の傀儡としての「英雄」

岡本隆司『曾国藩──「英雄」と中国史』岩波新書、二〇二二年

人物の偉大さについて

司馬遼太郎の言葉と記憶しているが、「中国の陶磁器には神業を感じ、日本の焼き物には作者の個性を思う」との述懐に接したことがある。岡本隆司氏の『曾国藩』を読み、あわせてそれ以前に刊行されていた同じ岩波新書の『李鴻章──東アジアの近代』と『袁世凱──現代中国の出発』を読み直して、しきりにこの言葉を思い返した。

筆者は世間で、人物史を専門とする歴史研究者と目されているかもしれない。確かに、これまで筆者は伊藤博文の評伝を著し（『伊藤博文──知の政治家』中公新書、二〇一〇年）、最近も大久保利通の生涯について一書をものした（『大久保利通──「知」を結ぶ指導者』新潮選書、二〇二二年）。人物への関心は強くもっている。このたび岡本隆司『曾国藩』を書評せよと白羽の矢が立ったのも、出版社が日中人物史の取り合わせの妙を思い立ってくれたからだろうか。だとしたら、光栄なことである。

書評というかたちでは異例であろうが、まず多少の自分語りをさせてもらいたい。実は、自分の評伝的研究が果たして歴史学の範疇に入るのか、忸怩たる思いがある。自らの人物研究を省みると、それは極力その人の内面に入り込み、そこからその思想と言えるものを抽出し再構成するというスタイルである。それは、ある人物の歴史に果たした役割を見極めるというよりも、その人の歴史を超えた知的遺産を発掘する作業なのではないかと強く感じる。

一言で言えば、筆者の人物研究は、思想研究なのだ。もっとも、そのなかでも自分の関心は、思想を生業とする学者や文人よりも、政治の実践の場にいる人々に向かっている。観照と体系化に努める理論家のテキストではなく、現実のなかで鍛え上げられた政治家の生涯を一冊の書物と見なして読み解こうとしてきたと言えようか。

つまり、筆者は、個人を通じて歴史のある実相を明らかにするというよりも、その個人の生涯や思想が、歴史を超えて訴える価値を探求しようとしてきた。したがって、自分には人物の偉大さへのノスタルジアが拭えない。この点において、筆者の評伝と岡本氏のそれとの間には、大きな懸隔があろう。岡本氏が描く中国近代史上の人物には、必ずしも偉大さは脚色されない。人物の偉大さを描き出すことが目的ではない。『袁世凱』に至っては、「食わず嫌いはダメ」との思いで、「嫌いな人物に正面から向き合」った著作とのこと（同書「あとがき」）。歴史家であればこうでなくてはなるまい。自分の気に入った人物のことばかり研究している視野狭窄は、そこにはない。

自らを殺した「英雄」

最新刊の『曾国藩』は、ある意味、岡本人物論のスタンスが最もよくうかがえる著作である。本書は副題に「「英雄」と中国史」と付されている。「英雄」と括弧でくくられていることに含蓄がある。曾国藩（一八一一～七二）は「英雄」であった。太平天国の乱という国難に立ち向かい、それを鎮めた。救国の「英雄」であり、同時に当代一流の文人であった。中国の統治を支える読書人的官吏の精華と言える。

だが、そのような表面的イメージとは異なる実像を岡本氏の筆は呵責無く描き出す。確かに、曾国藩は英雄であった。だが、それは、彼が自らの意思と責任で果断に事に処し、民を導き、そこに平安をもたらしたからではない。彼が英雄だったのは、自らを殺し、徹底的に仕えたからである。何に仕えたのか。君主にであり、中華という文明にである。

本書は、冒頭、在日清国公使館に勤務していた日本通の「外交官」黄遵憲（一八四八～一九〇五）と日本の漢詩人石川鴻斎（一八三三～一九一八）との間に交わされた印象深い対話が紹介される。明治維新からまだ十年ばかりが経った時点での話である。そこで、黄遵憲は、「日本の文章は紀行・画跋・詩序にとても巧みながら、盛大広明な文は多くありません。近来の『曾文正公文集』のようなものは、日本ではとてもお目にかかれません」（ⅳ頁）と語った。曾文正公とは、曾国藩のことに他ならない。彼の詩文を集めた書籍を掲げ、漢文の教養における彼我の違いを黄遵憲は大書した。

この挿話は、清国を代表する政治家曾国藩がまた同時に当代一流の詩人でもあったことを伝えるものだが、より正確に言えば、文人として傑出していたがゆえに、彼は偉大な政治家としても認められていたのである。そもそも、政治家なるものをマックス・ヴェーバー的な職業として、独特の使命を帯びた専門人として捉えてはなるまい。優れた文人であれば、それは優れた人間であり、そのような人間は政治家としても優れているに違いないのである。

だが、以下では近代的な価値観に則り、政治家としての実績を注視しながら、曾国藩の生涯を見ていこう。曾国藩は湖南省の生まれである。経済先進地である江南省の後背に控え、同省の繁栄を支える地であった。搾取される立場と言ってもよいかもしれない。折しも中国は人口の増大期に入っており、湖南省は農産物を増産するための労働力として移民を受け入れ、また、隣省の経済活動の一翼を担うための人材を移出していた。貧困で後進的な地域だが、そこからは黄興、宋教仁、さらには毛沢東や劉少奇のような革命家が輩出した。自分の信念や才覚を頼りに、世に打って出ようとする有為の人を生み出しやすい土地柄だったのであろう。

曾国藩もその例に漏れない。ただ、彼はあくまで既定の出世コースの階梯を昇ろうとした。地主として富を築いた家に生まれた曾国藩は、勉学にいそしみ、科挙に合格してエリート官僚の地位を得る。チャイニーズ・ドリームの実現である。中央政界において有能な官僚として働き、皇帝に諫言する注目すべき上奏を行ってきた曾国藩であるが、一八五一年に勃発した太平天国の乱によって、彼の運命は大きく変わることになる。

太平天国と湘軍、洪秀全と曾国藩

太平天国を興した洪秀全（一八一四〜六四）は、曾国藩とある意味見事なコントラストをなす人物である。二人は同世代であり、移民の末裔という出自を同じくする。立身出世を目指し、科挙の受験にいそしんだことも共通する。だが、曾国藩がその夢を実現したのに対し、洪秀全は挫折し、その憤懣を糧に体制に不満を抱く分子を広く糾合して反乱を起こした。体制に受け入れられなかったという洪秀全のルサンチマンは根深く、儒教を捨ててキリスト教に走り、それを換骨奪胎して自らを天王とする異教を樹立する。この点も、科挙に合格して、純然たる体制教学たる宋学を信奉する曾国藩とはまさに対照的である。

乱の討伐が曾国藩に命じられた。彼は、地元の名望家である郷紳たちとのネットワークを活かし、団練という郷土の民兵組織を束ねて湘軍と呼ばれる自らの軍事組織を結成した。清朝の正規軍が頼りにならなかったがためにとられた苦肉の策だが、これによって事態は態よく中国南東部の局地戦となったかの観を呈する。本書の論述から浮かび上がるのは、曾国藩の孤軍奮闘の様であり、王朝の護持を天命と心得て砕身する一人の官吏の姿である。

岡本氏によれば、曾国藩はお世辞にも有能な将帥ではなかった。緒戦は湘軍の地元で戦われたにもかかわらず、率いる水軍は天候不順で大打撃を受けたのみならず、彼の用兵ミスも加わり、全軍総崩れの憂き目にあう。ここで曾国藩がとった行動を岡本氏に語ってもらおう。「曾国藩は、軍旗をおしたて、「旗を過ぐる者は斬る」と大書し、自ら抜刀して仁王立ち、敵前逃亡を防ごうとした。しかし兵卒はかれを横目に、旗を迂回してどんどん逃げてしまう」（九六頁）。このような体たらくを前に、彼は次のような芝居がかった挙動に出た。

曾国藩は憤激絶望のあまり、悄然として歩き出すや、目前の浙江にとびこんだ。しかも二度にわたってである。左右の者があわてて救いあげて、どうにか事なきを得た（同前）。絶望のあまりの自殺未遂事件であるが、岡本氏が記すように、主将がいなくなっては軍の収拾はよけいにつかなくなる。兵を率いる者としてあるまじき軽挙妄動である。しかも、この後も、戦況が悪化したなか、彼は同じような行動をとることがあった。「ひたすらマジメに、思いつめてしまう」という性格によるものなのか、それとも狂言的なパフォーマンスなのか。いずれにせよ、そのようなリーダーをもった軍隊は悲劇だし、歴史の観客としては滑稽の限りである。

悲憤慷慨を繰り返しながら、曾国藩は戦い続けた。いつしか十年以上の歳月が流れ、一八六四年七月についに湘軍は太平天国を追い詰め、滅亡させる。曾国藩は勝利したわけだが、そこに英雄の凱歌は聞こえてこない。本書から髣髴となるのは、中華文明の使い走りとなって小心翼々と戦い続けた一臣僚の姿である。このことを際立たせるために、曾国藩と洪秀全との対比をもう少し続けてみよう。

伝統にとらわれた個性

二人が移民の末裔という出自を同じくし、ともに科挙の受験を通じて立身出世を夢見ていたことは前述した。曾国藩がその夢をつかみ、清朝のエリート官僚の地位を得たのとは対照的に、洪秀全は挫折し、その鬱積から自らの王朝を建て、清国に取って代わろうとしたのだった。

二人が示す興味深いコントラストは、彼らが率いる太平軍と湘軍とを見比べてみた時、よりいっそう明らかとなる。そこにまず認められるのは、相違点よりも相似点である。

まず、曾国藩と洪秀全が組織した軍勢は、地域性を色濃く帯びていた。ともに地縁をもとに成り立った太平軍と湘軍は、その存立の基盤は長江以南で増幅していた人口激増に伴う社会不安にあり、太平軍はそれに乗じて勢力を拡大していた。これに対して、曾国藩は自らのネットワークを駆使して、地元の郷紳の加勢を得ることで湘軍を組織し、太平軍に対抗しようとしたのである。両軍の出自は重なるところも多く、その戦闘はさながら中国南東部を舞台とする内戦であった。

似通っていたのは、両軍の地域性や人的構成のみではない。そこでは厳しい規律がともに支配していた。キリスト教を標榜する太平天国では、独特の宗教的原理主義に基づき、男女の隔離、土地の公平や分配、規律違反への過酷な処罰が行われていた。独裁者による神の国の実現である。他方で、曾国藩も審案局という特別警察機関を設け、匪賊の取り締まりを行うと同時に、自軍の規律の維持を行った。その峻烈さは太平軍の人後に落ちなかった。即時処刑の権限を与えられた審案局の手により、ひどい時には半年足らずで二百人以上が刑死となった。曾国藩は「曾剃頭（首切りの曾）」と呼ばれ忌まれたが、彼は厳刑峻法をもってひたすら残忍になり、もって頽風を挽回するとの覚悟だったという。

このような太平軍と湘軍との性格には、ともに清朝の腐敗に対するアンチテーゼが指摘できる。太平軍は、弛緩し堕落した清朝の統治を前にした庶民の不平不満の高まりをエネルギーとしていたのだし、湘軍もそれをわきまえ、自ら身を正すことによって、支配の正当性を取り戻そうとしたのだった。

本書を通して浮かび上がってくるのは、同じメダルの表と裏としての曾国藩と洪秀全である。二人はともに、清国、否、中国文明が産み落とした個性だった。曾国藩は科挙を通じて出世の階梯を駆け上がり、洪秀全は受験競争に失敗したが、その結果やろうとしたことは、時の王朝に代わる新たな政権の樹立だった。そこでは、やはり科挙のような人材抜擢の制度が導入されていた。キリスト教の神を信奉し、儒教の徹底的排斥を行った洪秀全だったが、その世界観は中国の伝統的な思考枠組みを踏襲したものだったのである。彼が成し遂げようとしたことは、つまるところ易姓革命に基づく王朝の交替だったと言える。

中国の伝統的思考枠組みにとらわれていたという点では、体制側に位置していた曾国藩はもっと自覚的だった。彼にとって太平天国との戦いは、西洋の邪教に染まった文明の敵を殲滅することであり、「中国数千年の礼義人倫・詩書典則」を護ることだった。彼自身の言葉を引用すれば、「これ我が大清の変なるにとどまらない。開闢以来、名教の奇変なり。我が孔子・孟子は九原（あのよ）に痛哭せられていよう。およそ書を読み字を識る者なら、何もしないまま拱手坐視などできるはずはあるまい」（八八頁）ということになる。

このフレーズを引きながら、岡本氏は、「儒学名教の維持を強調しながら、忠君勤王にふれないこと、つまり曾国藩たちにとって、護るべきはあくまで儒教であり、清朝の存亡は第一の問題でなかったことがみてとれる」（八九頁）と述べている。次のようにも言い換えられようか。曾国藩において清国の正統性は相対化されており、真に護らなければならないものは、清国もそのなかに組み入れられている中国数千年の文明のかたちだったのである、と。そうしてみると、曾国藩も洪秀全も思想像としては一卵性のものだったと解することが許されよう。洪秀全は中国文明を継承する新たな国家を建造しようとした。曾国藩は中国文明を守護するために、既存の国家の歯車となった。だが、二人がともに中国という世界観の枠内において、その伝統的秩序を体現しようとしていた点においては、異なるところはないのである。

文明の傀儡たち——曾国藩、李鴻章、袁世凱

中国史における「英雄」とは、不易なる文明の型を演じる人物である。岡本氏の旧著『李鴻章』、『袁世凱』を併せ読めば、なおのことそう考えさせられる。李鴻章（一八二三～一九〇一）は、曾国藩の高弟として師と同様に団練を束ねて自らの私兵・淮軍を結成し、太平軍と戦った。その後も彼は、西洋列強や明治日本という対外的脅威と対峙しながら、海防に尽くし、洋務運動を唱道した。慧眼な彼は、西洋主導の国際秩序による世界支配が世の趨勢であることを感じ取っていただろう。

しかし、それでもなお、李鴻章は中国文明を守衛する先兵に甘んじた。師である曾国藩の「末世に危を扶《たす》け難を救う英雄は、心力労苦（あくせく）を以て第一義とす」を地で行く生涯だった。かたや袁世凱（一八五九～一九一六）は、洪秀全をもっと矮小化したような存在である。科挙に背を向け、武人としての経歴をひた走った彼は、革命の気運高まる清末のまさに末世に乗じてのしあがった。権力の座に就いた彼がとった行動は、西洋風の立憲政治など不毛な議論ばかりで実効性がないとして国会を否定し、自らが皇帝となることだった。

こうしてみてくると、岡本氏の中国近代史人物評伝三部作を通じて感得されるのは、中国文明の磁場の強さである。歴史が人物によって作られるなど不遜な考えである。歴史とは不動で、繰り返されるものであり、人知を超えた天の則なのである。歴史に組み込まれて生き、それを守護することが、

中国における英雄の生きざまなのだろう。自ら秩序を構想して国家の制度を作り上げ、歴史を作り変えようとするなど、悠久な時空間を知らない朴念仁の考えなのかもしれない。さしずめ日本史を対象とする筆者など、そのように歴史の作り手となろうとした英雄や悪党のざらついた個性を嘆賞することしかできない呉下の阿蒙というところか。

（『B面の岩波新書』WEB版、二〇二二年九月二十六日）

＊冒頭の司馬遼太郎の言葉としたものは、同氏の次の文章のうろ覚えだった。
「まことに、日本は陶芸については風変わりな世界を確立した。中国陶芸をみて、

「玉のようだ」

と感嘆できないのは、下地として玉の伝統をもっていないことにもよる。〔中略〕

むしろ、日本の茶陶美学は、陶磁器に対し、強烈に感情移入して、そこに人格を見るという特徴をもっていた」。

（司馬遼太郎『越前の諸道　街道をゆく⑱』朝日文庫、二〇〇五年、一三五頁）

61　人生を決めた本

星新一『悪魔のいる天国』新潮社、一九七五年
レイ・ブラッドベリ著、小笠原豊樹訳『火星年代記』早川書房、一九六三年
北杜夫『木精』新潮社、一九七九年
中央公論社編『訳詩集（日本の詩歌二八）』中央公論新社、一九七六年

「人生を決めた本」と問われ、この際、自分にもあった多感な時期に確かに惑溺し耽読したが、今では遠い記憶の片隅に放り置かれていた本を思い出してみたいと考えた。今の職業に関わるものは除外し、十代に手にしたものに限定した。マンガも省いた。私は、マンガから計り知れない思想的精神的栄養を得てきており、そのような作品を数えれば、とても片手では足りない。

星新一『悪魔のいる天国』

読書の愉楽を教えてくれたのは、星新一である。中学生のころ、毎週末、親からもらった千円札を握りしめて近所の大型書店に行き、新潮文庫の星新一の本を二三冊買うのを常とした。そのショートショートが指し示す近未来像と現代との無気味な符合性には、今読んでも慄然とするものがある。だが、何よりも私が魅了されたのは、その簡潔でドライな文章である。爾来、星新一は自分にとって文章の先生である。〝男がいた。エヌ氏という〟――こんな文体にしびれた。本書は、真鍋博の印象的なカバーイラストとともに忘れ難い。

レイ・ブラッドベリ『火星年代記』　星新一の書いたものを貪り読むなかから、芋づる式に読書の世界は開けていった。彼がSF作家になるきっかけとなったという本書を皮切りに、ブラッドベリの作品も片っ端から読んだ。『火星年代記』はまさに一大叙事詩であり、『イリアス』や『オデュッセイア』に比肩する人類の生んだ傑作と自分は思っている。ブラッドベリのなかでは、『刺青の男』も格別である。そのなかの流れ星になる宇宙飛行士の物語は、心に刻まれている。しかし、今読み返した時、あの抒情的な世界に耽るにはあまりに枯渇した自分を発見するのではと不安を覚える。

北杜夫『木精』　北杜夫も星新一がきっかけでその名を知った。星新一のショートショート集の解説を書いていたのを読み、なんてとぼけた文章を書く人だと思った。中学の夏休みの課題図書に、『どくとるマンボウ航海記』が挙げられており、読んだ。とぼけた味わいが軽快なテンポとなって、絶妙なユーモアを醸し出す。ページをくるうちに、何か大きく窓が開け放たれ、まさに洋上に連れて行かれて清新な空気を吸い込むようだった。北杜夫の影響で、寮生活や文学への憧憬を抱いた。実際に、自分も高校では寮生活を過ごした。本書は、〝どくとるマンボウ〟ものとは一線を画す内向的で詩情に溢れた小説だが、まだ自分という世界しか知らなかった十代の時に、人との出会いへの憧れと哀しみを想像させてくれた。大学生になってから、ドイツへの旅情にかられたのも、この書が撒いた種だったのだろう。

小林秀雄『モオツァルト・無常という事』　小林秀雄の文章に接したことは啓示だった。高校生の時に全国模試の問題文で何度も出てきてその名は強く意識したが、何を言っているのか分からなかった。大学受験を目前に控えたある夜、下宿の一室でこの有名な評論集を繙いた。あの有名な「モオツァルトのかなしさは疾走する。涙は追いつけない」は、多くの異論はあっても、自分のなかでは今でもモーツァルトの音楽を聴く時にカノンとなっている。だが、それ以上に衝撃だったのが、「無常という事」のなかの「生きている人間とは、人間になりつつある一種の動物かな」で始まるくだりである。頭の頂を雷に打たれたかのような衝撃を受け、身体のなかを電流が走った。あの瞬間、自分のなかで確かに何かが変わった。

『訳詩集（日本の詩歌　二十八）』

自分もいっぱしに詩を手にしていた時があった。中原中也や八木重吉の哀切な心の声に共感して、身につまされながら読みふけった。そのようななか、堀口大学『月下の一群』などが収められたこの詩集は、一種の解毒剤だった。そこには、同じ哀しみでも、その中に沈潜するのではなく、それを対象化して時に笑い飛ばすような人生の達人たちの姿があった。「早く駆け出せ、早く駆け出せ。……幸福は逃げてしまった」（ポール・フォール「幸福」）。大学受験浪人中の一時期、就寝前に枕元で本書を拾い読みし、人生を享楽する詩心に陶然となりながら寝につくのを常とした。

（『文藝春秋』文藝春秋社、二〇二三年五月号）

62　福沢論の新たな展開

小川原正道『福沢諭吉　変貌する肖像』ちくま新書、二〇二三年

明治期に『実業之世界』などを発刊し、「言論界の暴れん坊」の異名をとったジャーナリスト野依秀市（一八八五〜一九六九）は、伊藤博文に突撃取材を行っている。同世代の人物評を伊藤から聞き出すなかで、福沢諭吉については、とにかく豪《えら》い奴と述べ、「今日あれが養成した学生は全国に瀰漫して大勢力となって居る」との言葉を引き出している（『実業之世界』第六巻第十号）。一般に不倶戴天の敵と見なされる伊藤からこのように評せられるほど、その功績は当時から屹立していた。

本書は、福沢を対象とした言説史をたどりながら、近現代日本の思想空間を照射する試みである。これに先立ち著者は、『独立のすすめ　福沢諭吉演説集』（講談社学術文庫）を編纂しており、そこでは福沢が何を考え、何を公衆に訴えようとしていたかの解明が目指されているが、今回新たに書き下ろされた本書と併読すれば、福沢諭吉という思想体系の全容を内と外から垣間見ることができるだろう。

本書で興味深いのは、学界での福沢論に筆を限定していないことである。冒頭で名前の出た野依は慶應義塾出身で福沢の信奉者だった。彼なりの福沢イズムの社会への浸透を狙ってメディア活動を行った。戦前の右翼思想家で慶應義塾で教鞭を執った蓑田胸喜（一八九四〜一九四六）も時に自説を福沢の著作で粉飾しながら帝国大学アカデミズムを糾弾していた。福沢自身の議論のなかに国権の重視や「脱亜論」に象徴される進歩史観的な対外意識が萌されており、福沢は様々な立場から利用価値があ

ったのである。

だが本書の価値はやはり、慶應義塾大学で日本政治思想史を講じる著者によって、福沢研究の系譜を辿りながら、日本近代思想史のひとつの大きな水脈が浮き彫りとされている点にある。田中王堂から富田正文らの慶應学派を経て丸山眞男へと至る研究史の流れをさばく手腕は鮮やかである。注目されるのは、中村光夫や小林秀雄の論評にも目配りがされていることで、福沢受容の裾野の広さが再認識される。特に、小林の福沢論を福沢と儒学の関係に着目した近年の研究の先駆と評価していることは慧眼であろう。

本書は一九八〇年代までを対象としており、現在の福沢論の新たな展開に筆が及んでいないという憾みがある。今日、福沢研究では、江戸思想史との連続性がトピックとなっている。その一端を知りたければ、著者の同僚の大久保健晴氏の近作『福沢諭吉　最後の蘭学者』（講談社現代新書）を手に取ればよい。慶應の俊英思想史家二人の競演によって、福沢諭吉の今を知ることができる。

（『週刊新潮』新潮社、二〇二三年十一月二日号）

Ⅲ　憲法を読み解く

63 国のかたちとしてのconstitution

憲法と「国のかたち」

最近、憲法改正の機運が高まっていることもあるのでしょうか、いろいろなところで「国のかたち」という言葉を耳にするようになりました。そのきっかけは何だろうということを考えますと、この言葉は周知のようにかの司馬遼太郎氏が使われたものであるわけですが、それをこのようなかたちで人口に膾炙させるきっかけとなったのは、橋本政権のときの行政改革会議ではないかと思われます。

この会議の最終報告の中に、司馬氏の「この国のかたち」という言葉が引かれて、その精神を受け継いで今回行政改革をやるんだとの決意が示されています。行政の改革だけではなくて、それは、国民が、明治憲法体制下にあって、統治の客体という立場に慣れ、戦後も行政に依存しがちであった「この国の在り方」自体の改革なのだということです。このようにして「この国のかたち」を再構築すること、それが今回の行政改革の目標であると格調高く謳われていたわけです。恐らくこの最終報告がきっかけとなって、憲法学に限らず、広くマスコミなどでも「この国のかたち」という言葉が盛んに使われるようになったのではないかと思われます。

今日のタイトルも「国のかたちとしてのconstitution」と銘打っております。ここにあります、この「constitution」という英語の言葉、あるいはドイツ語の「Verfassung」という言葉、これは憲法と訳されるわけですが、果たして constitution は我々が通常考える憲法とイコールなのかという問題を先ず立ててみたいと思います。

私が専門としている法制史の分野では「国制史」という言葉があります。これは英語の history of constitution とかドイツ語の Verfassungsgeschichte の翻訳であります。例えば、ドイツの constitution の歴史と銘打った本の翻訳のタイトルというのは、「ドイツ国制史」となります。「ドイツ憲法史」というようには訳されていません。

ここから、憲法学が対象とする constitution と歴史学が対象とする constitution は決してイコールではないことが端的にうかがえます。憲法学の対象とする constitution は、当然ながら憲法なのですが、付言するならば憲法典、ないし成文法としての憲法というものが専ら関心の対象となっています。それに対して歴史学の方では、むしろその時々の政治の全体的なあり方、仕組みが考察の対象となっているわけです。そういうふうに両者の間には、同じ constitution を扱うといってもアプローチなり問題関心に違いがあるわけですが、最近、この二つの constitution の接近がなされているかのような向きもあります。

その一例として、先ほど引用した行政改革会議で中心的な役割を担われました、京都大学名誉教授で憲法学者の佐藤幸治先生の印象的な文章を引用したいと思います。

〔constitution という言葉が明治期に憲法と訳された〕結果、「憲法」というとまず憲法典が思い浮かべられ、constitutionが本来持っていた微妙な味わいが失われることになりました。われわれの住む国の姿・かたちはどのようなものであるかを省察し、より善き姿・かたちを求めて不断に努力する必要を忘れがちになりました。いわゆる改憲論、護憲論の論争は、論者の意図がどうであれ、一般には憲法といえば法典とその文言をどうするかの問題として受けとめる傾向を強め、自らの姿・かたちを日常言語・日常用語で語り、改善していく努力を弱めてしまったように思えるのです。つまり、この国の現状をどのように認識し、あるべき国の姿をどのように描くか、現状とあるべき姿との間にギャップがあるとすれば、それは何故か、どのようにしてそのギャップを埋めることができるか、という問題が重要であり、法典とその文言を変えるかどうかはいわば出口の問題であるはずなのに、いつの間にか入口の問題となってしまったように思えるのです。

（佐藤幸治『憲法とその〝物語〟性』有斐閣、二〇〇三年、一二八頁）

佐藤先生は、constitutionを憲法と訳した結果、ある意味、日本人の憲法理解に歪みが生じたと指摘されているわけですが、憲法というものに尽きない微妙な味わいが本来constitutionという言葉にはあるのではないかという指摘は重要だと思います。

実際、佐藤先生が説いているように、constitutionという言葉には本来、ある事物の制定とか創設という意味があるわけですが、また同時に、そのようにしてつくられたものの構造や内部の構成という意味もあります。例えば、constitution of lowと言えば法の制定という意味になりますし、

constitution of society と言えば社会組織という意味となります。

そういった語義は、有機体とか生物とかにも適用することができるわけで、例えば人間の constitution と言ったとき、それは人体の内部組織だとか、あるいはその人の体質や気質、パーソナリティーをあらわす意味にもなるわけです。

このようなことを考えますと、国家の constitution と言うとき、そこには我々が通常想起する憲法という意味以前に、国をつくるという意味合いと国を満たすという意味合いが込められていると言えるのではないかと考えます。すなわち、国家を築き上げる国づくりの意義とその国家の内部構造を解明し、それを補充するという国家のメンテナンスの意義です。私自身は、佐藤先生の言われる constitution の微妙な味わいをこのようなものとして理解したいと考えています。

いずれにせよ、constitution という言葉を一義的に憲法と訳して、しかも、そこから紙の上に書かれた法令としての憲法典のみを観念してしまうことは、佐藤先生の述べられるように、この微妙な味わいを損なう非常に狭い考え方なのではないかと歴史家としても考えるわけです。

「国のかたち」改革の先駆例：明治憲法の経験

我が国の歴史の中で、今まで申し上げた constitution の微妙な味わいを非常によく体現した貴重な経験を我々は持っています。それがこれからお話しする明治憲法の制定です。先程の行政改革会議の最終報告の中では、明治憲法は負の遺産として引き合いに出され、その克服が叫ばれていたわけですが、私自身は、明治憲法の制定は日本の国民がなし遂げた重要な歴史的成果であって、その制定過程とその後の運用をきちんと実証的に解明していくことは、日本人の憲法能力を測定する意味でも示唆に富んでいると考えています。

確かに、最終報告に書かれてあった明治憲法のイメージは非常に一般化しているものです。学界でもそうです。戦後の歴史学界にあって指導的な立場にあった家永三郎先生が、明治憲法について下されている性格づけを参照してみたいと思います。それは次のように要約できます。明治憲法とは非常にわずかな専制官僚とドイツ人との合作に成る、国民大衆の意志を全く無視して制定された憲法というだけではなく、その内容は、明治十年代の国民の最大公約数的憲法構想と著しくかけ離れた、当時においてすら少数例外の君権主義の線をさらに極端にまで推し進めた非民主的な憲法である、と（家永三郎ほか編『新編　明治前期の憲法構想』福村出版、二〇〇五年、四〜五頁）。学界においても、また一般においても、明治憲法はこのような極めて負のイメージでとらえられています。

しかし、こういった理解を私はあえて明治憲法の神話だと言い切りたいのです。上述のように、明治憲法には、ドイツに倣った天皇専制主義の非民主的・外見的、見せかけだけの憲法だというイメージが色濃くあります。ところが、最近の研究が明らかにしているように、明治憲法が実際にどういうふうに運用されてきたかということを考えてみると、天皇大権、つまり天皇への広範な政治的特権を認めていますが、実際の運用の中では、天皇は決してそれを恣意的に行使することなどできなかったわけです。

また、この明治憲法の下で、明治期大正期を通じてずっと、議会政治が一貫して進展を見せたことは事実であります。このような中で政党内閣も実現して、二大政党制も一時期実現していたわけです。

このようなことは、明治憲法のモデルとなったと言われるドイツ帝政においては望むべくもないことでした。ドイツにおいては、内閣はあくまでカイザーの内閣であったし、議会の多数派が内閣を組織するなどという、そういう憲政、憲法政治にはならなかったわけで、ある意味、明治憲法はドイツを凌駕していたとも言えます。

このような明治憲法というものの単なる見せかけだけではない、非常に真っ当な立憲主義のあり方というものは、そもそも制定者が意図していたものではないかとすら考えられ、私はそのような観点からこれまで明治憲法の制定過程について勉強してきました。その成果を『文明史のなかの明治憲法』（講談社、二〇〇三年）という著書として発表しました。

従来、明治憲法の制定過程というものも、藩閥政府対自由民権運動というような二項対立図式で語られてきました。これに対して、拙著で試みたのは、そういった一国的な観点や、勧善懲悪のシェーマ（形式）だけで明治憲法の制定過程をとらえるのではなくて、国際的な視野でそれを見直そうとしたことです。つまりあの当時、藩閥政府の中にいた人たちがどのような思いで明治憲法をつくったのかといったことを見ていくと、注目すべきことに、彼らが大変な勉強をして、特に自ら欧米に渡ってまで憲法のことを勉強していたことが分かります。

このような中から、私は三つの憲法調査があったというテーゼを立てて、それぞれについて考察してみました。三つの憲法調査というのは、一つ目が有名な岩倉使節団、二つ目がこれまたよく知られている伊藤博文（一八四一～一九〇九）の滞欧憲法調査、三つ目が、これは従来ほとんど注目を集めてきませんでしたが、山県有朋が行った欧米巡察で、それらを検討することによって、明治憲法の制定過程を国際的な視野から考えてみたいと思って書いたのがこの『文明史のなかの明治憲法』であります。本日は時間の制約上、二つ目の伊藤博文の憲法調査について以下、お話したいと思います。

伊藤博文の滞欧憲法調査

伊藤の憲法調査というと、明治憲法史を画する非常にエポックメイキングな出来事として有名です。通常、この憲法調査によってプロイセン、プロシア王国に範をとった君主主権主義の欽定憲法体制が採用されたと言われています。すなわち、伊藤は在野の自由民権運動による議会主義的な国会開設運動の高まりを尻目に、ドイツ、オーストリアへと渡って、そこにおいて民権派に対抗するための強大な天皇大権によって彩られた外見的立憲主義の憲法を定める、そういう確信を抱いて日本に帰国したんだと説かれているわけです。高校等の教科書のレベルでは、そういうふうに書かれたり、あるいは教えられたりしていると思いますし、そういったとらえ方は、学界においても、今日でもよく見かけることができます。

しかし、このような理解に対しては、伊藤が調査に出かけるまでの経緯を資料に即して検証していけば、たちどころに疑問符が生じます。例えば、ドイツ流の君主主権的な立憲君主制という憲法起草の方針ですが、それは既に伊藤がヨーロッパに渡る前に政府部内で決定されていたことでした。これは、明治十四年の政変という事態に先立って取りまとめられた岩倉具視の憲法意見書の中で既に明記されていたことだったのです。

①明治十四年の政変

明治十四年の政変は、大隈重信とその一派を政府部内から追放したクーデター劇です。当時大隈は政府部内にいて、二年後の明治十六年に議会を開設するべきだとしていました。しかも、その議会に基盤を置いた政党政治を日本に導入するべきだというようなイギリス型の政党政治の導入を唱え、そして、国民から選ばれた議会の多数派が内閣を組織するという構想を突如出してきて、他の閣僚たちを震撼させていたわけです。

この大隈の急進的な憲法意見がひとつのきっかけとなって、大隈は政府を追われることになります。十月に大隈は追放されるわけですが、それと同時に、いわゆる国会開設の勅諭が出されます。それによって明治二十三年に国会を開き、その国会開設までに憲法を制定するという約束が天皇の名前で公にされました。このような意味でこの事件は、明治憲法の制定史を画する非常に重要なものと言えるわけです。

先ほど述べました岩倉具視の憲法意見書ですが、このクーデターに先立って、時の右大臣の岩倉具視は、政府の知恵袋であった井上毅（一八四四～九五）に大隈案に替わる別の憲法制定の方針について調査をさせているわけです。岩倉意見書は、この井上毅の筆に成るものなのですが、そこにおいて井上は、イギリスの議会政治を廃して、ドイツの立憲君主制に倣うべきだという大原則のほか、統帥権を初めとする諸々の天皇大権、あるいは天皇に対する大臣の単独責任制、さらには前年度予算執行主義、そういった明治憲法を特徴づける諸原則を既にそこで明記しているわけです。つまり、わざわざ憲法調査と銘打って伊藤がはるばるヨーロッパにまで出かける以前に、来るべき憲法の大約は既に定められていたのです。

②プロイセンでの憂鬱とウィーンでの蘇生

では、伊藤は一体何のためにわざわざヨーロッパにまで行ったのでしょうか。一年以上も日本を留守にした挙句に彼がなし得たことは、既に定まっていた政府の起草方針をヨーロッパにおいて確認してきたという程度のものだったのでしょうか。当時、政府の第一人者として自他ともに認める存在だった伊藤が果たしてそれで満足できたのか、こういった疑問を念頭に置いて、調査のエッセンスを抽出してみたいと思います。

明治十五年三月に日本を発った伊藤の一行がまず向かった先はベルリンでした。プロイセンの、さらにはドイツ帝国の首都において、まず伊藤は調査を始めたわけですが、そこでの調査は難航しました。伊藤はベルリン大学の憲法学の権威であったルドルフ・フォン・グナイスト（一八一六〜九五）という人に講義を受ける腹づもりだったようですが、グナイストは伊藤たちに対して、次のように言ったようです。「憲法というものは単なる法文ではない、精神であり国家の魂なんだ。日本の歴史や伝統、国民性について、無知である自分が貴国の憲法制定について何か有益な助言をなし得るか心もとなく、そんな自信はない。」と冷たく言い放ったとのことです。

それはそれで正論なのですが、グナイストはさらに続けて、「そもそも日本が今の段階で憲法をつくるなんて、銅の器に金メッキを施すようなもんだろう。」と言って呵呵大笑したというエピソードがあります。そういうわけで、グナイストの本音は、日本の立憲能力に対する、ある意味、侮りの念にあったことがうかがわれるわけです。

③シュタインの講義

このように伊藤は非常に出鼻をくじかれてしまったわけですが、そういった苦境に活路を開いたのが、同じ年の八月に訪れたウィーンでの調査でした。ウィーン大学の国家学者であるローレンツ・フォン・シュタインという人物のことを聞き知った伊藤は、八月にウィーンに行って、彼の門を叩いたのです。グナイストと違ってシュタインは、伊藤たちを歓迎しました。そして、それから二カ月間、伊藤はシュタインのもとで研鑽に励んで、ベルリンでは全く別人のような、生き生きとした手紙を日本に向けて書いています。例えば、このとき、岩倉具視に宛てた紙の中では、「心私かに死処を得るの心地」と記しており、自由民権派によって傾けられた国家を挽回する手段を得たということを書いています。

それでは、伊藤はシュタインの教えのどのような点に感服して、このように蘇ることができたのでしょうか。次に、伊藤が聞いたシュタインの講義の内容を見ていきたいと思います。伊藤がシュタインから受けた感銘を最も端的に言いあらわしているのが伊藤の残した覚書の一節です。これは、シュタインの講義を受けた後に書きとめられたものですが、そこには次のように書いてあります。「縦令如何様ノ好憲法ヲ設立スルモ、好議会ヲ開設スルモ、施治〔行政のこと〕ノ善良ナラサル時ハ、其成迹見ルル可キ者ナ」し。すなわち、「たとえどんなに立派な憲法や議会をつくっても、行政がよく機能しないときには、それらの成果は上がらない」と伊藤は喝破しているわけです。

この時から憲法調査をめぐる伊藤の視線は、大きな転換を遂げることになります。すなわち、憲法調査という呼び名とは裏腹に、伊藤の調査はむしろ行政の調査、そしてさらには憲法と行政の連関を意識した上での国家の全体的な統治構造、まさに国のかたちの調査へと変貌するわけです。

実際のところ、シュタインが伊藤に教示したのは、憲法の逐条的な講義ではありませんでした。これもまたベルリンでグナイストのもとで強いられた勉強とは対照を成すものです。シュタインという人の専門はそもそも国家学というもので、彼が伊藤に教示したのは、立憲国家の全体的なあり方でした。シュタインによれば、立憲国家は君主、立法部、行政部、この三機関が相互に独立しながら互いに規制し合って一つの調和を形づくっている、そういう政体なんだというように説明されるわけです。

シュタインによれば、君主というものは「Ich」、英語で言えば「I」ですが、つまり自我をあらわしている。国家の自我をあらわすのが君主であり、立法部は国家の意思を形成し、行政部は国家の行動を司るんだと言っています。そして、これら三機関がそれぞれ独立しながらもお互いにコントロールし合って一つのハーモニーをつくると説いています。しかし、そういうふうに説明しながらも、シュタインの議論の比重は明らかに行政に置かれていました。君主や立法部である議会よりも、シュタインによれば、むしろ行政部こそが国家の活動を司る機関として、立憲国家の支柱であると言うわけです。

こういった観点から、シュタインは伊藤に対して、行政の理念や目的、また行政各部の働きについて講義していったわけです。シュタインの詳しい講義の内容についてはここで述べることはできませんが、エッセンスは以上のようなものでした。

こういったシュタインの国家学のテーゼの大枠を伊藤はストレートに受容していくことになります。先ほど引きました施治、行政こそ肝要であるという言葉は、その端的な表明にほかなりません。そして、この行政に開眼したことによって、国制の中での憲法の位置づけというものを見極めて、しかもそれを相対化できたことは伊藤に大きな自信をもたらすものでした。このころの日本への手紙の中には、「憲法のことはもはや充分」だとか、「一遍の憲法のみ取り調べても何の用にも立たない」といった表現が重ねて認められます。「それよりもまず重要なのは行政の改革である」と言うわけです。伊藤のことを指して立憲カリスマという表現を用いた歴史家がいらっしゃいましたが、まさにそういった立憲カリスマとしての伊藤の誕生をここに認めることができるかと思います。

伊藤の立憲国家構想：明治「国制」

シュタインの教えを胸に、伊藤は明治十六年八月に帰国しました。以後、伊藤は出発前に取りまとめられた岩倉意見書の基本原則を基調としながらも、それを換骨奪胎しながら明治日本の国のかたち、明治国制度というものをデザインしていくことになります。ここで簡単にそのプロセスを見ておきたいと思います。

①伊藤の帰国と constitution の改造

まず彼が着手したことは宮中改革でした。宮内卿に就任した彼は、宮内省機構を整備すると同時に、皇室財政の自立化を図ります。このようにして伊藤は宮中府中の別というものを確立して、天皇や宮中、天皇の側近たちが独自の政治的意思を持って政権を左右するのを防ごうとしたわけです。これは立憲君主制へ向けた布石です。

次に、官制の大改革という大がかりな行政機構の刷新が行われました。ここで特に重要なのは内閣制度の導入です。これによって、それまでの太政官制度に名実ともに終止符が打たれたわけです。太政官制度は複雑な制度で、太政大臣がいて、その下に左右両大臣がいて、またその下に参議たちがいるという、政府の指導者層が幾層にも分断されていました。それを改めて、政府中枢の組織を簡素化し、意思統一が容易にできるようにしようとしたわけです。また、それまで大臣になれるのは家柄が限られていましたが、そういった貴族の家柄とかに限らず、国民であれば誰もが大臣の職について、政治のリーダーとなることが形式的に可能となりました。

さらに伊藤は、大学制度の改革を手がけます。すなわち明治十九年に帝国大学として新たな高等教育体制を構築して、それを官僚のリクルート・システムとして位置づけるわけです。また、新たにできた帝国大学の法科大学の中には、国家学会という学術組織が創設されました。国家学会は、今日でも東大の法学部のスタッフを中心として組織されている我が国の社会科学の殿堂ですが、創立当初、この国家学会は立憲国家を運営するための知を産出する機関として、伊藤の肝入りで設けられたものだったのです。

明治二十一年四月には枢密院が設置されています。これは当初、憲法典や皇室典範の草案を審議するために設けられたものでしたが、伊藤はさらにそれを天皇の政治的行為のための諮問機関としても位置づけていました。政治から区別された宮中にある意味一旦押し込められた天皇であったのですが、明治憲法のうえではあくまで主権者であります。天皇は主権者として政治的な意思決定を成す場合は、この枢密院の場において、そこでの審議を通じてそれを成すべきだとされたわけです。ある意味、これによって天皇の政治活動は徹底的に制度化されたと言っても良いかと思います。

以上のような形で、憲法調査から帰国後、伊藤のリーダーシップによって国制の再編成が進んでいったわけです。その果てに、明治二十二年二月、大日本帝国憲法が発布されました。このようにして、明治国制が立ち上げられたことになるわけですが、一連の過程は、まさに憲法にとどまらない国のかたちそのものの立ち上げであったと言えます。

②何のための立憲制度か

なぜ伊藤は立憲制度の導入を決断したのか、それは一言で言うと、立憲制度が文明の制度であるからということになります。「文明の政治の希求」とお手元のレジュメには書いてありますけれども、伊藤は日本の進むべき方向は、国民を開化して、文明政治へと進んでいくことにあるということを信念としていました。この点をよくあらわしている史料に最近出会うことができました。タイトルが「各親王殿下及び貴族に対する演説」で、日付は明治二十二年二月二十七日です（国立国会図書館憲政資料室『伊東巳代治関係文書』一〇四）。明治憲法が発布されて間もなく、皇族や華族を集めて、恐らく華族会館で伊藤が行った演説だと思います。その中で、なぜ憲法を定めるのかということを皇族・貴族に伊藤が述べているわけですが、それは一言で言えば、「国の独立の土台としての国民の開化」が必要であること、「最近の各国の様子を見てみると、国民の文化を高めなければならない、他の国々はみんなそういうふうにして独立を全うしているのだ」ということになります。「人民ヲ暗愚ニシテ置イテハ國力ヲ増進スルコトニ於イテ妨ゲガ有ルユエニ人民ノ智徳並ビ進マシメテ學問ノ土臺ヲ上ゲテ國力ヲ増進スル基トシナケレバナラヌ」と述べ、「国の力を強めるための基本というのは国民であって、国民を開化していくことだ」と書いています。

続いて、「他國ト競争シテ以テ獨立ノ地位ヲ保チ國威ヲ損セヌ様ニシナケレバナラヌト云フニハ人民ノ學力ヲ進メ人民ノ智識ヲ進メナケレバナリマセヌ。其結果ハ一國ノ力ノ上ニ於テ大イナル國力ノ発達ヲ顕スト云フコトハ自然ノ結果デ有リマセウ」と、同じことが書かれています。国民の知識を高めていく、それが国力の増強にもなることが強調されています。

さらに伊藤は、「そのようにして開化した国民をベースにした政治のあり方は、またこれまでの政治のあり方とは自ずと異なってくる」と言います。文化的に誘導された人民というのは、「己レノ國家何物デアル己レノ政治何物デアル他國ノ政治何物デアル他國の國力何物デアル他國ノ兵力何物デアルト云フコトヲ學問ヲスル結果ニ就テ知ツテ来ルノデ其レガ知ツテ来ル様ニナレバ知ツテ来ルニ就テ支配ヲシナケレバナリマセヌ」と、人民のそのような開化の度合いに応じて支配のあり方も変わるとしています。

また、「其ノ支配ノ仕方ガ善ク無イト云フト其ノ人民ハ是非善悪ノ見分ケヲ付ケルコトノ出来ル人民デ有ルカラ黙ツテ居レト言ツテ一國ハ治マルモノデ無イ」と言っています。そのような賢明な人民・国民をベースにした政治、そういった人たちは政治的にも意識が高いので、今までどおり「民は依らしむべし、知らしむべからず」といった政治のあり方では成り立っていかなくなる、新しい政治のあり方が必要になってくる、ということです。

その新しい政治のあり方とは何かというと、この点について伊藤は、「普通ノ道理ニ従ツテ開ケタ人民ヲ支配スル方法ハ何デアルト云フト曖昧模糊ノ間ニ物ヲ置クコトガ出来マセヌ」と記しています。それはつまり曖昧模糊でない政治体制、言い換えれば、公明正大な政治体制ということになります。では、どのようにして政治を曖昧模糊でないようにするかというと、そのためにあるのが憲法であり、憲法に則った政治であるというわけです。

時間がないので詳しく引用できませんが、以下、国家を構成するそれぞれのアクターの権限、そして彼らのその行使のあり方、それらがはっきりと憲法によってきちんと規定されていることが必要であるとして、それこそが曖昧模糊でない政治、すなわち公明正大な政治であるとの旨がつづられています。憲法の発布に当たって、伊藤は皇族や華族を集めてこういったことを述べていたのです。あの当時、藩閥政府の人でもこれほどの高い意識と見識を持っていたことがお分かりになるでしょう。

③憲法制定後の課題

constitution の意義をこのように進化させて理解した伊藤は、そういった形で立憲国家を緒につかせたわけです。なお、伊藤の中では、憲法の制定によって立憲国家が完成するものではありませんでした。憲法を発布した後、彼の目の前には当の憲法典をいかにして日本の政治社会に定着させるかとという課題がそびえていました。というよりも、むしろ、憲法の制定はゴールではなくて、その憲法を行使して、駆使して、いかなる国家の仕組みを不断の政治的実践を通じてつくり出していくか、そのことの方がはるかに伊藤の中では重要な課題だったわけです。伊藤の中で constitution は、すぐれてダイナミックなもの、動態的なものとして理解されていました。言ってみれば、それは内外の環境の変化に合わせて、絶えず進化していく、そういった有機的な性格を持つものであったわけです。

この点において、伊藤は師匠であるシュタインを乗り越えていく独自の境地を示しています。伊藤は、憲法発布時の黒田清隆首相（一八四〇〜一九〇〇）による有名な超然演説と踵を接して、政党政治を我々はとるものではないという演説を黒田と並んで行っていました。よく引き合いに出される演説ですが、彼がそこで言っていることを詳細に検討していけば、彼はあくまで政党政治は時期尚早だと言っているわけです。憲法政治を敷いて議会制度を導入したからには、やがて政党政治が本格化することは避けられない、それが彼の見通しでした。彼が排斥したのは急進的な議会主義であって、議会政治の定着それ自体は伊藤が念願としていたものであったわけです。

そもそも伊藤の立憲国家構想の最終目標は、先ほどの史料の中にもあらわれていましたが、国民の政治的活力を呼び起こしながら彼らを結集していけるような、そういう国民協働のものとして政治を行っていくというものであったわけです。ただ、伊藤にとって、それは最終目標であったけれども、それへと至る手段は漸進的なものであり、徐々に進んでいく進化論的なものであったのです。

以上のような明治国制——明治という国のかたち——の構築に向けた伊藤の政治指導は、今日の我々にとっても大きな示唆を与えるものと思われます。これは、憲法の語り方という一点に絞ることができるのではないかと思います。

伊藤の遺産

①「憲法」の語り方

冒頭で触れましたように、今、憲法論議が高まりを見せて、改憲への機運が高まっています。確かに、昨今の国際情勢の激変や国内の様々な仕組みの再編成の動きといった内外の政治環境の変化に照らしてみれば、五十年以上前の産物である一つの法典に指一本触れさせないという形でひたすらこれを護持するという立場は、私には余りにアナクロニスティック（時代遅れ）に映ります。

他方で、いわゆる改憲派の議論が憲法を改正すればそれで事足りるという趣旨のものであるとしたら、それもまた短絡的のように思います。もしそうだとしたら、改憲派もconstitutionのとらえ方において、護憲派とそう大して違いはないことにならないでしょうか。これまで申し上げてきたように、憲法はconstitutionという大きな氷山のいわば一角であり、当のconstitutionは様々な法律だとか慣習、制度、歴史的体験の複合体として把握されるべきもの、また常に変容していくものとして理解されるべきなのではないかと思います。

そういった総体の中で、狭い意味での憲法というものもとらえなければ、憲法改正も意味あるものとはならないのではないかと感じています。

明治憲法制定の際の伊藤の政治指導は、この点において非常に示唆的だと思います。伊藤は、憲法以外に行政という別の国家の構成原理があって、それと連動して初めて憲法はconstitutionの中で居場所を得ることができるんだと確信していたわけです。また、このようにして一旦立ち上がった国のかたちとしてのconstitutionも、決して完成されたものではなくて、時代の状況に合わせて進化していくものだという考えを伊藤は持っておりました。

このようにして、いわば国制というもの、constitutionというものを不断に改革していく、チェックしてリフォームしていくこと。そのように全体的かつ長期的な視野でconstitutionを把握するという視野を伊藤の立憲指導は我々に示唆するものではないかと思っております。

②伊藤の負の遺産：「不磨の大典」視の克服

伊藤が残したものの中には、今日克服されるべき負の遺産もあるかと思います。最後にその点を指摘しておきたいと思います。

伊藤の負の遺産は、何よりも憲法を不磨の大典とみなす考え方であります。逆説的ではありますが、今日の我々を縛っている硬直した憲法理解も、実は伊藤が植えつけたものであるわけです。絶えず変化する時世にその都度対応していくことを政治家の務めと伊藤は心得ていました。柔軟性こそ自分の信条だと思っていたわけですが、そういった考え方を伊藤は自らの作品である明治憲法にも注入したわけです。彼らは憲法を頻繁に見直し、改正する必要のないように、時代の推移に対応できる伸縮自在な金科玉条として憲法をつくったわけです。憲法は極めて概略的な国家の根本原則を定めればいいのであって、憲法と現実政治との穴埋めは必要に応じてその都度やっていけばよいという、そういう発想です。

その結果、伊藤は自らつくった憲法典を不磨の大典としてあがめることを国民に刷り込む結果となってしまいました。その余波は、日本国憲法下での我々の憲法観にも及んでいるのではないでしょうか。国民の手の届かないところにある憲法典が一方にあって、他方で立法や政策、あるいは学説や判例を通じて、ある意味定見なく変容していく憲法解釈――そういったものは伊藤による明治憲法の制定以来、日本人の憲法文化として定着してしまったような思いがします。

しかし、国民主権の下での憲法、というよりも国のかたちにとって真に重要なのは、国民が協働して国のあり方やかたちを構想し、そしてまたそのために実践していけるようなフォーラムの存在ではないかと思っています。国の内外の環境の変化に応じて、国民とその代表者たちが主体的に国制というものを議論し、変革していけるような自覚と責任、そしてそのためのルールや制度の存在です。

次なる日本のconstitutionというのは、この点を踏まえて構築される必要があるのではないかと考えています。

（『ファイナンス』第四八二号、財務省、二〇〇八年一月号）

64　「不磨」の意識から脱却を――憲法議論の前提

自民党が憲法改正草案を公表してから三か月になろうとしている。この間、民主党も憲法に関する提言書を発表したものの、党内の足並みの乱れによって、自民党に大きく水をあけられた印象は否めない。これに対して、世間では自民党案を叩《たた》き台にして「論憲」が活発になっている。

近い将来、日本国憲法第九十六条が前提としている国民投票法が制定され、それに基づいて現憲法の改正の可否が問われたならば、それは戦後わが国が暗黙のうちに選び取った、国民主権に立脚した政治体制に画竜点睛《てんせい》を施すものとなるであろう。その意味でも、この際、与野党のみならずわが国の立憲秩序を構成する各界の人々が結集し、建設的な憲法論議のフォーラムを形成することが期待される。そのようにして憲法改正論議をきっかけに、「国制知」――国を制する知――の制度化がなされたならば、画期的なこととなるだろう。

だがそれに先立ち筆者は、今後の議論の高まりが単なる憲法典の改正にばかり向けられるのではなく、われわれの憲法観に反省を迫る機会となることを何よりも念願としている。すなわち、憲法を「不磨の大典」と見なす明治以来の考え方の克服である。

そもそも憲法とは、国家の現実の成り立ちや構造と必ずしも同義のものではない。最近は「国のかたち」という言葉がよく使われるが、この「国のかたち」と憲法の間には無視できない落差がある。憲法が変わっても「国のかたち」ががらりと変わるわけではないし、逆に憲法は変わっていないのに、「国のかたち」が事実上変わってしまっているということもある。そして、ここ数年来の様々な政治上の制度改革を見れば分かるように、国のかたちとは絶えず変容していくものである。

それにあわせて憲法も常に書き換えられていかなければならない、というわけではもちろんない。

しかし、国家の現実の秩序と憲法とのギャップがあまりに拡《ひろ》がると、立憲秩序の空洞化が生じてしまう。

この点について、明治憲法下での経験がわれわれにとって大きな示唆となる。歴史学上の幾多の実証研究が明らかにしているように、明治憲法を単に天皇主権を定めた表面的立憲主義の憲法と断じることは早計であり、それは様々な政治勢力の妥協の産物という宿命を負ったものとして、多様な展開可能性を制定当初から内包したものだった。そのひとつとして、議会主義というかたちでの立憲政治の発展の方向も確実にそのなかにはインプットされていたのであり、実際、明治・大正と一貫して、わが国では政党政治の進展が見られたのである。

だが、せっかく培われてきた議会政治の実践的成果や慣行は制度として確立されることなく、昭和に入ると軍部のような立憲体制外の諸勢力による蹂躙《じゅうりん》を許してしまった。このような戦前の立憲政治の舐《な》めた苦汁は、政党政治の確立期における「国のかたち」の見直しという制度設計を怠ったことにひとつの重大な要因が求められよう。

すなわち、憲法が「不磨の大典」とされていたために、それと現実政治との距離を測り、同時にこれまでの立憲的成果を吸収することによって、憲法の政治的統合力を確保し進展させていけるようにそれを改正するという発想があまりに貧困だったのではないか。時宜に応じて「国のかたち」の実態を省察し、制度の進化の跡や逸脱の矯正を憲法に書き留め、以後の政治のレール作りをするという立憲的エンジニアリングが不可欠と考える所以《ゆえん》である。

憲法は「国のかたち」に対して、そして歴史の流れに対して、開かれたものであるべきである。われわれはまず、明治憲法以来の「不磨の大典」という意識から改める必要があるのではないか。

（『毎日新聞』関東版、二〇〇六年一月十五日）

65 権力構築の面も大事——学ぶところが多い明治憲法下での経験

立憲主義の眼目が国家権力の分割と制約にあることは、いうまでもない。だが、立憲主義がはらんでいるもうひとつの重要な含意を見落とすべきではない。それは「立てる」ということである。そもそも立憲主義の原語である「constitutionalism」とは、「constitute」という動詞から派生した言葉であるが、この「constitute」とは「作り出す」という意味の語である。すなわち立憲主義には、国家権力の制約と同時に、それを創設するという意義も込められていると考えるべきなのである。

人権保障を核とする日本国憲法のもと、われわれは権力の抑制という側面にばかり関心を集中し、権力の民主的構築や時宜に応じての点検補修という立憲主義のもうひとつの要点をないがしろにしてきたのではないだろうか。そのような問いかけは今日の憲法学でも有力となっており、「ほっておいてくれ」の憲法学から「みんなで一緒にやろうよ」の憲法学へ思考枠組みの転換が唱えられていると聞く。その背景には上述のようなこれまでの立憲主義理解の一面性に対する反省があるものと推察できるのである。

この「みんなで一緒にやろうよ」の精神はわれわれの憲法的伝統と必ずしも無縁であったわけではない。むしろそれは明治憲法制定時に当時の国家指導者たちがわが国に定着させようとしたものであった。明治維新後の新体制の模案のなかで、憲法の制定は至上の国家命題であった。それは西洋に範をとった文明開化の政治分野におけるシンボルと考えられていたわけだが、それにとどまらず国民協働の政治体制を造形しようという新政府の中心にいる人たちの宿願でもあった。

その思いを明治憲法へと結実させた伊藤博文は、憲法発布直後から一貫して、国民の政治意識の目覚めと政治参加の拡大を図っていくことが国力増強の基本となることを明言している。明治憲法といえば、藩閥政府が議会勢力から超然として政治を行うために画策した外見的立憲主義の憲法という負のイメージが付きまとっているが、実際の明治憲法体制には国民の政治的成熟に合わせて君民共治の実を上げていこうというプロセス的な立憲主義のプログラムが組み込まれていたのである。

橋本龍太郎内閣で設けられた行政改革会議は、今日にまで続く一連の政治改革を軌道づけたが、同会議が九七年十二月に提出した最終報告は、今回の改革の目標とは明治憲法下で日本国民に染み込んだ統治の客体意識や行政への依存志向を払しょくし、日本国憲法の精神によって立って「この国のかたち」を再構築することだと謳《うた》っている。だが、日本の立憲主義の真の課題は、明治憲法体制の清算ではなく、その見失われた伝統を発掘し、日本国憲法の精神と接合することにこそ求められるべきだろう。現憲法施行六十年を経て、わが国の立憲主義が直面している問題状況は、明治憲法下でわれわれが初めて経験した立憲主義の実験と、多くを共有しているのである。（『毎日新聞』二〇〇七年六月十五日）

66 天皇機関説をわかりやすく教えて下さい

天皇機関説とは、国家法人説という憲法学上の考え方を大日本帝国憲法（以下、明治憲法）に適用した際に主張された天皇の地位に関する学説である。それによれば、国家とは会社などと同様、ひとつの法人なのであって、国家元首たる天皇は、会社の定款によってその地位と権限が定められた社長のような存在であり、主権者とはいえ、国家という法人組織の構成要素、すなわちその一機関に他ならないと説かれる。

このような天皇機関説は、欽定憲法として天皇の名によって国民に下賜され、強大な天皇大権を定めた明治憲法とはそぐわない異端の学説のように一見思われる。ところが、明治憲法下では、この機関説が同憲法の支配的解釈として広く受け入れられていた。そのことは、戦前に天皇機関説の是非をめぐって戦わされたいわゆる「天皇機関説論争」を振り返ってみれば明らかとなる。

世に「天皇機関説論争」と称される論戦は幾度かあった。その最初のものとして挙げられるのが、一八八九年（明治二十二）という明治憲法発布の年に生じた穂積八束の「帝国憲法ノ法理」をめぐっての論争である。憲法発布の直前に四年以上に及ぶドイツ留学から帰国した穂積は、即座に帝国大学法科大学教授に迎えられ、日本の憲法学界に君臨することを期待された。しかし、その穂積が帰国直後に発表した明治憲法の法理に関する所説は、各方面から大きな批判にさらされた。

穂積はここで、法理にしたがえば、明治憲法とは主権者たる天皇が下した命令であって、天皇の大権を縛るものではないと説いている。穂積によれば、「天皇即国家」という命題こそ明治憲法が指し示す法理であり、この点を理解せずに君主権に何らかの制約を加えようとする立憲主義的な明治憲法解釈は、法理ではなく政談に基づいた俗解だとされる。

このような主張に対して、既述のように激しい反発が寄せられた。最も著名なのは、当時枢密院書記官をしており、後に東京専門学校（現、早稲田大学）などで憲法学を講じることになる有賀長雄（一八六〇～一九二一）の「穂積八束君帝国憲法の法理を誤る」と題する批判であろう。有賀はまさに穂積が忌避する立憲主義的立場から穂積を批判した。

また、穂積のお膝元の帝国大学からも、批判の烽火はあがった。「帝国憲法ノ法理」は帝大法科大学の発行する『国家学会雑誌』に掲載されたが、同誌には穂積に対する論駁がいくつも寄せられた。穂積の同僚で国法学を担当していた末岡精一（一八五五～九四）は、単に条文のみならず慣習や政治上の効用をも勘案して憲法解釈はなさるべしとして穂積の主権者全能説を論難し、帝大総長で国家学会の会長（評議員長）も兼務していた渡邉洪基も、「天皇即国家」など妄説であるとして、法理ばかりに拘泥せずもっと実用的な国家経綸の術を論じることを求めた。

明治憲法の正統的解釈を確立するとの意気込みで唱えられた穂積の天皇主権説だったが、その評判は惨憺たるものであった。一九一〇年（明治四三）に刊行された主著『憲法提要』で、彼は「孤城落日ノ歎アルナリ」と自嘲気味に書いている。

だが、穂積には後継者がいた。彼の後を襲って東京帝国大学で憲法学第一講座を担当することになる上杉慎吉（一八七八～一九二九）である。その上杉とまさに天皇機関説をめぐって論争したのが、やはり東京帝大で憲法学を講じた美濃部達吉（一八七三～一九四八）であった。

ことの起こりは、明治四四年の上杉の著作『国民教育帝国憲法講義』を美濃部が酷評したことである。美濃部は、上杉がこの著のなかで国家法人説や君主機関説を指して、それらが民主主義の説であり君主を人民の使用人とするものと糾弾し、国体と政体の区別をしない政体一元論についてもそれが政体の変更によって天皇主権の国体を変えようとする共和主義の理論だと見なしていることを取り上げ、「誣言も亦甚しい」と非難している。美濃部によれば、上杉の議論は「君権主義官僚政治主義」に基づく言いがかりに等しいものだった。

翌年、今度は美濃部が『憲法講話』と題する著書を出版した。これに上杉が噛みつき、美濃部も応酬した。二人の論争は、当時の代表的総合誌『太陽』を舞台に演じられたこともあって大いに世の耳目をひき、市村光恵（京都帝国大学教授）、浮田和民（早稲田大学教授・『太陽』主幹）といった論客も参戦して華々しい展開をみせた。もっとも、その大勢は圧倒的に美濃部を支持するものだった。後述の天皇機関説事件で美濃部憲法学を葬る黒幕の一人と目された平沼騏一郎（一八六七～一九五二）も当時を回顧して、司法省内でも「議論は美濃部の方が偉いですね。上杉のザマはありませぬね」という声が挙がっていたことを伝えている（『平沼騏一郎回顧録』。なお、この論争は、星島二郎編『最近憲法論――上杉慎吉対美濃部達吉』にまとめられている）。

以上のように、明治大正にかけて学界のみならず官界においても広く受け入れられていた天皇機関説だったが、昭和に入ると一転、日本の国体にもとる邪説だとして大がかりな思想統制の対象になってしまう。そのきっかけとなったのが、一九三五年（昭和十）の天皇機関説事件である。

そのきっかけは、この年の二月に貴族院で菊池武夫（一八七五〜一九五五）が美濃部の著作を挙げながら、国体を破壊する学説と糾弾したことだった。これに対して、当時勅選議員として貴族院に席のあった美濃部は同院本会議にて「一身上の弁明」を行い、自分の説いてきたのは「日本の国体を基礎にした君主主権主義」であり、それに西洋文明から伝わった立憲主義を加味したのが日本憲法の主要原則だと述べた。そして、天皇機関説については自ら次のように説明した。

所謂機関説と申しまするのは、国家それ自身を一つの生命あり、それ自身に目的を有する恒久的の団体、即ち法律学上の言葉を以て申せば一つの法人と観念いたしまして、天皇は此法人たる国家の元首たる地位に在まし、国家を代表して国家の一切の権利を総攬し給い、天皇が憲法に従って行わせられまする行為が、即ち国家の行為たる効力を生ずると云うことを言い現わすものであります。

（宮沢俊義『天皇機関説事件』）

このように菊池らの誤解を訴えた美濃部だったが、彼を非難する声は衆議院でも起こり、さらには蓑田胸喜（一八九四〜一九四六）ら右翼勢力による機関説排撃の運動も熾烈を極め、事態は美濃部の著書の発禁処分と機関説出版物の取り締まり、岡田内閣による機関説否定の声明（「国体明徴の声明」）、美濃部の貴族院議員辞任へと展開していく。さらに翌年昭和十一年二月一日には、美濃部は右翼活動家によって狙撃され重傷を負う。同月下旬には周知のように二・二六事件が勃発するが、以上のような天皇機関説をめぐる一連の騒動には、二・二六事件へと転がっていく当時の日本の緊迫した思想状況が凝縮されているといえる。

天皇機関説と天皇主権説の関係についての最も人口に膾炙した説明は、久野収氏の「顕教・密教」論である。久野氏は、天皇主権説は明治憲法体制の表向きの教義＝顕教として、国民教育や軍隊の場で浸透し、天皇機関説は国政運用の秘訣＝密教として大学で講じられた。「天皇は、国民にたいする「たてまえ」では、あくまで絶対君主、支配者層間の「申しあわせ」としては、立憲君主、すなわち国政の最高機関」（久野収・鶴見俊輔『現代日本の思想』）だったとされる。

この久野の説明は、図式として極めて卓抜であるが、歴史の現実の流れと必ずしも合致したものではないとの批判が多々寄せられている。実際、これまで概観してきたように、天皇主権説と天皇機関説の関係は、顕教・密教による共存というよりも、一方が他方を圧伏せんとする競合関係にあった。明治大正期には機関説が主権説を封じ込め、昭和期になると今度は主権説が機関説を抹殺しようとするのである。機関説こそ明治憲法体制の正嫡子で、主権説はそれを食い破る鬼子だったといったほうがまだ正確かもしれない。

そもそも、天皇機関説という呼び名自体が、その主張者によって積極的に掲げられたものではない。

明治憲法の起草者が「憲法政治といえば、即ち君主権制限の意義なること明らかなり」（伊藤博文、一八四一～一九〇九）と言明していたように、憲法を制定し立憲政体を採用するならば君主権力に何らかの制約が課せられるのは当然のことであり、君主が元首として政府や議会といった他の機関と並んで国家を構成するという見方も、当時の西洋の憲法学では常識であった。機関説事件の際、美濃部が自説を正当化するためにさかんに援用しているように、憲法発布の際に伊藤博文の名で出された公定の憲法注釈書『憲法義解』も天皇を元首という国家機関と説いている。

機関説という呼称は、そのような西洋流立憲主義の通念に捉われず、日本流の憲法学を樹立しようとする立場によってなされたレッテル貼りだった。そのような論者によれば、天皇を「機関」と呼ぶなど不敬の至りだとして言挙げされることになる。実際、天皇機関説事件の時に美濃部糾弾の声が燎原の火の如く広まったことには、「機関」という語感が災いしていた。

しかし、それでは機関説を排撃する天皇主権論者は、具体的にどのような統治のあり方を求めたのだろうか。それは論者によってまちまちであるが、彼らが本当に天皇親政を実現しようとしていたかは疑問である。彼らは天皇や国体に仮託して、自己の理想とする政治を希求したが、そのためには政党内閣や宮内官僚といった「君側の奸」を取り除かなければならなかった。それらによって君徳が曇らされているというのが、彼らの信念だったからである。

だが、その思い通りになった時に、天皇の新たな機関化が生じないという保証はない。この点、昭和天皇が、機関説事件の渦中に「軍部にては機関説を排撃しつゝ、……自分の意思に悖る事を勝手に為すは即ち、朕を機関説扱と為すものにあらざるなき乎」（『本庄日記』昭和十年四月二十五日。平出による改行は省略）と述べていることは示唆的である。そういえば、穂積も上杉もしばしば主権は「皇位」にあると説いている。現実の天皇の意思や身体は、皇位という超歴史的な理念によって機関化される宿命にあったのではないか。そう考えると、天皇機関説をめぐる一連の論争は、所詮は天皇を自由に転がせる「玉」と見立てて、その威光を背景に国家権力を掌握しようとした政争の色彩を帯びてくるのである。

（『日本歴史』第七六四号、二〇一二年一月号）

67　明治憲法の制定とドイツの影響

一八八九年二月十一日に発布された大日本帝国憲法（明治憲法）は、日本で最初の近代立憲主義的な意味での憲法というにとどまらず、そのような憲法としては東アジアでも初のものだった。この憲法にもとづき、翌年十一月に帝国議会が開設され、日本は議会制度を備えた西洋的な立憲国家への道を歩み始める。

その歩みが平坦だったわけではない。初期の議会は反政府勢力の牙城と化し、何度も憲法停止の危機が訪れた。しかし、成立後すぐに停止に追い込まれた一八七六年のオスマン帝国憲法とは異なり、日本はじきにその危機を克服し、二十世紀に入るとイギリス的な二大政党政治が実現するなど一九三〇年までは一定のデモクラシーの進展が見られた。その理由として、立憲制度を通じて国民国家として自立しようというコンセンサス、そのための憲法施行後の政党勢力の懐柔とそれとの妥協、そして憲法制定の際に講じられた様々な予防的措置が挙げられる。そして、これらの認識にあたって、ドイツからの影響は無視できないものだった。そのような観点から、明治憲法制定に与えたドイツの影響を概観してみよう。

憲法学上の日本とドイツの学問的交流は、すでに幕末の時期から始まっていた。将軍をいただく旧体制下で、西洋諸国のうち唯一通商関係のあったオランダへと留学生が派遣されたことがある。この時の留学生西周《にしあまね》と津田真道《つだまみち》はライデン大学で法学部教授のシモン・フィッセリングから法学・経済学の講義を受けた。フィッセリングの講義には、隣国ドイツで勃興する歴史学派の影響が認められる。また、旧体制の末期にいち早く立憲制度の導入を訴えていた加藤弘之《かとうひろゆき》（一八三六〜一九一六）は、ドイツ語をほとんど独学でマスターし、一八六八年に明治新政府が誕生した後も政府お抱えの政治学者としてドイツの国家論の研究に従事した。加藤はヨハン・カスパー・ブルンチュリ（一八〇八〜八一）の Allgemeines Staatsrecht を翻訳し、天皇に進講した。その訳は全訳ではなかったが、『国法汎論』と題して刊行された。加藤は生涯において一度としてドイツを訪れたことはなかったが、後に社会進化論にもとづく著作をドイツで出版している（*Der Kampf ums Recht des Stärkeren und seine Entwickelung*, 1894, Berlin）。

とはいえ、これらの事例は多分にエピソード的なもので、明治日本の新国家建設と直接関わるものではなかった。これに対して、日本が本格的にドイツを国家形成のモデルとして意識するきっかけとなったのが、一八七一年の末に派遣された岩倉使節団である。当時二人いた大臣の一人であった岩倉具視を大使とするこの使節団は、大久保利通、木戸孝允、伊藤博文といった新政府を代表する政治家をはじめとする総勢百名以上の政府関係者によって敢行された一大国家プロジェクトであった。彼らは一八七三年の夏に帰国するまでの間、米欧諸国を訪問し、西洋文明の実情を視察して回り、新国家建設の指針を得ようとしたのである。

この時、一行はドイツ帝国も旅してまわっている。そして、ドイツでの経験は、彼らにとって決定的な意義をもつものだった。そのことは特に、使節団の副使であった大久保利通（一八三〇〜七八）について言える。

アメリカ、イギリス、フランスを回った後、大久保は悲壮感を募らせていた。これら文明国と日本との違いをまざまざと見せつけられ、彼は大きな衝撃を受けていた。大久保は次に訪れるドイツに一縷の望みをかけていた。統一なったばかりのドイツは、西洋文明のなかでは新興国であり、その分、日本にとって模範となるかもしれない、またプロイセンの軍事力による国威の伸長が著しいドイツは、一八七一年には普仏戦争で文明の一等国フランスを敗っている。一八七三年三月、大久保は期待をもってドイツに入った。

その期待は裏切られなかった。大久保は翌月二十八日に日本への帰国の途に就くが、その前日に書かれた手紙のなかで、ビスマルク、モルトケと出会えたことを大書している。

ドイツにおいて大久保は何を学び取ったのか。それを指し示すのが、ビスマルク（一八一五〜九八）が使節団一行を前にして行った演説である。ここでビスマルクは、「万国公法（国際法）」を信奉する日本人たちに対して、警鐘を鳴らした。旧体制末期以来、「万国公法」は西洋文明をシンボライズする言葉として日本のエリートたちの間に広まっており、彼らは西洋文明の国際秩序とは万国公法が掲げているような公正で平等なものと信じて疑っていなかったのである。

これに対して、ビスマルクは国際秩序の根底にあるのは弱肉強食の原理であって、万国公法が掲げる国家間の平等など表面を取り繕ったものに過ぎないと喝破した。そして彼は、欧州諸国の親しい交際というものはまだ信頼に値するものではないとして、各国が互いに自主独立し、対等の外交を遂げ、決して相互に侵略しあうことないようにするためには、軍事力をはじめとする国力の充実が不可欠であると説いた（Bismarck, *Die Gesammelten Werke*, Bd. 8, Berlin 1926, S.64-65.）。ビスマルクが信条とするリアル・ポリティークの率直な教示である。

大久保はこのようなビスマルクの教えを胸に帰朝した。ではそれを実践し、国力を増強して独立を保つためには何がなされなければならないか。大久保が出した結論のひとつ、それは憲法の制定であった。帰国後の一八七三年十一月、大久保は立憲政体に関する意見書を起草した。大久保が描く立憲国家とは、君主と国民の政治的権限を定めて、両者が共に政治を担っていけるような国家体制である。そのためには、万世一系の皇室というわが国の伝統を護持し、そのうえで国民の開化の程度に合わせて漸進的に憲法を制定するべしと唱えられている。

大久保の憲法意見書の背景にあるのは、憲法を制定することによって国民統合を完成させ、国内体制を盤石なものにして国際競争の世界を生き延びていこうという思想である。ドイツでの体験をもとに、明治国家の指導原理は、万国公法から憲法制定へと転換したのである。

大久保は、憲法の制定は漸進的になされるべきものと考えた。天皇制という日本的君主制度の伝統と立憲主義という西洋文明の制度との間に調和を見出すためには、一歩一歩着実に制度改革を進めていかなければならないとされたのである。

大久保は一八七八年五月に暗殺されたが、その遺志を継いで実際に憲法の制定を指導したのが、後に初代内閣総理大臣となる伊藤博文である。憲法を作成するに際して、伊藤もドイツから大きな影響を受けている。

一八八二年三月、伊藤は欧州に渡るため、日本を発った。この時の派遣の名目は、「憲法取調」というものである。伊藤は日本に施行されるべき憲法を模索するために、ヨーロッパ諸国で憲法の調査に従事したのである。

特に目標とされたのが、ドイツでの調査だった。前年の十月、日本では国会開設の勅諭が出されていた。一八九〇年を目途に国会を開くこと、それに先立ち憲法を定めることが天皇の名によって公約されたのである。これは、その年に閣僚の一人大隈重信が提出した憲法意見書に対するアンチテーゼの意味合いがあった。反政府勢力による国会開設の要求の高まりに棹差すかたちで、大隈は二年後に国会を開き、イギリス流の議院内閣制を採用することを説いた。それは他の政府の要人たちに大きな衝撃を与えた。大隈の意見書に反論するかたちで、プロイセンに範を取った憲法制定の指針が取りまとめられ、これを受けて、前記の国会開設の勅諭が出されたのである。それは、プロイセン主義の宣言でもあった。後述するように、一八八一年は日本におけるドイツ思想の受容にとって、一大転回点となった年であった。

このような事態の展開を受けて、伊藤はヨーロッパへ旅立ったのである。彼がまずドイツを目指したのは当然だった。一八八二年五月、ベルリンに入った伊藤は、ベルリン大学の有名な公法学者ルドルフ・フォン・グナイストに教示を乞うた。だが、当初、グナイストは伊藤の調査に対して極めて消極的だったらしい。調査団の一員によれば、グナイストは最初の会見で、憲法は民族精神の発露であり、民族の歴史に立脚している。日本の歴史に無知な自分が、お役に立てるか甚だ自信がない旨述べたという。グナイストは歴史法学派の主唱者フリードリヒ・カール・フォン・サヴィニーのベルリン大学における講座継承者であった。ドイツで主流の歴史法学のテーゼを示しながら、彼は西洋とは歴史も文化も異なる日本への憲法の導入をやんわりと揶揄した。

このエピソードに象徴されるように、ベルリンで伊藤たちは芳しい学習成果を挙げることができないでいた。その状況が一変するのは、八月にウィーンを訪れてからである。シュレスヴィヒ＝ホルシュタイン出身のウィーン大学教授ローレンツ・フォン・シュタインと面会した伊藤は、国家の行動原理としての行政の意義を説くシュタインの国家学（Staatswissenschaft）から大きな啓示を得た。かねてからウィーンの駐在日本人外交官と親交を結んでいたシュタインは、伊藤を歓迎した。

シュタインの講義が伊藤を魅了した理由は、それが狭義の憲法学ではなく、国家学だったからである。つまり、シュタインの教えは、憲法に書かれるべき具体的条文の解説ではなく、立憲国家の全体像と憲法施行後の国家運営の指針だった。伊藤は、日本に宛てて、シュタインという良き師と会うことができ、自分は「心安らかに死ねる場所を見つけた心境」だと書き送っている。そして帰国後、伊藤はシュタインの存在を吹聴し、以後ウィーンのシュタインのもとへ日本の政治家や官僚、学者、留学生などが引っ切り無しに押し寄せてその教えを請うという「シュタイン詣で」なる現象が生じることになる。シュタインは一八九〇年九月二十三日に死去したが、その翌月十五日に東京で伊藤をはじめとする「参詣者」たちがその死を悼んで追悼式を行った。それは日本の伝統宗教である神道の形式で挙行された。参列者の一人は、その模様をウィーンのシュタインの遺族に宛てて記し、彼が「神」として祭られたと報じている。

伊藤の憲法調査に戻ろう。その成果とは何だったのか。それは「憲法」調査とは裏腹に、彼がここで行政を発見したことに求められる。シュタインの講義を受けた後、伊藤は「一片の憲法のみ取調ても何の用にも立たない」としたうえで、「たとえどんなに立派な憲法や議会を作っても、施政がうまくいかなければ何にもならない。……施政を良くするためには、政府と行政の組織を確立することが最も大切である」との認識を示している。伊藤は憲法を良好に機能させるための行政の意義に注目したのである。さらにいうならば、狭義の憲法（Verfassung）を越えて、行政制度まで含みこんだ国家の全体的構造としての国制（Verfassung）の存在に目を開かれたのである。

既述のように、伊藤の欧州派遣の直前から、日本国内では国家体制のドイツ化が着手されていた。その中心人物として指折られるのが、井上毅《いのうえこわし》である。明治憲法の事実上の起草者でもある井上は、前述の一八八一年の大隈意見書事件に際して、大隈のイギリス・モデルに対抗してプロイセン・モデルを打ち出した黒幕である。井上は一八五〇年のプロイセン憲法を参考に、天皇のもとに議会の干渉を許さない強大な大権（Prärogative）を留保させることによって、反政府勢力による過激な議会主義を抑え込もうとした。

井上には強力なアドバイザーが二人いた。その筆頭が一八七八年に来日したヘルマン・ロェスラー（一八三四～九四）であり、後にアルバート・モッセ（一八四六～一九二五）が加わる。ロェスラーはプロテスタントからカトリックに宗旨替えし、ロストック大学の教授職を投げうって日本に来た。モッセはグナイストの弟子のユダヤ人で、グナイストの推薦で来日した。二人はともに、当時のドイツ社会におけるアウトサンダーだった。

アウトサイダーの境遇は共にしていたものの、この二人が当時の日本での狭いドイツ人社会で親しく交流していた形跡はない（ロェスラーは、在日ドイツ人のサークルと折り合いが良くなかった）。だが、井上は憲法やその周辺の法案を作成していくなかで、この両者と頻繁に問答を重ね、彼が思い描く欽定憲法主義を実現させていった。

その井上がロェスラーの助言に基づき、やはり一八八一年に設立したのが、独逸学協会である。これは、ドイツの法学や政治経済学の振興のために結成された組織であり、当時の政府の有力者がこぞって入会した。そして、この協会からブルンチュリやシュタイン、グナイスト、シュルツェといったドイツ人学者の著作が続々と翻訳出版されることになる。一八八三年には同協会により、独逸学協会学校が設立され、ドイツの国家思想の一層の普及が期される。ちなみに、この学校のドイツ法教師として来日したのが、第一次世界大戦中に一時期ドイツ帝国宰相を務めるゲオルク・ミヒャエリス（一八五七〜一九三六）であった。

一八八九年二月の明治憲法の成立の背景には、以上記してきたような政府思想のドイツ化という事態があった。そのキーパーソンの一人が井上毅であった。井上はドイツの国家論の普及を通じて、イギリスやフランス流の自由主義・民主主義を封殺しようとした。

そのような方向でドイツに依拠した点では、伊藤と並び称される大物政治家の山県有朋も同様である。一八八八年十二月から翌年十月までの間、当時内務大臣だった山県は西洋諸国を視察して回ったが、この時彼はベルリンでグナイストと面会し、大きな感化を受けている。山県はグナイストから、議会制度を抑制するために地方自治を整備することを勧められた。政府と協力してくれるような穏健な名望家によって地方自治が担われるように制度を設計し、中央の議会が反政府化しないための砦とすべきとの教示である。

このように、ドイツ化の実態は主として反議会的なものだったが、なかには伊藤博文のような例外もあった。前述のように伊藤のドイツ体験の最大の成果は、憲法（Verfassung）と並存する行政（Verwaltung）、そしてこの両者を包摂する国家の全体的構造（Verfassung）の発見にあった。後に伊藤は、この後者の Verfassung を機能させる動力は議会政治に他ならないとして、一九〇〇年に自ら立憲政友会という政党を結成し、政党政治家へと転身する。

以上のように、一口にドイツの影響と言っても、その実態は多様だった。その担い手となったドイツ人や日本人の社会的出自や思想も決して同一だったわけではない。しかし、明治の政治家や立法者がそれぞれ独自のドイツ体験を積み、それを主体的に変容させて明治国家を建設したことは確かなのである。

（日独交流史編集委員会編『日独交流百五十年の軌跡』雄松堂書店、二〇一三年、十月）

参考文献

大石眞『日本憲法史〔第2版〕』有斐閣、二〇〇五年

清水伸『明治憲法制定史』中、原書房、一九七四年

瀧井一博『文明史のなかの明治憲法』講談社選書メチエ、二〇〇三年

瀧井一博『伊藤博文』中公新書、二〇一〇年

山室信一『法制官僚の時代』木鐸社、一九八四年

68　明治憲法と日本国憲法をつなぐもの

日本国憲法（以下、現行憲法）と大日本帝国憲法（以下、明治憲法）の間には、無視できない連続性がある。法的な意味内容を全く異にしていると思われがちな新旧二つの憲法だが、その成り立ちや展開には軌を一にしている部分も認められるのである。

現行憲法の制定が連合国軍総司令部（ＧＨＱ）による指示に端を発していることは周知の事実である。それが故に、日本民族の自由意思に基づいた自主憲法の制定が叫ばれる。しかし、明治憲法も、その成立過程を眺めれば、自由民権運動による憲法制定への参加の声をさえぎって、薩長藩閥政府のリーダーである伊藤博文とその取り巻きという限られた者たちによって草案が書かれ、天皇が臣民に下すかたちで作られた。成り立ちからすれば、新旧二つの憲法は、ともに「押しつけ」憲法である。

他方で、「押しつけ」ということは、その憲法の内容上の不当性をそのまま意味するものではない。現行憲法がその姿を現した時、国民はその民主的な装いに吃驚したが、同時に歓迎し、受け入れた。七十年近くにわたって、その下で政治の仕組みが形作られ運営されてきたことは、この憲法が国のかたちの不可欠のパーツとなっていることを意味しているといえよう。

ところで、われわれは現行憲法と明治憲法をしばしば相対立するものと捉え、明治憲法下での国のあり方と現行憲法のもとでのそれをあたかも水と油かのように見なしがちである。しかし、ひとつの国民が有してきた政治の伝統や考え方が、憲法というひとつの法典が変わっただけで、即座に変化するものだろうか。例えば、憲法が変わっても、変わることなく続いていくものがあるだろう。人々の政治的意識や慣わしがたちどころに変わるとは思えない。他方で、憲法が変わらなくても、国家の枠組みは徐々に移ろっていくということも考えられる。憲法の条文が変わったかどうかということにのみ拘泥していては、国家を現実に規定している社会的諸条件や国民の政治的特質といったものを看過することになりかねない。

以上のことを念頭に置き、以下では戦前と戦後を貫く日本の憲法的伝統について考えてみたい。日本の民主主義は明治憲法から始まり、その伝統のうえに現行憲法も成り立っている。明治憲法の下で、日本に議会制度が布かれ、それは着実に進展した。大正デモクラシーのもとで政党内閣が当然視され、議院内閣制への展開を見せる時期もあった。

明治憲法を作った伊藤らは、立憲制度や議会政治にこだわった。明治憲法には、まがいなりにも議会の規定があり、制限付きながらも国民に政治参加の権限が認められたことをよしとした。開設当初の帝国議会は、反政府勢力が多数を占め、藩閥政府は少数与党で議会に臨まなくてはならなかった。解散に次ぐ解散をもってしても議会勢力は変わらず、政府のなかでは憲法の停止論さえ唱えられるありさまであった。このような情勢のもとで何よりも懸案となったのは、国家予算である。確かに、明治憲法の規定上、議会の同意がなくても前年度の予算が執行される（第七一条）などいくつかの抜け道があった。しかし、予算の増額を行うには、常に議会の同意が必要だった。

政府の一部にあった憲法停止の動きを抑えたのは、伊藤博文や陸奥宗光など政府内の立憲派の働きである。彼らは、民権派とパイプを築いて野党勢力との妥協点を探ったり、天皇に中立的な調停者としての立場から詔勅を出してもらって政府と議会双方の譲歩を引き出すなどして、東洋における初めての議会制度の定着に尽力した。

伊藤らは、なぜ立憲制度や議会政治にこだわったのだろうか。そこには、明治維新を経て脈々と受け継がれたデモクラシーの潮流がある。「広く会議を興し、万機公論に決すべし」、「官武一途庶民に至る迄各其志を遂げ」よ、と五箇条の御誓文に記されているように、国民の知識を高め、そのような国民の支持に基づく公論による政治を行うということは、明治維新の理念だった。それは、発展途上で国力の増強が至上視されていた明治日本にとって、切実な要請でもあった。国民の政治的覚醒を促し、国民が一丸となって国家を支えるためにも、立憲制度は不可欠とされたのである。

憲法発布されてほどない一八八九年二月二十七日に伊藤博文が皇族と華族を前にして行ったという演説は、そのことを明示している。ここで伊藤は、国家の特権的エリートに対して、憲法が成立した後、これからどのような政治がなされるべきかを説いている。伊藤が示したのは、国民の知識の向上とそれに比例しての国民の政治参加の拡大である。伊藤は、皇族華族という支配層に対して、デモクラシーの必要を力説した。民主制こそ国を強く豊かにする要諦との確信があったからこそ、彼は初期議会期の政局を粘り強くしのぎ、議会政治の破綻を懸命に回避しようとしたのである。そのような努力の果てに、日本では議会政治が着実に進展し、大正時代から昭和初期にかけては衆議院に基礎を置く議院内閣制が事実上成立しもした。憲法の変更にかかわらず、戦前と戦後で日本の議会政治にはそのような民主主義の歴史的連続性があることを忘れてはならない。

だが、ここで注意しなければならないのは、議会政治＝憲法政治ではないということである。少なくとも伊藤はそう考えていた。議会政治とはあくまで議会を中心に展開される政治であるが、伊藤は、それはえてして「敵討ちの政治」に堕すると警告していた。政党間による権力の争奪戦に終始し、議会の場は源平合戦のごとき様相を呈していると見なしていた。憲法政治とは、そのような党派間の抗争に明け暮れるようなものであってはならない。それは、国民が憲法のもとでまとまり、ひとつの調和を生み出す協働の政治でなければならない。そのように伊藤は説いていた。

一九〇〇年に伊藤は藩閥政府を飛び出して、立憲政友会という政党を組織する。従来、伊藤のこの行動は、政府内での権威の凋落に焦った彼が、旧敵の自由党と結託して新たに権力を掌握しようとしたものと理解されてきた。しかし、この前後に伊藤が行った演説を子細に読んでみれば、それとは異なるメッセージが伝わってくる。彼の念頭にあったのは、既成の政党政治の刷新だった。伊藤は、経済発展の成果を受けて、実業家層を幅広く募った新党の結成を構想した。そうすることで、彼は政争に明け暮れる政党政治を克服しようとしたのである。

徒党を組んで他党や政府をとにかく打倒しようとするかのような政党政治は、憲法の理念に則ったものとはいえない。憲法政治とは、話し合いによって互いが譲歩すべきところは譲歩することによってもたらされる調和の政治なのである。そのように、伊藤は繰り返し訴えている。

このように、明治憲法によって、日本にも国民が政治に参加するという民主主義の種がまかれ、議会政治の進展というかたちで一定の実を結んだ。だが、それは党派的抗争の政党政治の域を出ることはできず、国民が調和して自分たちの国家秩序を形作っていくという憲法政治を生み出すには至らなかったのである。この憲法政治の実現ということは、明治憲法時代から受け継がれた今日的な課題である。

明治憲法が昭和に入って軍国主義の台頭を許したことは、まさに憲法政治の未成熟に原因が求められる。明治憲法は、明文上は第一条で天皇が大日本帝国を統治すると謳っていた。しかし実際には、天皇は自分を補佐する各国家機関の助言と同意に基づいて、というよりもそれらの機関に自らの統治権を分割して委託することによって、国を治めていたのである。立法については帝国議会に、行政については内閣に、司法については裁判所に、軍事については陸海軍に、という具合にである。明治憲法下においても、天皇は多分に象徴的な存在であり、またそうあるよう現実政治のうえでは求められていた。

問題は、時代が進むとともに、それら各機関の縦割り化が進み、国家の統一的な意思形成が阻害されるようになったことである。昭和における統帥権の独立とは、まさに軍部が天皇の統帥権を笠に着て、内閣の干渉を排して国政を壟断した結果だった。言い添えておけば、その背景には、政争に明け暮れて国民の支持を失った政党政治の惨状があった。明治末期にそのような憲法の欠点にいち早く気づいていた伊藤博文は、憲法政治による政党政治の刷新を目指して、また内閣による国政の一元的管理を実現しようとして「憲法改革」に乗り出したものの成功しなかった（詳しくは、拙著『伊藤博文』中公新書、二〇一〇年を参照）。

翻って、現行憲法のもとにある今日の日本国民も、この点において果たしてどの程度進歩したといえるだろうか。憲法政治の理念を忘却し、政党政治の悪弊にはまっているという点で、われわれは何も変わっていない。憲法を崇め、その結果として現実に生じている憲法秩序の空洞化に対処し得ていないという姿勢についても同断である。

憲法の成立から七十年が経とうとしている今、われわれは憲法秩序の全体を点検し、そこに何が欠けているのか、改善すべき点は何なのかを見極める必要がある。先般の天皇の「おことば」（平成二十八年八月八日にビデオメッセージとして発せられた「象徴としてのお務めについての天皇陛下のおことば」）も、そのことをわれわれに突きつけているといえよう。ここで留意すべきは、ことは生前退位や皇統の継続にとどまらないということである。象徴天皇のあり方そのものが問われている。現行憲法制定当初には、統合された国民の象徴でよいという消極的な天皇像が想定されていたが、今上天皇のもとで、様々な活動を通じて国民を実際に統合する象徴としての積極的な天皇の働きがクローズアップされるようになった。象徴天皇制の変遷をどのように評価し、憲法秩序のなかに位置づけるか。天皇の「おことば」をきっかけとして、憲法政治の理念にのっとった憲法論議が展開されることが期待される。

（『エコノミスト』毎日新聞社、二〇一六年八月三十日号）

69　グローバルな知識創造のための明治憲法史

拙著『文明史のなかの明治憲法』（講談社選書メチエ、二〇〇三年）を、このたびちくま学芸文庫の一冊として装い新たに増補版として世に問うこととなった。刊行してから二十年目の節目の年であり、筆者としては最初の文庫版である。大きな感慨に浸っている。

刊行当初、本書は幸い好意的な評を得ることができ、複数の大きな賞も授与された。また、望外なことに、*The Meiji constitution : the Japanese experience of the West and the shaping of the modern state*（translated by David Noble, I-House Press, 2007）として英訳され出版された。今、筆者は海外から、明治史や比較憲法史をテーマとする研究プロジェクトや研究者のネットワークにお声がけを受けて参加している。グローバルヒストリーのかけ声のもとで、トランスナショナルな研究が奨励されている。しかし、一人の研究者が世界を掌中にした真にグローバルな研究を一次史料主体で行うなど至難である。畢竟、二次文献、それも英語で著された研究への依存度が高まる。

そのようなわけで、拙著の英訳にも需要があったらしく、プリンストン大学教授で著名な歴史家リンダ・コリー氏（『イギリス国民の誕生』名古屋大学出版会、二〇〇〇年などの翻訳で日本でも知られている）の近著 Linda Colley, *The gun, the ship and the pen : warfare, constitutions and the making of the modern world*（Profile Books, 2021）では、拙著の英訳版も言及されている。コリー氏の本は、十八世紀から十九世紀までの立憲主義運動を非西洋圏への波及を見据えてグランドパノラマのように描き出したグローバルヒストリーの大作であるが、その最終章は明治憲法に当てられており、そのなかで拙著が何度も参照されているのである。率直に言って、コリー氏の明治憲法や日本憲法史の捉え方は、ポストコロニアリズムの過度な要請に影響されていると思われ、異論もある。だが、高名な歴史家によって取り上げられるということは、英語による日本の人文知の正確な発信の必要に思いをいたすものだった（コリー氏が筆者の姓名を逆に取り違えているのは御愛嬌）。

一人の学者が真にグローバルな歴史を著すとなると、どうしても一定の図式化は免れない。しかも、真に普遍性のある図式が形作れるかは心もとない。となると、グローバルのかけ声のもとでより生産的なのは、多様な出自の人びとが交流できる国際的なネットワークの構築であり、そのような議論空間を作り出して、絶えず新たな知識を創出していくことなのではないか。やはり拙著が機縁となって、コロナ禍の二〇二〇年十一月に日本の議会制百三十周年を記念するオンラインの国際シンポジウムに招かれて基調講演を行った。報告者の多くは日本研究の専門家ではなく、様々な国でそれぞれの立場から議会制や政治思想の研究に従事している人たちだった。

そのシンポジウムで、エチオピアの研究者から、「なぜ日本はもっと自分の経験を世界に伝えないのか」と問われ、ハッとした。十九世紀後半、日本は議会という外的な制度を移植し、それを何とか定着させてきた。二十世紀に入ると、議会に勢力を有する政党が政権を担うということは当然視され、憲政の常道とされた。他方で、一九三〇年代には議会政治の腐敗と全体主義の台頭という世界の趨勢の例外ではなく、日本も議会制の機能不全に陥った。そして、戦後、議会政治の再興を果たしているが、今日再びポピュリズムや権威主義に直面し、その意義を問われるという世界共通の課題に直面している。

そのような立憲主義のあり方を考えるグローバルな知識創造のために、明治以来の日本憲法史は何がしかの貢献ができるのではないか。少なくとも、そのような関心から明治憲法を眺めている人が世界の各地に潜在している。そのことを知り得たのは、本書を執筆したことが機縁となって開かれた新たな境地である。今回の文庫化が、また次なる学問的出会いをもたらしてくれることを念願している。

（『ちくま』第六二五号、筑摩書房、二〇二三年四月号）

70　憲法にみる近代化——大日本帝国憲法

大日本帝国憲法制定の背景と意義

一八八九年（明治二十二）に発布された大日本帝国憲法（以下、帝国憲法とも記述する）は、日本で最初の近代的憲法である。だがそれのみならず、その制定は、非西洋の国家によるものとして当時あまり例がなく、国際的にも注目された。この憲法によって、日本は帝国議会を開設した。十九世紀において立憲主義とは、議会制度を備え、国民の政治参加を（限定的にせよ）認めることを意味していた。明治の日本人は、議会制度を文明のシンボルと見なし、それに基づく政治を行うことが、西洋列強に認知されるために不可欠と考えていた。

通常、この憲法は、強力な君主主義を定めたドイツ（特にプロイセン）の憲法をモデルにしたものと理解されている。確かに、そこでは広範囲にわたって天皇の特権（大権）が定められており（第五条～第十六条）、総理大臣をはじめとする閣僚や官吏の任命、軍隊の編制や指揮（統帥）などの国家の重大事項は天皇の権限とされていた。立法も、議会が行うという体裁にはなっておらず、あくまで天皇が行い、議会はそれに「協賛」するとされた（第五条）。文面だけ見れば、大日本帝国憲法は、見せかけの憲法のように思われる。

だが、この憲法の下で議会政治が定着し、進展していったことも事実である。そもそも、条文上の天皇大権とは裏腹に、天皇が単独で政治をしきったことはない。総理大臣の任命は、元老とよばれる長老政治家たちの推薦に基づいていたし、他の大臣の任命も総理大臣の推薦に依拠していた。法律の制定も同様である。帝国議会が議決した法律案を天皇が拒否したことなどなかった。実際の立法権は帝国議会にあったのである。大日本帝国憲法は、第一条で「大日本帝國ハ萬世一系ノ天皇之ヲ統治ス」とうたっているものの、天皇の統治権は「此ノ憲法ノ條規ニ依リ之ヲ行フ」との第四条の規定のほうが実際には意味を持っていたといえる。

議会政治の定着のうえで重要だったのが、第六十四条から第七十一条までの議会の予算に関する権限である。例えば第七十一条では、議会が政府の予算案を認めなかった場合、政府は前年度の予算案で政策を行うことができると定められている。これによると、政府は議会の議決がなくても予算を自由に執行できるように見えるかもしれない。しかし、この条項が持った実際の機能は別だった。新たな事業を起こし、前年度から予算の増額を行うには、必ず議会、特に選挙によって選ばれた議員たちによって構成される衆議院で認めてもらわなければならないというのが、その効果だった。だから政府は、反政府派の民党勢力によって多数が占められた衆議院に軍備増強などの予算の増額を認めてもらうために、たびたび譲歩を強いられたのである。

このようななかから、議会の多数を占める政党と協調して政治を行わなければならないという意識と姿勢が、日本の政治の基調となっていく。板垣退助や大隈重信のような政党人の入閣も早くから実現し、一八九八年（明治三十一）成立の第一次大隈重信内閣や一九〇〇年（明治三十三）成立の第四次伊藤博文内閣のような政党内閣が誕生し、大正時代になると一九一八年（大正七）の原敬内閣の成立によって、政党内閣は誰も抗えないものとなった。その後、日本では立憲政友会と民政党という二大政党が交互に政権を担当する、憲政の常道とよばれる政治のシステムが築かれる。これは、大日本帝国憲法の〝モデル〟とされるプロイセンなどドイツの欽定憲法（君主によって制定された憲法のこと）では決して展開しなかった事態である。

大日本帝国憲法は戦後改正され（廃棄されたといったほうが正確である）、今日の日本国憲法がそれに取って代わった。新旧両憲法は性格を全く異にしていると考えられている。新憲法の三大原理である国民主権、基本的人権の尊重、平和主義は、いずれも旧憲法の根本的否定のうえに成り立っているというのが通常の理解である。だが、これまで書いてきたように、二つの憲法の間には憲法の在り方についての共通性もある。二つの憲法をつなぐ共通の憲法文化の存在といってもよいだろう。

共通の憲法文化とは何か。まず第一に、天皇の象徴性である。既述のように、天皇主権という建前とは裏腹に、帝国憲法においても実際の統治は内閣や議会、裁判所、軍部によって行われ、天皇がみずから政治を執り行うということは回避されていた。天皇の存在は、国家の統合を象徴するものであった。

第二に、議会政治の伝統である。これまで述べてきたように、帝国憲法の下で日本は議会政治を定着させ、大正期以降、政党内閣が常道となった。その後昭和に入ると、政党政治は腐敗し国民の不信感を招き、それが軍部の政治介入の一因ともなった。敗戦後、新たな憲法の下で国会が開設され、議会制度は再出発した。議会制度は日本政治の基軸として再生したが、その背景には旧憲法でつちかわれた議会政治の伝統があることは無視できないだろう。また、今日でも政党政治にはさまざまな問題が見られるが、それは戦前に日本の政党政治が陥った失敗を彷彿させる。二つの憲法を一つの流れでとらえることで、歴史の教訓を得ることができるのである。

第三に、憲法のスタイルである。二つの憲法はともに条文数が少なく、文言も簡潔である。この特徴は、世界各国の憲法と比較して際立っている。憲法の書き方という点において、両憲法は共通しているのである。そのように極めて限られた条項しか持っていないということは、実際の政治問題の規制を国会による法律の制定や政府の解釈に委ねている余地が大きいということである。その結果、他の国では時に頻繁に行われる憲法の改正も、日本では一度も行われたことがない（日本国憲法の成立が、大日本帝国憲法の改正によるものといえるのかは議論がある）。このような柔軟性と硬直性を併せ持っていることが、日本の憲法文化のもう一つの特徴である。

世界史のなかで大日本帝国憲法をとらえる

大日本帝国憲法は、世界史的なインパクトも持った。それまで非西洋の国では憲法は機能しないと思われていた。大日本帝国憲法以前にも、中南米の国々やハワイ、チュニジア、リベリアなどが憲法を有していたが、立憲国家としての存在意義はあまり意識されなかった。植民地として西洋風のエリートがいたこと、小国であまり影響力がなかったこと、憲法が国の発展に寄与したかが必ずしも明らかでなかったことがその理由として挙げられる。一八七六年にオスマン帝国が憲法を制定し議会制度を導入したことは国際的な注目を集めたが、一年もたずに憲法と議会は停止され、立憲政治はやはり西洋文明のものとの観念がはびこる結果となった。そのようななかで明治日本は憲法を作り、それに基づく政治を軌道に乗せたのである。その後、一九〇四年に勃発した日露戦争によって日本が勝利したことは、非西洋圏の国々に憲法が普及していくきっかけともなった。この戦争は、憲法を持った国＝日本と、持たない国＝ロシアとの戦争とも受け止められたのである。

このように大日本帝国憲法は世界史的な意義を有した憲法でもある。だが、その意味を単に非西洋圏で初の本格的憲法と持ち上げるだけでは中途半端である。もっと長期的に現在の日本国憲法への流れを視野に入れて、グローバルに日本の立憲主義の価値を考える必要がある。明治以降、日本は憲法を制定し、それを定着させた。しかし、その後、議会政治の腐敗も経験し、軍国主義の台頭から悲惨な戦争への道をたどった。敗戦後、日本は再び立憲国家として再生し、今日まで議会政治を続けている。この光と影に満ちた歴史は、憲法をこれから持とうとしている国、議会政治を成り立たせようとしている国に対して何らかの参考になるはずである。他の国々に対して何が伝えられるかというまなざしで、日本の歴史を学習したい。

（『高等学校地歴・公民科資料 ChiReKo』帝国書院、二〇二三年四月）

参考文献

坂野潤治『明治憲法体制の確立――富国強兵と民力休養』東京大学出版会、一九七一年

ケネス・盛・マッケルウェイン『日本国憲法の普遍と特異――その軌跡と定量的考察』千倉書房、二〇二二年

瀧井一博『増補　文明史のなかの明治憲法――この国のかたちと西洋体験』ちくま学芸文庫／筑摩書房、二〇二三年

Linda Colley, *The Gun, the Ship and the Pen : Warfare, Constitutions and the Making of the Modern World*, Profile Books, 2021

Ⅳ　人と時を読み解く

71　忘れられた初代帝国大学総長——渡邉洪基のこと

一八八六年に創建された帝国大学（一八九七年の京都帝国大学の創立に伴い東京帝国大学）は今日の東京大学の前身として、戦前のわが国の高等教育の頂点に位置していた。そのことは、とりたてて言うほどのことでもない周知の事実である。ではその帝国大学の初代の総長といえば誰か。その人は渡邉洪基（一八四八〜一九〇一）という。決して知名度の高い人物ではない。そもそも帝国大学の総長といえば、学士院院長も務め当代きっての学者だった二代目の加藤弘之や白虎隊士から総長に上りつめた山川健次郎のほうがはるかに著名だろう。最近刊行された立花隆氏の『天皇と東大』（文芸春秋社）のなかでも、渡邉の記述はほとんどなく、その評価も彼は「前東京府知事という妙な経歴を持つ官僚で、大学人から違和感をもって受けとめられた」というものである。

今日では研究者からも一顧だにされない存在だが、私は最近この人物のことが気になり、関連史料を渉猟している。発端は、彼の死に際して書かれたある追悼記事と接したことである。そこでは、渡邉を指して次のように述べられている。「府下ノ学術協会一時殆ンド君ノ管理ニ属セザルモノナク、三十六会長ノ称アルニ至ル」（『統計集誌』第二四三号）、と。彼は「三十六会長」の異名をとって各種の学術組織を牛耳っていたというのである。当時私は日本のアルトホーフを探していた。アルトホーフとは、フリードリヒ・アルトホーフという十九世紀末から二十世紀初めにかけて活躍したドイツの文部官僚である。このアルトホーフの強力なトップ・ダウンの指導のもと、潤沢な国家予算が有望な研究に投入され、埋もれていた優秀な研究者が発掘された。かくしてドイツの近代科学は飛躍的な進展をみせ、世界に冠たるドイツのアカデミズムが築かれたのである（潮木守一『ドイツ近代科学を支えた官僚』中公新書、一九九三年）。

アルトホーフの存在は科学史のなかで様々なことを示唆している。何よりも彼は、学術の発展が単に専門研究者ギルドによって担われるのでなく、国家による上からの組織化に負う側面が大きいという一大産業化した近代科学の宿命をシンボライズしている。そうすると、科学の近代化のなかで、どの国も何らかのかたちでアルトホーフ的なものを必要としてきたのではないか。ならば、わが国にアルトホーフはいたのか。

渡邉洪基と出会ったのは、そんなことを考えていたときである。「府下ノ学術協会」を一手に掌握した組織魔という点はアルトホーフを髣髴とさせる。では、彼はどういった組織に関与していたのか。彼が創設に関わったり、ヘッドを務めた組織団体として、学習院、帝国大学、工手学校（現、工学院大学）、大倉商業学校（現、東京経済大学）などの高等教育機関にはじまり、国家学会、統計協会、東京地学協会、建築学会などの学術団体、国民協会や立憲政友会という政党、貨幣制度調査会のような政策審議会、帝国鉄道協会や両毛鉄道、関西鉄道、東武鉄道、京都鉄道などの鉄道会社、帝国商業銀行、北浜銀行といった銀行、そして萬年会、興亜会、明治美術会、大日本私立衛生会、殖民協会などが挙げられる。

これらをみてみると、渡邉は必ずしも学術組織にのみ関係していたのではない。彼の携わった団体は右のように広範な分野に渡っており、およそ人の集まりであれば乞われるがままに参加していたのではないかと勘ぐりたくなるほどである。少なくとも彼は、単に文教政策に突出した官僚でも政治家でもない。この点はアルトホーフとは異なるところである。

アルトホーフと異なるといえば、渡邉にはアルトホーフのような剛毅さも希薄である。アルトホーフは科学技術の進歩が国力の増進に直結するとの確信のもと、研究重視の学術体制へと強引にドイツの大学をシフトさせ、その予算獲得のためにピストルを懐中に忍ばせて大蔵省と折衝にあたったと伝えられる。これに対して渡辺は、かつて部下だった原敬が「渡辺性質善良毫も悪意なく、屢々野心家の利用する所なるは惜むべし」と日記に記しているように、乗せられやすい便利屋と目されて様々な組織の運営に齷齪していた節がある。アルトホーフのように科学技術の高度化という時代の流れに沿った確固とした組織理念や指導力がなかった渡辺は、幾多の団体の冠飾とはなったが、そこから何か歴史的な貢献を成し遂げるには至らなかったということなのだろうか。

だが他方で、渡邉には独自の思想的魅力もある。それは知識というものに対する彼の考え方である。渡邉は知識を通じて社会の各層や様々な分野で活躍している人々を、そしてさらには国全体を結び合わせるという知識立国を夢見ていた。渡邉にとって知識とは学者の専売特許ではなく、社会全体に浸透させるべきものであり、そうすることで国を豊かにするという考えがあった。そのための周旋を行うというのが、彼の自己規定だったと思われる。そのことは、別の彼の追悼記事が、「氏ハ実ニ学者、実業家、政治家ノ間ニ介在シ、相互ノ意志ヲ疎通シ、統一」（『地学雑誌』第百五十一号）する人だったとの一節が如実に物語っている。このように、学者と実業家との間を媒介することは彼の真骨頂だった。各種の学会の席上で彼はそのように組織のあり方を促しているし、またそのような方向へと実際に会の運営を行っていた。

その典型として、国家学会が挙げられる。同会は今日でも東京大学の法学・政治学のスタッフを中心に組織されているわが国の社会科学を代表する学術団体だが、一八八七年に渡邉を会長（評議員長）として創設された当初は、大学と社会を媒介する結社として、学者のみならず政治家・官僚・実業家など国家経綸の士を幅広く結集させた知的クラブの性格を帯びていた。会の運営方針として、「国家学会を世人に大学のものと誤認せしむるは不可なり、大学以外の場所に於て開かざるべからず」と掲げられていたように、同会は学者が大学の外に出て、広く社会一般と交流するフォーラムの役割を担ったともいえる。そしてそこにおいて学者の専門知と各界の実用知が接合されることによって、国家活動へと還元される政策知の形成が期待された。その意味で、草創期の国家学会とはシンクタンクでもあった。

渋沢栄一も何度か国家学会に登壇して講演を行っている。そもそも渋沢は、一八八八年十月に渡邉の尽力で国家学会の会則が改定され、学者以外の参加が認められるとほぼ同時に入会しているほか、大倉商業学校の創設にあたっては、渡邉と連名で設立の趣意書を出している。また、渋沢史料館には栄一宛の渡邉書簡が計七通残されており、それらは渡邉の送別会主催の礼状のほか、帝国大学助手の就職斡旋を依頼したり、会社経営のために資金の無心を乞うといった内容で、この両者の浅からぬ関係を推測させると同時に、媒介者渡邉の片鱗をうかがわせるものである。

渡邉は媒介者であったが故に、その活動のよすがを伝える史料は散在している。これからも彼の周辺を探索する作業を続けていきたい。それはわが国の失われた産学連携の歴史を掘り起こすものであるかもしれない。

（『青淵』第六九五号、渋沢栄一記念財団、二〇〇七年二月）

72　東大安田講堂での日々——自著『渡邉洪基』を語る

忘れられた東大初代総長

渡邉洪基という人がいた。その名を知る人は今日では少ないが、我が国の最高学府・東京大学の初代総長である。東大の前身である帝国大学が一八八六年（明治十九）に創立され、総長職が設けられた際、最初にその座に就いたのがこの人である。

渡邉は単なる〝忘れられた東大初代総長〟ではない。彼は存命中、「三十六会長」と呼ばれ、幾多の学会や学校などの団体の創設や運営に携わった。そのひとつとして、建築学会がある。現在も存続する建築学の全国学会である。渡邉は一時期、その会長をしていた。会長職を離れる際、同会は彼の貢献を多として、卓上型の胸像を贈呈した。それが今日でも渡邉家には伝わっている（拙著口絵で紹介している東大総合博物館所蔵の像と同型と考えられる）。

渡邉と建築。そこに深い意味はない。拙著で詳述したことだが、建築に限らず、彼は東京地学協会、統計学協会、工学会、国家学会、明治美術会といった文系理系を問わない各種学会の長となった。そうすることで彼が行おうとしたのは、学知と一般社会の媒介をし、専門知識の社会的浸透、そしてその逆に実務からアカデミズムへのフィードバックを図ることだった。

国家の建築と国家学会

他方で、渡邉と建築とは、言い得て妙な取り合わせともいえる。前記の国家学会は、明治憲法の制定に先駆けて、来たるべき立憲体制を補完するものとして渡邉により創設された一面を持つが、そこにおいて渡邉は、constitution（憲法）とは、本来「構造」を意味しており、国家学の課題は、国家の構造を実際に形作り、その中身を補填していくことにある旨論じている。渡邉は国家を建築していくための実践的な知識を生み出すために、学理と実務が協働していくことを求めた。そのためのフォーラムが、国家学会だった。そして、国家学の名の下で、およそ国家の活動に関わる諸学や人才が有機的に結び合うことを構想していたのである。

ところで、拙著を書き終えた今、筆者のまぶたに浮かぶ建築物がある。東大安田講堂である。東大の実質的初代総長の評伝だから、というわけではない（そもそも、安田講堂の起工は一九二一年で、渡邉の死から二十年後のことである）。本書は、東大安田講堂の一角で過ごした貴重な時間の産物なのである。

東大安田講堂の東京大学史史料室

この本は、東京大学史史料室（当時）所蔵の『渡邉洪基関係資料』との出会いが機縁となってできた。博士論文で伊藤博文によるドイツ国家学の受容と明治立憲体制との関係について研究していた筆者は、その過程で伊藤が明治憲法の制定に先立ち大学改革を必要視していたこと、それが帝国大学の創設に帰結したことに目を開かれ、帝大初代総長となった渡邉に注目するに至った。

渡邉の資料が東大に残されていることを知り、資料調査のために何度も安田講堂の階上の一角にあった史料室に足を運んだ。階段の踊り場に無造作に置かれているたて看やヘルメット（防災用のものであろうが）を横目に、学生闘争の余燼をくぐり抜けて昭和のあの時代へタイムスリップするような錯覚に捕らわれながら史料室のドアを叩いた。最初の主任室員だった故中野実先生が出迎えてくれ、資料の所在について懇切に御教示くださった。駆け出しの院生時代に、東京大学史の生き字引ともいえる先生からあれこれと手ほどきを受けることができたのは僥倖であった。中野先生は、病のため、二〇〇二年に他界された。葬儀の場で棺に花を一輪添えさせていただき、帝大初代総長の評伝執筆を心に誓った。それから十年以上が経っている。怠惰な歩みを恥じる。

中野先生亡き後、新たに室員に就任された谷本宗生先生（現、大東文化大学）からも、引き続き資料調査の便宜を図っていただいた。その後、史料室は二〇一四年に東京大学文書館に組織替えして安田講堂から移転した。本書の執筆を終え、長年にわたりあの空間で資料を閲覧できたことに、今は大きな感慨を覚えている。

（ミネルヴァ通信「究」二〇一六年十二月号）

73　ロニーになれなかったウィーンの日本学者

福沢諭吉は『時事小言』（一八八一年）を刊行した翌年、海外から一通の来簡を得た。手紙の主は、ローレンツ・フォン・シュタインといい、ウィーン大学の国家学の教授として、また伊藤博文が憲法調査で渡欧した折に多大な影響を受けたことで有名な人物である。手紙の内容は、『時事小言』の紹介記事を英字新聞で読んだシュタインが福澤の説に感銘を受けて書き送ったものである。この二人のコンタクトが含意している文明史的意義について、筆者は以前言及したことがある（拙著『明治国家をつくった人びと』講談社現代新書、二〇一三年）。

ところで、かねてより筆者はこの書簡の次の一節が気になっていた。「余は墺地利科学校の社員なれば、余輩近刻の一書を呈す。余が社員の眼を日本歴史に注ぐの深切なるは、此書を一覧ありても知らるべし」（『福澤諭吉全集』第二一巻、岩波書店、三六九頁）。

「墺地利科学校」とはオーストリア帝国の科学アカデミーを指すものと思われる。同アカデミーの同僚会員が著した日本史に関する新刊書を贈呈するとの内容だが、ウィーンにおいて、「深切」に日本のことに眼を注いでいた人物とは誰であろう。それは、ハプスブルク帝国の忘れられた東洋学者アウグスト・プフィッツマイヤー（一八〇二～八七）以外に考えられない。類い稀な語学の才に恵まれたプフィッツマイヤーは、あの時代に独学で中国語と日本語をマスターし、オーストリア・アカデミーの刊行物に日本や中国の神話・伝説・小説・語学・歴史に関する論稿を量産した。一八五一年には未完ながら初めての和独辞典を単独で著している。

開国前から日本に多大の関心を示し、その言語を独習して「日本学」の専門学者として名をなしたという点で、プフィッツマイヤーはレオン・ド・ロニー（一八三七〜一九一四）に比肩されよう。ロニーとはフランス東洋言語学校（現、フランス国立東洋言語研究所 L'Institut national des langues et civilisations orientales）の初代日本語教授に就任したフランスにおける日本研究の先駆者であるが、一八六二年（文久二）に徳川幕府の使節団が訪欧した際、一行の〝追っかけ〟となった日本マニアであった。この使節団に帯同した福沢とはとりわけ親交を結んだようで、福沢の西欧文明視察に何かと便宜を図ったことで知られる。

これに対して、中欧の都で独り日本研究に打ち込んでいたプフィッツマイヤーは、ロニーのようにはなり得なかった。それは文久使節団がウィーンの地を訪れなかったから、というばかりではない。存命中に彼が日本人と接触する機会は何度もあったはずである。一八七三年にはウィーンで万国博覧会が開かれ、それをきっかけにジャポニズムが同地で生じているし、日本公使館も開設されている。前記のシュタインはかねてより日本の外交官たちと親交し、一八八〇年代には日本の政治エリートによるウィーンのシュタインのもとへの遊学が流行して「シュタイン詣で」と称された。しかし、早くから日本研究に打ち込んでいたプフィッツマイヤーは、現実の日本には背を向け、ひたすらウィーンの図書館に伝わった日本の文献に沈潜していったのである。たとえ文久二年の使節団がウィーンを訪れていたとしても、プフィッツマイヤーが一行と接触をもつことは、まして福沢の文明論に何がしかの寄与をするなどということは、あり得なかっただろう。

ある同時代人の証言によれば、「生きているよりも死んでいるかに見えた」プフィッツマイヤーは、一八七〇年の普仏戦争の勃発を中国から届いた新聞の報道で知ったという（Otto Landstätter u. Sepp Linhart (Hrg.), *August Pfizmaier* (1808-1887) *und seine Bedeutung für die Ostasienwissenschaften*, Wien, 1990, S. 87）。僻遠のテキストの世界にのみ生きた彼は、ロニーになれなかったのではなく、ならなかった日本学者であった。

74　「（日の丸は）文明諸国の間に伍して前方に且つ上方に動かんとす」

（一八七二年一月二三日の伊藤博文のサンフランシスコでの演説、『伊藤博文伝』上）

岩倉使節団の副使としてアメリカの地に降り立った伊藤博文が、歓迎会の席上で行ったスピーチの結句である。この演説は、世に「日の丸演説」の名で知られる。ここで伊藤は、大使岩倉具視ら先輩たちを尻目に英語で長広舌をふるい、日章旗の赤い丸は、もはや日本を辺境の島国に閉じ込める封印ではなく、昇る朝日の徽章なのだと高らかに弁じて新生日本の覇気を示した。

それから一世紀半近くの歳月が流れ、文明諸国に伍して颯爽と疾駆していたかの日本は、自らの頼みとしていた文明の孕む奈落にはまり、日の丸の紋はまさに国を封印する印章となりつつあるかのようである。この新たな歴史的転換期にあって、われわれはどのような心性を育むべきなのか。青年の客気に満ちた猛々しい向上心も、万事を達観したと自称する諦念の哲学も不毛である。必要なのは、確固とした理念を失わず、時勢を見極めながらその場の難局を切り開いていくプラグマチックな漸進の精神である。そして、それこそ後年の伊藤が体現したものだった。

（「今に問う言葉」『読売新聞』二〇一一年七月四日）

75 「国家ハ実ニ一朝之構造ニ無之候」

（一八九一年八月十九日付松方正義宛伊藤博文書簡、『松方正義関係文書』第六巻）

伊藤博文は制度の哲学に生きた政治家だった。「組織なきもの安んぞ生命あらん」、とも彼は語っている。国の組織とは制度とは、人を縛るものではなく、人を動かし国家に活気をもたらすべきものであった。国家に生命を吹き込む制度、それは立憲制度であり、議会を通じての国民の政治参加の保障である。彼が明治憲法の制定に尽力したのはそれ故だった。

もっとも、憲法を発布して外見さえ繕えばそれで立憲主義が成立するわけではない。憲法の成立は、伊藤にとってあるべき「国のかたち」へ向けての出発点に過ぎなかった。立憲主義の精神を備えた完全な文明国となるには、さらに長い政治的実践が必要とされたのである。

憲法発布から二年が経った後の冒頭の述懐からは、揺るぎない国家理念を胸に真っすぐ一歩一歩進んでいこうとする哲人政治家の姿が浮かび上がる。その姿は、羅針盤を失い、日々の政局のなかで齷齟するばかりの日本政治にとって大きな導きとなり得ないだろうか。

（「今に問う言葉」『読売新聞』二〇一一年七月一八日）

76 「政党なるものはも一少し軽く見なければならぬ」

（一八九九年五月十五日の伊藤博文の大分市での演説、『伊藤博文演説集』講談社学術文庫）

一八九九年（明治三十二）、自己の政党である立憲政友会の創立を翌年に控えた伊藤博文は、日本各地を遊説して回った。伊藤による政党の創設。それは藩閥政府内での権力基盤の動揺に危機感をもったことによる政党政治家への変節と一般に目されている。しかし、この時に彼が国民を前にして盛んに説いていたのは、政党政治の矯正であった。

伊藤は、政党とは政見の違いがあれば自然と生じるものとする一方で、それが政権奪取のために自己目的化することを戒めた。現下の政党政治は源平合戦や新田足利の争いを髣髴とさせる「敵討《かたきうち》の政治」に堕している。だが、憲法によって保障された議会政治とは、熟議を通じての妥協と調和を旨とすべきものなのである。その理念の実現を期して、伊藤は自ら政党政治の渦中へと降りて行ったのだった。

それから百十年以上の月日が流れたが、わが国の政党政治はあいかわらず、政局という敵討政治を脱却できていない。

（「今に問う言葉」『読売新聞』二〇一一年七月二五日）

77 『伊藤博文』韓国語版への序文

＊以下は、拙著『伊藤博文』（中公新書、二〇一〇年）が韓国で翻訳出版されるということで、それにあわせて書き下ろしたものである。残念なことに、韓国語版の刊行は未だ実現せず、この拙文も筐底に秘されていたが、ここに掲載することにした。

拙著『伊藤博文』が韓国語に訳されると聞き、感慨ひとしおである。言うまでもなく、一九一〇年の韓国併合以来、日本は朝鮮半島を植民地化して多大の辛苦を朝鮮の民族に与えた。その元凶と目される伊藤博文（一八四一～一九〇九）の政治思想を内在的に究明した本書が韓国で出版されるというのは、両国の相互理解にとって何がしかの寄与をなすものであるかもしれない。

本書は、一次史料にもとづき、伊藤博文の虚像を打ち砕いて、彼の一貫した政治思想を明らかにしたものである。伊藤の虚像とは、ドイツ流の君主主義的憲法を日本の人民に押しつけた専制主義者、状況に応じて政治的パートナーを変えていった変節漢、権力欲の塊の哲学なき政治家、といったものである。

これに対して本書は、イギリス流議会政治に共感した民主政治の信奉者、妥協と譲歩を信条とする立憲政治家、西洋的な科学的知識にもとづいた文明国を掲げる知の政治家、という伊藤像を提示した。

従来のイメージとは真逆ともいえる説を打ち出したことで、厳しい反応を覚悟していたが、固定観念を脱却できずに論旨を曲解して細部をあげつらった若干の批判を除けば、各方面から好評をもって迎えられ、社会科学の大きな賞も受賞した。基本となる史料を熟読吟味し、新たな史料で肉づけを行うという歴史学の王道を実直に踏まえた成果と自信を深めた。

本書では、伊藤の統監政治についても同じ姿勢でアプローチし、新見解を唱えた。伊藤はなぜ韓国統監に就任し、韓国統治に手を染めたのか。筆者の考えでは、そこには三つの目的があった。

第一に、併合を阻止することである。伊藤は韓国併合は得策ではないと考えていた。独自の文化を誇っていた歴史と伝統ある一国家を日本が併呑することは物心両面にわたって大変なコストのかかることであり、避けるべきというのが伊藤の本心だった。だが、そのためには、韓国が日本と同じく西洋文明基準の独立国となって、日本と利害を一にした同盟国であってもらわなければならない。伊藤は文明の伝道師として、韓国に渡来することを自任した。

第二に、韓国に駐留する日本軍の統制である。韓国統監とは、統帥権の内閣からの独立を認めた明治憲法体制において、唯一、文官が軍の指揮命令権を行使できるポストだった。伊藤はそのようなものとして統監職を構想し、自らその座に就いたのである。これと前後して、日本国内で帝室制度調査局総裁という地位にもあった伊藤は、政軍関係の刷新に従事していた。伊藤による韓国統治も、そのような日本での制度改革の一環として捉えるべき側面がある。伊藤は、日本での改革の試みを続行し、日本軍を現地で統制してシヴィリアン・コントロールを実現するために韓国へと赴いた。

第三に、満洲への日本軍の侵出を食い止めることである。伊藤は一九〇七年八月に間島派出所を設置したが、それは満洲侵略の前線基地としてではなく、清国との国境紛争に乗じて日本軍が暴発するのを抑止するために設けられたのである。伊藤は日本の大陸進出に対して抑制的だった。前述のように、韓国併合にすら消極的だった。しかし、積極的な大陸進出を唱える政府内外の動きに対して、日本による占有をせめて韓国だけでとどめておき、満洲については断念させることが伊藤の最低限の目標だった。一九〇九年三月に清国が間島問題を国際仲裁裁判所に提訴しようとした時、日本政府は慌てて、間島における清国の領有権を認め、韓国のみの確保に止める方針を立てた。韓国併合は、満洲への勢力扶植の一時的断念とセットであった。伊藤は、日本政府が満洲侵出を放棄したことで、韓国併合については妥協したのである。

以上のような伊藤の韓国統治の施政方針は、言葉の通常の意味における帝国主義者や植民地主義者とは異なるものである。伊藤は大陸へむやみに勢力を拡大していくことには常に反対だったし、朝鮮半島への日本人の入植にも抑制的だった。「自分の統治の妨げとなっているのは、韓国人よりも韓国にいる日本人だ」と伊藤は日本政府に向けて発している。韓国に渡ってくる日本人はならず者が多いので、せめて日本人官吏だけは、韓国人に仕えることができる謙虚な人物を派遣してほしいとも述べている。伊藤は韓国との間に、対等で友好的な関係を樹立することを念願していた。しかし、既述のように、そのためには韓国に〝文明国〟となってもらわなければならない。そこに伊藤の躓きの石があった。伊藤はどうしても、外からやってきて文明を押しつける抑圧的帝国主義者、というイメージを当時から人々の脳裏に植えつけ、韓国ナショナリズムの怨望を一身に受けざるを得なかったのである。
それが故に、伊藤は韓国統治の一線から退いた後にもかかわらず、安重根（一八七九〜一九一〇）によって殺害されなければならなかった。安は取り調べや公判のなかで、伊藤の罪状を十五項目にわたって詳細に論弁しているが、誤伝によるものや荒唐無稽なものが多い。しかし、その誤解が判明したとしても、安は伊藤を葬ることに躊躇しなかったであろう。安はあくまで、日本による韓国侵略の最大のシンボルとして伊藤を射殺したのである。

そのような安重根の思想と行動は、伊藤の師だった吉田松陰（一八三〇〜五九）のそれを想起させる。明治維新前夜、熱烈な愛国心をもとに幾多の志士を教育し、精神的に導いた吉田は、晩年に幕府の要人を暗殺することを計画し、それを自ら進んで告白したため、処刑された。吉田は、その要人に対する私怨ではなく、江戸幕府に対する公憤からテロを正当化し、自分の死をもって憂国の士が各地で決起することを期待した。その心性は、まさに安のそれと共通するものがある。

これに対して、伊藤は吉田の影響を克服していくことで、政治家としての自己成長を遂げた。彼は若き日に吉田の塾に学んだ。刑死した吉田の遺骸を引き取った一人でもある。変わり果てた師の姿に接して、血気盛んな青年の心が煮えたぎったことは想像に難くない。この後、伊藤は若きテロリストとして、幕府の学者の暗殺やイギリス公使館の焼き打ちに参画する。だが、国家の経営に携わるようになってから、彼は吉田に対する違和感を口にするようになる。吉田は過激で、情熱ばかりが先走り、政略もなく、ただただ精神主義的に行動しただけだったとして師を批判する。後述のように、政治的リアリズムに立脚した漸進的理想主義者となった伊藤は、吉田とは異なる思想家へと自立したのである。

吉田は、日本ではその高潔で純粋な精神性で今なお多くの人々を魅了してやまない。しかし、彼は生前にいち早く朝鮮半島への侵出を唱え、日本帝国主義の先例という一面を有している。他方で、安もまた韓国では国民的な英雄であるが、日本では元首相の伊藤を暗殺したテロリストと見なされている。二人のナショナリスティックな英雄の狭間で、伊藤は埋没してきたのだといえる。

伊藤が埋没してきたのは、彼自身の思想の分かりにくさにも起因している。彼の思想とは、一言にまとめれば、先に述べたような政治的リアリズムに立脚した漸進的理想主義というものである。伊藤は理想主義者だった。その理想とは、デモクラシーと言ってもよい国民政治の実現である。憲法発布時に彼は、皇族や華族という国家エリートの前で、これからの政治は国民の民度を高める政治、国民の政治参加を進めるものでなければならないと力説した。自身が貧しい農家の生まれである伊藤は、人間が身分に関係なく、能力に応じて平等に立身出世できる民主的社会を理想とした。その理想は、彼のなかで揺らぐことなく終生堅持された。

だがその一方で、伊藤はリアリストだった。そのような理想が、一朝一夕に実現されるものとは考えていなかった。民主政治の実現のためには、それを担えるほどに国民が政治的に成熟していなければならない。憲法発布の当初、国民に対しては、藩閥政府が議会から超然として政治を行うことを正当化した彼だったが、その説くところを仔細に読めば、いきなり政党政治を実施するのは時期尚早というのが、彼の真意だったことが分かる。政党政治への移行を拒絶しているわけではないのである。ただ、そのためには、漸進主義を旨として臨まなければならない。そして実際に、十年という時が流れた後、伊藤は政党政治家へと転身し、国民の政治的覚醒を促すために日本各地を遊説して回る。当時から軽佻浮薄な伊藤のスタンドプレーと目されていたものだが、伊藤にとっては、民主政治という蕾が開花するのを待っていたうえでの行動だったのである。

そのような漸進主義は、伊藤の東洋平和論にも見て取れる。伊藤は死出の旅となったハルビンへの途上、各地でスピーチし、極東の平和を唱えている。平和のもとで各国が繁栄することが理想である。しかし、現実はそうなっていない。今の平和はまだ「武装の平和」を免れていないという。各国が軍備を増強し、にらみ合うなかで保たれている平和に過ぎない。そのような状況のなかにあるので、国民が軍事費を負担せざるを得ないのは致し方ない、と語っている。ここにもまたリアリスト伊藤の姿がある。東洋平和という理想を胸に抱きながら、彼は「武装の平和」という現実を直視し、その受容を説いた。だが、その一方で、彼がわざわざ面会を求めたロシアの蔵相ココフツォフとは何を話し合おうとしたのだろうか。東洋平和を真の平和に変えていくためのより積極的な働きかけだったのではなかっただろうか。漸進的理想主義者伊藤は、自分の政治人生の最後の課題を、東洋平和の実現に向けて布石を打つことに置いていたのではないかと考えられる。

東洋平和を掲げて満州に渡った伊藤が、東洋平和を理由に殺されるとは、歴史の皮肉である。伊藤と、そして安重根の死は、今日にまで日本と韓国に大きな影を落としている。平和を唱えた両者が、相互不信という禍根しか未来に残せなかったというのは、あまりに不幸なことである。二人の死をきっかけとした相互対話が進むことが、伊藤にとっても、安にとっても最大の供養となろう。そのためには、あらゆる先入観を排し、彼らの生の声を掘り起して、それに耳傾けることから始めなければならない。本書が、そのような伊藤の生の声を届ける一助となることができれば、これに優る喜びはない。

78　シーボルト賞授賞式に参列して

二〇一五年度のフィリップ・フランツ・フォン・シーボルト賞を授与され、そのセレモニーに出席するために去年の六月、ドイツに渡った。疑いなくドイツで最も美しいこの時季、人々が〝Humboldt-Wetter（フンボルト日和）〟としきりに口にするなか、同賞を管掌するフンボルト財団（日本でいえば日本学術振興会にあたる）の年次総会に参加した。授賞式は毎年、総会に付随して開かれるドイツ連邦大統領主催の大統領府での園遊会に先立ち、官邸内でいわば〝裏プログラム〟として開催される。前日に祝賀会を開いてくださった中根猛駐独大使（当時）からは、授賞式の後、大統領と連れ立って園遊会に出るのだと教えられ、「あんな晴れがましい瞬間はありませんよ」と言われた。確かにその通りで、日本人だけを対象にした賞を直前に執り行い、世界各国から集まった奨学生を前にお披露目をするのだ。晴れがましいというより、場違いな気がしてただただ恐縮した。

この賞は、一九七八年に当時のドイツ大統領ヴァルター・シェール（一九一九〜二〇一六）が訪日したのを機に設けられた。当時日本ではまだ学問の国ドイツへの憧憬の念が強かった。今から三十年近く前に私が大学に入学した時も、第二外国語といえば専らドイツ語だった。しかし、その後アカデミズムにおける日独関係も様変わりした。フンボルト財団の関係者から、日本人の奨学金申請者が少ないとの慨嘆を一再ならず聞かされた。その理由は様々であろうが、今回フンボルト財団の行事に参加してみて、そのひとつとしてドイツの学術シーンの転換に日本が追いついていけていないということがあるように思われた。

総会の公用語は英語だった。それを反映して、自然科学の研究者、それもいわゆる第三世界からの若い研究者が目立った。日本からの奨学生も一人を除いてみな理系だった。日本では（筆者も含めて）、まさにフンボルトの名を冠して称される伝統的なドイツの教養主義的学問理念（フンボルト理念）に郷愁を抱く文系学者はまだ多いのではないか。しかし、当のドイツではそのような過去は脇において、科学のグローバル化を見据えた新たな学術体制への転換が着々と進んでいるように見受けられた。過去の教養主義の片鱗がひとつあったとすれば、それがシーボルト賞の授賞式だったかもしれない。大統領の後塵を拝して出てくる日本人をいぶかしく思うであろう他のアジア諸国をはじめ、世界中からの若き研究者の視線を意識しつつ、いつまでもこのようなセレモニーが続くために、日本は変わるべきなのか、それとも変わらないべきなのかと考えさせられた。

（『NICHIBUNKEN NEWSLETTER』第九三号、国際日本文化研究センター、二〇一六年六月）

79　元号法再読

昨年（二〇一六年〈平成二八年〉）八月八日の今上天皇のおことばを受けて（と書くと、日本国憲法の手前問題があるが）、天皇退位の公認とそのための措置が施され、二〇一九年四月三十日に天皇は退位され、翌日五月一日に皇太子が即位されることとなった。これに伴って、現在の元号である平成も改元されることとなる。これは、現行の元号法に基づいている。それは極めて短い法律であり、次の二項から成っている。

一　元号は、政令で定める。
二　元号は、皇位の継承があつた場合に限り改める。

この第二項に規定されているように、改元は皇位の継承があった場合にのみ認められることになっている。いわゆる一世一元の制である。周知のように、明治になるまでは、天皇の在位中に改元が繰り返されることも珍しくはなかった。これは元号を建てるということが、天皇の専権と見なされてきたからである。江戸時代のように天皇の権威が形骸化していた時期においても、「我が朝の今に至りて、天子の号令、四海の内に行はる丶所は、独年号の一事のみにこそおはしますなれ」と新井白石（一六五七～一七二五）が『折たく柴の記』で述べているように、年号の改定は天子たる天皇に残された唯一の権限と見なされていた。このことに照らしてみれば、一八六八年の明治改元は画期的な出来事であった。これまでの伝統が切断され、既述の一世一元の制が新たに樹立されたからである。改元の際、「今より以後、旧制を革易し、一世一元、以て永式と為す」との詔が出され、天皇の在位中に改元はなされないこととされた。このことはその後、一八八九年（明治二十二年）の皇室典範でも規定され、法制化された（旧皇室典範第十二条「踐祚ノ後元號ヲ建テ一世ノ間ニ再ヒ改メサルコト明治元年ノ定制ニ從フ」）。

このように、一世一元の制の確立は、伝統の継承ではなく、新たな伝統の創出であった。その意味するところは、江戸時代に天皇の唯一の権限と認められてきた元号制定権の剝奪である。もはや元号を建てることは、天皇が自由に行使できることではなくなった。これまで引いてきた法令の文言をたどってみれば、この点が示唆深く見て取れる。明治元年の改元の詔では、一世一元を今より以後「永式と為す」とあり、天皇の命令の形式をとっている。明治二十二年の旧皇室典範では、「一世ノ間ニ再ヒ改メサルコト」とされた。旧皇室典範は国民に対しての法令ではなく、あくまで帝室家憲の位置づけだった（したがって、当初は公布されなかった）。つまり、明治天皇が他の皇族や子々孫々に向けて下した命令の性格を帯びている。そのようななか、「天皇の在位中は元号を改めてはならない」とされたのであるが、それは将来の天皇への在位中の改元の禁止のみならず、自らにもそれを課しているわけで、自らで自らを縛ったことになる。改元が天皇の手の届かない営為となったことを端的に表している。

では、誰が改元するのか。そう考えて元号法の第一項を見てみると、その文言はいささかショッキングである。「元号は、政令で定める」。すなわち改元するのは、政府ないし内閣だとされているのである。かつて神聖なる天子の専権であった改元の権利は、いまやその手から奪われてしまったといえる。

というようにことさら書き立てても、「それがどうした」と言われそうである。元号を続けるという前提に立てば、それ以外にどのような方途があるのか。後に首相となる当時の小渕恵三内閣官房長官が、「次の元号は、『平成』であります」と記者会見で公表した映像は年配の人々の脳裏に刻まれているだろう。内閣が元号を定めることが、つつましやかではあるが、厳然たる事実として表れていた。そしてそれは自明のこととして受けとめられたのではないか。実際、江戸時代に戻って、元号の制定を皇室の唯一の権限とすべきとの声は寡聞にして聞こえてこない。元号を廃止せよとの意見を別にすれば、耳にするのはむしろ、内閣は新元号の制定を早急に進めて、できるだけ早く国民に公表してほしいとの経済生活上の要請である。

元号制度の本家である中国がそれを廃した今日、単なる紀年法とは異なる元号という制度を有しているのは、日本のみだと言われる（台湾では、「民国何年」というが、これはあくまで紀年の一種である）。しかし、日本でもそれは形骸化しているのは否めない。もともと元号とは、時の始まりを定め命名するという皇帝の特権なのであったが、そのようなおごそかな神聖性を現在の日本人が元号に仮託しているとは到底考えられない。元号は単に年号として、紀年の一種でしかなくなった。その制定者も名実ともに天皇ではなく、いまや内閣が政令によって定めるという便宜的なものとなった。

思えば、明治国家は天皇制と呼ばれる君主主権の国家体制を築いたのだが、その実態は天皇がその絶大な大権を自ら行使して親政を行うというものではなく、天皇を輔弼する様々な機関が実際の統治を委ねられていた。天皇機関説という憲法学上の学説がながらく通説であったように、天皇は国家の統治過程のなかで、ひとつの機関、それもごく消極的な役割を期待された機関に過ぎなかった。戦後の憲法で天皇は象徴となったとされるが、自ら統治を行うのではなく、国民統合の象徴として奥に控えるとの役割は、明治憲法の時代から事実上天皇に付与されていたのである。天皇を伝統から切り離し、新たな伝統のうえに据えるという営みは、明治維新から今日まで連綿と続いてきていることである。繰り返しになるが、元号ももはや天皇の特権ではなくなった。

だが、天皇が自らの意思で元号を変える道がひとつ残っていた。それが、自ら退位することである。これとて、生前譲位は政府のみならず国民一般の想定していなかった事態だったのであるから、いわば禁じ手である。だが、今上天皇は、本来極めて消極的なものでしかない日本国憲法下での象徴の役割を積極的に解釈替えすることによって、退位を認めさせ、そして元号を変えるに至った。

何のためにあるのか分からずに使用している元号だが、明治以来、国家のなかにとらわれ続けてきた日本最古の家柄の行く末に国民が思いを寄せるよすがではあろう。


（『日本研＝Nichibunken』第六十号、国際日本文化研究センター、二〇一八年三月）

80　チーム一丸

サッカー・ワールドカップも終わった。普段サッカーを見ない人間だが、日本が敗退した対ベルギー戦は、ちょうど起きてテレビをつけたらまさにアディショナル・タイムの最中で、ベルギーの決勝ゴールを目の当たりにした。残念だったが、大会直前のごたごたを見事に克服した日本チームの姿は、多くの国民に清々しさを与えたことだろう。健闘を称えたい。

ワールドカップ中、日本選手たちはインタビューで口々に「チーム一丸となって」と言っていた。国際競技の場で日本人がよく口にする常套句であるが、日本を撃沈したベルギー・チームを見ていて、ふとベルギーの選手たちも同じように言うのかなと思った。

よく言われるように、ヨーロッパのチームの多くは、もはや「自民族」ばかりから成っているのではない。アフリカ系やアラブ系の移民を出自とする選手が目につく。ベルギーも例外ではないが、それだけではない。そもそもその成り立ちから言って、ベルギーはフランス語系の地域とオランダ語系の地域によって構成されている。この両者の疎隔はけっこう深刻で、二〇一〇年に行われた総選挙の後、政党間の連立協議が難航し、一年半も政権が成立しないという椿事が起こった。私の知り合いのベルギー人で、「ベルギー国民なんていうのは、ワールドカップの時だけ存在する」と語っていた人がいる。「国民とは日々の国民投票において存在する」と言ったのは十九世紀フランスの思想家エルネスト・ルナン（一八二三〜九二）だが、今や国民投票は国民を作り出すより分断するものであり、国民が現れるにはワールドカップのような別のイベントが必要ということかもしれない。

多くのベルギー人にとって、アイデンティティの所在は、ベルギーよりもまずは言語であり、生まれ育った地域なのだろう。だが、これはベルギーに限った話ではない。以前、ヨーロッパに住んでいたことがあるが、そこで印象に残っているのは、まあ何とお互い仲が悪いことかというものである。私のいたのはオーストリアのウィーンだが、ウィーンの外のオーストリア人はたいていウィーンが嫌いである。オーストリアのほかの土地に旅行して、ウィーンから来たと告げると、ひとしきりウィーンの悪口を聞かされたことが一再ならずあった。ことはお隣のドイツでも同様で、ドイツには国内旅行という考え方がないという話を聞いたことがある。何を好きこのんで、せっかくの休暇を使ってドイツの他の場所に行かなければならないのかというわけだ。自国ファーストより郷土ファーストと言うところか。そういえば、バイエルン・ミュンヘンを抱えるバイエルン州では、よく「フライシュタート・バイエルン（自由国家＝共和国バイエルン）」との呼称が聞かれる。ドイツという以前に、バイエルン国の人間だということか。

そういった普段バラバラな彼らが、便宜的にナショナル・チームとなった場合、思わぬ力を発揮する。一丸となることよりも、バラバラとなることによって生み出されるパワーもあるのではないか。

（「現代のことば」『京都新聞』二〇一八年七月二十六日夕刊）

81　明治百五十年

今年は明治維新から百五十周年にあたる。先ごろ、明治に改元された十月二十三日に政府主催で記念の式典が挙行されることが発表された。かねて、山口県を地元とする安倍晋三首相は明治百五十年の祝典にことのほか熱心であり、内閣官房にそのための施策推進室を開設して着々と準備を進めてきたとの報道が見られた。

ところが、明治百五十年を祝おうとの機運は、思いのほか盛り上がっていない。五十年前の明治百年の時と比較すれば、その差は歴然である。一九六八年には時の佐藤栄作首相（一九〇一～七五）の主導により、大がかりな記念事業が次々と立ち上がり、やはり十月二十三日の日本武道館での大々的な「明治百年記念式典」でハイライトを迎えた。式典には天皇皇后両陛下を筆頭に、一万人もの人が参加した。それと比べれば、明治百五十年は明らかに見劣りする。

多くの日本人は、明治という時代を若々しい覇気に満ちた時代としてイメージするだろう。世界の動きから取り残されていた僻遠の島国が、国を開き、またたく間のうちに列強諸国と肩を並べる一等国へと発展を遂げた。その成功譚は、国民を発奮させる。明治百年の際の熱気とは、まさにそのようなものだったのだろう。戦後の復興を遂げて、空前の高度経済成長を邁進していた当時の日本人は、まさに明治人と自分たちを重ねていたことと推察できる。

だが、戦後七十年を経た今は違う。今日の日本人に、成長に向けてもう一度疾駆しようという明治以来のガンバリズムを唱えても、うんざりするだけではないか。われわれは、成長していく青春期はとうに過ぎ、立ち止まって今までの来し方とこれからの行く末を省察する熟年期に入っているのだ。

明治一五十年を迎えて日本人にできることとは、明治の再現を期して顕彰するのではなく、それを終わった歴史として客観化すると同時に、そこから世界の他の地域や人々のために寄与できる知的資源を汲み取ることではないか。明治以降の日本は確かに、異例のスピードで近代化に成功した。そのことはいまだに多くの国々から羨望を集める。他方で、そのような急ピッチの近代化は諸々の社会問題や他国とのひずみをもたらしもした。そのような正負の歴史を世界史的な遺産とすることこそ明治百五十年の課題ではなかろうか。

日本で明治百五十年は盛り上がっていないが、アメリカ、中国、トルコ、シンガポールなど世界各国で明治の日本を考える学術会議が相次いで開かれている。そのような明治への国際的関心に呼応すべく、来る十二月に私の勤務する国際日本文化研究センターにおいて、「世界史のなかの明治／世界史にとっての明治」と題する国際シンポジウムを開催する準備を目下進めている。およそ一五カ国からそれぞれの国々で明治史研究を担っている研究者が一堂に会する。日本国民だけに向けられた内向きの語りではなく、世界に向けて発信できる明治の遺産を考える場としたい。

（「現代のことば」『京都新聞』二〇一八年十月五日夕刊）

82　歴史総合

二〇二二年度より、高校の歴史教育では、これまでの「日本史」「世界史」という区分を改め、新たに「歴史総合」という科目が導入される。これは、同時に設けられる「地理総合」とともに必修科目として扱われ、これを履修したうえで生徒は選択科目として「日本史探究」「世界史探究」を学習することになる。

この七月に文部科学省は「高等学校学習指導要領解説」を公表し、新設科目の目的やアウトラインが明らかとなった。それによると、「歴史総合」は「近現代の歴史の変化に関わる諸事象について、世界とそのなかにおける日本を広く相互的な視野から捉え、資料を活用しながら歴史の学び方を習得し、現代的な諸課題の形成に関わる近現代の歴史を考察、構想する科目」と性格づけられている。

ここからうかがえるように、「歴史総合」の眼目は⑴近現代史のしっかりとした学習⑵世界のなかでの日本という視野の開拓⑶資料を通じた歴史学的思考の習得＝アクティブラーニングの手法を通じた暗記物としての歴史教育の克服⑷歴史を通じて現代的課題への認識を深めること（主権者教育との連動）にあるものと考えられる。

これらのねらいは、それ自体としてはいずれも真っ当なものと言えよう。しかし、より積極的に言って、「歴史総合」を導入することの意義は、従来の「日本史」・「世界史」という二項区分の克服に求められるべきと私などは考えている。

「日本史」・「世界史」という分類はナンセンスなものとかねてから思っていた。このような分け方だと、自分たちの歴史とは無縁なところに世界の歴史があり、その両者は没交渉なものとの意識を暗黙のうちに育んでしまう結果にならないか。だが実際には、日本史とは決して日本の外の世界と何のつながりもなく、それ自体で進行してきたものではない。古代の日本は海を隔てた大陸や半島の影響下にあったのだし、鎖国といわれる江戸時代でも海外からの情報や知識は系統的に入ってきていた。近代の以前から日本では他の諸地域との交渉と影響のなかで、自らの文明のかたちが築かれ、明治維新以降、西洋中心の国際社会に参入していくのである。今日の歴史学は、そのような周辺世界と連動した日本史像を構築してきた。

「日本史」・「世界史」という枠組みは、歴史は二つしかないとのミスリーディングを招きかねない。この世界には様々な歴史がある。単に二つしかないわけではない。そして、それら複数の歴史はつながり合い、ぶつかり合っている。われわれの内と外には多様な歴史の流れがあり、それらとの交わりのなかで日本の歴史が形作られているということ。「歴史総合」なる科目を設ける目的は、そのような歴史観を育むことにこそ置かれるべきであろう。そのためにも、近現代の日本史と世界史の個別的知識を羅列したり、両者の単元を安易に折衷しただけの「歴史〝総花〟」とならない創意工夫が不可欠である。

（「現代のことば」『京都新聞』二〇一八年十一月三十日夕刊）

83 退位

新しい年を迎えた。今年は大きな国家的イベントが控えている。言うまでもなく、天皇の退位である。去年は明治百五十年だったが、明治以降の日本の歴史の上で、本当の画期は本年となろう。

天皇の退位によって、明治以来築かれてきた日本という国のあり方は大きく変わらざるを得なくなる。明治憲法とともに定められた旧皇室典範は、天皇の即位を先帝崩御の後に限定し、譲位の制を否定した。戦後の新皇室典範もこれを継承していると目されてきた。それを覆したのが、二〇一六年八月に天皇が国民に向けて発せられたおことばである。このなかで天皇は、国民統合の象徴としてのあるべき姿を自ら論じられ、高齢による体力の衰えのためその務めを満足いくかたちでこなすことができず、退位の意向を示して国民の理解を求められた。

言うまでもなく、日本国憲法は天皇に国政上の権能を認めていない。そのことは「おことば」のなかでも触れられ、そのうえで天皇は、「長い天皇の歴史」を踏まえ、皇室と国民が相携えて日本の未来を築いていけるよう国民に訴えられた。このおことばが、憲法上許されるものだったのかとの疑義は当然あり得たと思われるが、それを取り沙汰する声は決して大きくはならなかった。それはやはり、これまで天皇が全身全霊を込めて積み重ねてこられた戦地への慰霊や被災地への慰問を中心とする象徴としての活動に国民が共鳴し、感謝する思いが支配的だったからだろう。今上天皇は、憲法の規定上は決して自明でない象徴としての役割に道徳性と行動力（パフォーマンス）という両面から重要な肉づけを行い、身をもって示されたのである。

その結果として、日本国憲法の象徴天皇制は、これから明らかに新しい意義をもった制度へと移ることになろう。その内実を考える場合に、明治以来の皇室制度からの制度的流れという観点をもっておくことも有効だと思われる。

明治の国家体制が整っていくなかで、天皇は徹底して公的な存在として制度化されていった。近代日本の憲法秩序とは、天皇の生活と身体を厳格に束縛してきた。「統治権の総攬者」との明治憲法の文言とは裏腹に、現実の天皇は政治的な発言を抑制され、無色中立であることを求められた。そうであるがゆえに、歴代の天皇は、政府と議会が対立した際の調停や終戦の決断といった非常時での君主としての言動に重みを持たせることができた。それは、私人としての側面を犠牲に供し、公的奉仕にささげられた存在だったからこそ可能だったのである。

退位後、天皇はどのように生活されるのか。インタビューを受けた人の多くが、「これからはプライベートの生活を楽しんで」との感想を述べていた。明治からの天皇制の歴史のなかでは、今回の退位によって、天皇は天皇である以前にまたひとりの個人なのだとの意識を国民の多くが抱いたことこそ画期的といえるのではないか。制度に抗おうとする天皇や皇族の姿は、滅私奉公でがむしゃらに近代化に努めてきた日本のリセットを迫る起爆力を秘めているかもしれない。

（「現代のことば」『京都新聞』二〇一九年一月二十九日夕刊）

84　元号考

元号制度の本家は中国であるが、いまや当地でもそれは廃され、時の始まりとしての元号を建てるという制度を有しているのは、日本のみだとすら言われている（台湾では、「民国何年」というが、これはあくまで紀年の一種）。

しかし、日本でもそれが形骸化しているのは否めない。既述のように元号には、時の始まりを定め命名するというおごそかな神聖性が含意されていた。果たしてどの程度の日本人が、いま元号にそのような思いを込めているであろうか。元号は単に年号としてしか意識されなくなっているといって過言でなかろう。そもそも本来その制定者は天皇であったが、いまやそうとはいえない。

周知のように、明治になるまでは、改元はひんぱんに繰り返されてきた。これは元号を建てるということが、天皇の専権と見なされてきたからである。新井白石は、『折たく柴の記』のなかで、「我が朝の今に至りて、天子の号令、四海の内に行はるゝ所は、独年号の一事のみ」と述べている。江戸時代のように幕府によって朝廷が軽んじられていたなかでも、年号の改定は天子たる天皇に残された唯一の権限と見なされていたのである。

それを覆し、天皇を再び日本国家の元首としたのが明治維新である、とわれわれは考えがちである。しかし実際には、明治国家は、江戸幕府が天皇に唯一認めてきた建元の権利をすら剥奪するものだった。明治改元の際に発せられた改元の詔では、一世一元を今後「永式と為す」とされた。いまに続く一世一元の制の成立である。これはある意味、「天皇は在位中に元号を改めてはならない」ということを定めた制度ともいえる。天皇は随意に改元することを禁止されたのである。

それだけではない。いまや建元すら天皇の関与できないものとなっている。元号法はその第一項で、「元号は、政令で定める」と規定しており、発令主体は内閣である。そして実態としても、政府主導でこのかんの元号制定手続きが進められてきたことは衆目の一致するところだろう。有識者や衆参両院の正副議長などには意見の聴取がなされる。天皇にもあらかじめ新元号が示されるであろうが、それに対して天皇が何か実質的な意見を述べるとは考えにくい。それは、日本国憲法の象徴としての分を越えた行いと考えられるからだ。

このような表面的な動きを目にしていると、元号はもはや時の始まりを建てるものではなく、単なる時代の区切りを示すものでしかないとの思いを強くする。だが興味深いのは、経済生活への影響などを云々して新元号の早期公表を求める声はあっても、その廃止を唱える声は決して大きくなかったことである。国民は、過ぎ去る一つの時代を惜しみつつ、新たな時代を期待とともに迎える。元号は権力者の意思によってなされるものではなくなり、国民が一つの時代を共有していることを現す象徴となったということではないか。元号が単なる紀年と異なるこの最後の一線は、意外と強靱な慣性を有しているように見える。

（「現代のことば」『京都新聞』二〇一九年三月二十八日夕刊）

85 サイパンの今

ゴールデンウイークはサイパンに行った。戦前は日本の委任統治領であり、戦後も身近なリゾート地として日本人になじみの海外旅行先であったが、今はさま変わりしている。何よりも直行便が無い。今回の連休前半にはスカイマークが特別に直行便を出していたが、それ以外では韓国やグアムでトランジットしなくてはならない。私も仁川経由で飛んだが、午前二時に現地に着くという便で、子連れには厳しい。

かくして日本人の姿は激減したが、代わりに韓国や中国からの観光客が大挙して押し寄せている。サイパンはアメリカ自治領にもかかわらず、中国人観光客に対してビザ無し渡航を認めており、それが中国からのツーリズムに拍車をかけている。世界を席巻している中国マネーはここでも健在で、現地の経済は中国頼みらしい。実際、街を歩いていると、閉店となった日本料理店跡とは裏腹に、中華料理や韓国料理のお店が目立つ。街の真ん中には中国資本による巨大かつ壮麗なカジノ兼ホテルが建設中であり、中国人をターゲットにしたレンタカー・ショップが目につく。サイパン島内を回っている最中にあちこちで、カラフルなスポーツカーに乗りながらドレスを着てポーズをとっている中国人カップルを目にした。トランプ政権下でビザ無し渡航の撤回が取り沙汰されたが、どうか思い直してくれと現地で陳情団が組織されてホワイトハウスに派遣されたと日本人ガイドの方からうかがった。

本来、日本とサイパンとの間には前述のような浅からぬ、というよりも深刻な因縁がある。戦時中、サイパンに上陸したアメリカ軍との間に凄惨な戦闘が繰り広げられ、日本軍は玉砕し、女性や子供を含む多くの民間人も投降せずに洞穴の中で自決したり、崖から身を投げたりした。そのような悲劇の現場は、バンザイ・クリフやスーサイド・クリフの名で慰霊の場所となっており、日本の様々な関係者によって建立された鎮魂の碑が建っている。上皇ご夫妻が天皇在位中の二〇〇五年に訪れ、海に向かって深々と頭《こうべ》を垂れていた後ろ姿を鮮明に覚えている人は多いだろう。

だが、そのような日本人にとっての特別な地にも、時世の変化が如実に見て取れた。やはり日本人の姿は見当たらず、中国や韓国の旅行者が美しい海をバックに写真を撮りあったり自撮りをしたりという華やいだ雰囲気である。これがサイパンの今なのだ。だが、六月には大戦中の一九四四年に連合軍が上陸してサイパン戦が始まった記念の日を迎える。この時は日本から多くの人々が訪れて追悼の催しを行う。それを中国や韓国から観光に訪れた人たちはどのように眺めるであろうか。

過去の記憶と弔いに生きるわれわれと現在を楽しむ彼ら。この両者がどのようなかたちで共存できるのか。サイパンには東アジアの複雑な今が目に見えるかたちで現れていると感じた旅だった。もっとも、この島の未来はあくまでそこで前々から暮らしていた島民のものであるはずだ。次にサイパンを訪れる機会があれば、今度はその人たちの声を聞いてみたいと思った。

（「現代のことば」『京都新聞』二〇一九年五月二十八日夕刊）

86 アンドラのなかの日本

学会で、アンドラ公国へ行った。スペインとフランスの国境に位置するピレネー山脈の山間《やまあい》の小国家である。金沢市ほどの大きさながら、れっきとした独立国家で、国連にも加盟している（他方で、欧州連合＝ＥＵには加盟していない。にもかかわらず、アンドラの通貨はユーロである）。言語は、隣国のスペイン、というかカタロニア州のカタロニア語である。そのため、ＥＵとは異なり、国連ではカタロニア語はひとつの公用言語として認められているという。

議会史の国際学会だったので、アンドラ議会の議長はじめ何人かの国会議員も出席してレセプションが開かれた。アンドラも議会制民主主義の国であり、議会がある。議席は二八で、世界最小の国会との呼び声もあるらしい。かねて使われていた国のシンボルのような旧議事堂（兼旧最高裁判所）は、古色蒼然とした石造りで、中世の農家といっても疑われないような慎ましい建物である。近年、モダンな議事堂が同じ広場の一角にできた。

議長とも話をする機会があり、アンドラの憲法の話になった。アンドラには国家元首が二人いる。フランスの大統領とカタロニアのウルヘル司教区の司教を共同元首としていただいている。日本人として興味深いのは、一九九三年に制定された憲法で、この共同元首の地位が「シンボル＝象徴」と規定されていることだ。これは何も、アンドラが日本国憲法の天皇の象徴規定に影響を受けたからというわけではない。欧州では君主制をとっている国のいくつかの憲法が、国王をシンボルと定めている。アンドラの隣国のスペインなどそうである。かつて日本国憲法の原案のなかで天皇の象徴条項が連合国軍総司令部（ＧＨＱ）によって示された時、法律用語ではないと日本政府からクレームがついたが、いまや君主（天皇が君主かとの議論はさておき）を憲法上「象徴」とすることは決して奇異なことではなくなった。日本では先の譲位以来、象徴としての実質的な活動に関心が寄せられている。アンドラ憲法で元首の象徴性に何か実質的な意味があるのかと議長に聞いたところ、「何もない。単なる名目的なものだ」とのことであった。

憲法上の象徴概念が果たして天皇制の国際的先駆性を示すものなのか、それとも言葉のあやにすぎないのか――そんなことを考えながらアンドラの町中に出ると、あやしい漢字やアニメのキャラを掲げた日本食レストランがこのピレネーの山間の小国にも何軒かあった。スーパーマーケットに入ると、魚売り場では現地の人がお寿司を片手でぎゅっぎゅっと握っており、醬油、味噌、わさびなどの日本の調味料、ラーメンのみならず「ＹＡＫＩＳＯＢＡ」「ＵＤＯＮ」のカップ麵、日本酒や日本のビール、お肉売り場には「ＷＡＧＹＵ」の表示の牛肉が売られていた。テレビをつけると「妖怪ウォッチ」をやっている。あなたたちの憲法のひとつのルーツは日本にあるかもしれませんよ、などと言って日本をアピールする必要はなさそうだった。

（「現代のことば」『京都新聞』二〇一九年八月二十日）

87　憲法百三十年

去年は一八六八年の明治改元から百五十周年だった。そして、今年は一八八九年に大日本帝国憲法、いわゆる明治憲法が発布されて百三十周年にあたる。昨年の明治維新百五十年は、以前この欄でも書いたが、いまひとつ盛り上がりに欠けた。だが、明治憲法百三十年は管見の限り、どこでも全く言及されていないようだ。

その理由は何となく察することができる。明治憲法といえば、強大な天皇大権を定め、国民の権利を法律の範囲内でしか保障せず、戦前の日本を軍国主義に導いた悪しき憲法という評価が戦後根強い。われわれは非民主的な明治憲法と決別し、民主的な日本国憲法を有している――それが、多くの人が持っている感覚なのではないか。

だが、そのようにして明治憲法を見下すことは、生産的な議論につながるだろうか。かつて、ある高名な経済史家が、ロシア革命によってソビエト政権が誕生した後、「共産主義は資本主義の弊害という事実を受けて唱えられたが、共産体制の下でどのような事実が展開されるかまだ私たちは知らない。比較は事実と事実を照らして行わなければならない」と言ったそうだ。明治憲法と現行憲法の比較も、両者のもとでどのような政治の慣行や権利の進展が見られたかという事実に即してなされなくてはなるまい。

そもそも憲法は、打ち出の小槌ではない。憲法が変わったからといって、日本国民がとたんに民主的になったのだろうか。個人の尊厳を大切にする社会にいきなり転じたのだろうか。逆に、明治憲法のもとでは、立憲主義は全く未発達だったのだろうか。むしろ考えなければならないのは、憲法が変わっても変わらず続いているわれわれの憲法に対する考え方や政治の慣わしであり、また、憲法が変わらなくても変容していく統治の仕組みなのではないか。明治憲法以来、われわれは憲法を神聖化して万能視し、その結果、現実政治のうえでのその役割を空洞化する逆説に陥っていないか気になるところである。

憲法百三十年を問うことは、単なる国内的な記念と回顧だけではない国際的な意義ももち得る。百三十年前に憲法を発布し、翌年に議会を開設して以来、日本は今日まで一貫して議会政治を営んできた。その歩みが平坦なものであったわけではない。初期には憲法停止の危機もあったし、昭和前期には政党政治の腐敗から軍国主義に足を掬われる負の歴史も有している。そういった影の部分も含めて、日本は、これから憲法を持とうとしている国、議会を開こうとしている国、憲法や議会を持っているもののそれがきちんと機能していない国に対して、自らの経験を踏まえた助言や支援ができるはずだ。

憲法改正の議論がまた再燃しつつある。憲法が改正されても、それが新たな「押しつけ憲法」を生むようでは意味がない。新旧憲法をめぐるイデオロギー的水掛け論を克服するためにも、われわれが憲法のもとで築き上げたものと積み残しているものを腑分けし、国際的な立憲支援のための貴重な知識の宝庫とするために、日本の憲法百三十年を考えてみる必要がある。

（「現代のことば」『京都新聞』二〇一九年十月八日）

88　エジプトのトッカツ

「即位の礼」がまさに行われる十月二十二日にエジプトに発った。着いた日、カイロは数十年ぶりとかいう大雨で、空港までの道路が水没して迎えの人が来られなくなるハプニング。何とかタクシーでホテルまでたどり着き、ホストの人と会うことができた。「歴史的な日に日本を出て、歴史的な日にエジプトに来ましたね」と言われた。

エジプトに来たのは、当地の学会や大学で明治以降の天皇制について話すよう招待を受けたからである。「みんな日本の歴史を知らないから」というので、駆け足で明治から平成までの四人の天皇について語った。昭和天皇のいわゆる「人間宣言」には質問が集中し、「天皇は神なのか」、「神をやめて人間になったというが、それで国民は納得したのか」と盛んに尋ねられた。

エジプトに来た目的はもう一つある。現地の日本研究事情について視察するためである。最近日本語学科を作ったというエル・アズハル大学を訪れた。もとは同名のモスクに併設されていた学院で、エジプト最古の大学だが、今や学生数五十万人を数える最大のイスラム教系大学である。翻訳学部の学部長からは「せっかく日本語学科を作ったのだが、日本人の教師がいない。日本政府などに協力を要請しているがなかなか取り合ってくれない。日本は金持ちなのに何でだ」などと言われた。ここに限らず、エジプトの多くの大学には日本語学科があるが、いずこも日本語を教えてくれる日本人教師の不足に頭を悩ましている。

エジプトは観光立国なので、各国語のガイドの職に就くために語学の学習は盛んで、日本語も例外でない。ただ、日本人観光客は減っている。代わりに目立つのは、ここでも中国人の姿である。また、御多分に漏れず、エジプトでも中国は投資に余念がない。カイロ大学はじめ様々な大学に研究資金も投じている。かたや日本は人もお金も引いていくばかりだ。

その一方で、日本が進出している分野があった。大統領の肝いりで、現在、カイロを中心に日本式教育法の小学校がいくつもできている。TOKKATSU（トッカツ）学校とも言われ、「トッカツ」は今エジプトで一番有名な日本語だと聞いた。それは「特別活動」の略（「特活」）で、校外学習など教科外活動のことだそうだ。恥ずかしながら、私はこの年までその言葉自体を知らなかった。

トッカツ学校の一つを見学してみると、子供たちが校舎の掃除を行い、「トッカツ」のクラスでは、他の人のスペースに割り込むのはやめましょうとか、地下鉄ではつり革など譲り合いましょうという道徳の授業をやっていた。シーシー大統領は、日本の「トッカツ」を取り入れたら、生徒たちは「歩くコーラン」になると推奨しているのだそうだ。

人や金が去っていっても、日本には世界に発信できるセールスポイントがある。教育制度などの社会的インフラの制度やノウハウなどそれだろう。しかし、人や金という実体的なものがないなかで、どこまで普及するだろうか。そんなことを考えさせられた旅だった。

（「現代のことば」『京都新聞』二〇一九年十二月十日）

89 町の本屋

ジュンク堂書店京都店（四条通）が閉店するという。新年早々がっかりするニュースだ。京都で大学生をしていた時は、まだ河原町三条に駸々堂があった。平屋の広い店内を歩き回って、自分の欲しい本を探し求めるだけでなく、ついでに他の様々なジャンルの出版物を物色する楽しみがあった。駸々堂が閉店した後、そのような書物の世界に漂う喜びを満たしてくれていたのが、ジュンク堂だった。ビルの何階にも分かれた売り場は、動線のうえで難を感じさせたりもしたが、駸々堂無き後の渇きを癒やしてくれた。

ジュンク堂が撤退せざるを得なかったのには、様々な理由があるだろう。河原町界隈での地の利や近隣の他の大型書店との競合があったろうし、そして何よりも、アマゾンなどによるネット販売の主流化と活字離れが容易に考えつく。

出版業界を取り巻く状況が厳しいのは、今や周知のことである。人類が古来親しんできた本や雑誌は「紙媒体」などと称され、紙面はデータに還元されてデジタル化される一方である。その趨勢はジュンク堂のような大型書店をも揺さぶっているのだろうが、より深刻なのは中小の書店だろう。よく言われるように、町のあちこちで本屋さんの姿が消えていっている。私の住まいの近所でも、去年、長年住民に親しまれてきた書店が店を畳んだ。「あそこには続いてほしいから、なるべく本や雑誌はそこで買うようにしている」という方が何人もいたにもかかわらず、である。

アメリカのハーバード大学で数年前に研修の機会を得た時も、同じ声を聞いた。ハーバードの界隈では、かつてはたくさんの本屋が並んでいたが、いまでは大学生協の書店を除けば、一軒しか無くなってしまったという。アメリカなど日本以上に出版のデジタル化が進んでいるだろうから、紙の本を扱う書店の厳しさは日本の比ではあるまい。だが、今から振り返れば、私が住んでいた町をはじめ、けっこう小さな本屋が目についた。それらは、特色を持たせた選書や店内のしつらえで地域に根づいていた。そういえば、当時住んだ町にも、そしてその隣町にも、小さいながら映画館があった。本屋や映画館の無い自治体など考えられない、という気概を感じた。

本屋や映画館が、単に本を買いに行く、映画を見に行くという目的合理性だけのツールにしかすぎないならば、ネット産業にかなうわけがない。地域コミュニティにとって本屋や映画館が必要なのは、そこが人々の集う結節点となり得るからではないか。情報のデジタル化とその摂取の簡便化が進む一方で、顔の見えない浮ついた言葉の応酬がネット空間を席巻している。そのようななか、人と人が何かをきっかけに結び合うローカルな場を築いていくことが、これまで以上に重要となっている。

町の本屋が売り物とすべきなのは、今や書籍ではなく、その場にいて何かと結びついているという実感や居心地なのではないか。豊かなコミュニティには、人々が寄り合い、知識を仕入れて交換できるような場が不可欠なはずだ。町の本屋の需要は意外とあるように思われるのだが、浅慮だろうか。

（「現代のことば」『京都新聞』二〇二〇年一月三十日）

90　戦国大名化する首長

「これは歴史の転換点になるよ」

二月十五日に職場の日文研（国際日本文化研究センター）で行われた共同研究会からの帰路のバスの中で、みなが口々に言い合った。その時、新型コロナウイルスの問題は、まだ中国でのパニックが対岸の火事のように報じられていた。だが、この研究会に日本各地から、またスカイプでイギリスから参加した哲学、経済学、社会学などの錚々たる学者は、これは世界全体を覆うことになると一歩先を見据えていた。

知性とはこういうものだ。日常の先にある危機を敏感に察知し、世の木鐸となること。さらに付け足せば、危機の渦中にあっては、悲観せず、その先にある希望を見通すこと。人間万事塞翁が馬。では、この事態の果てにどのような希望があるのか。あいにく呉下の阿蒙の筆者には見通せない。しかし、歴史の研究をしている者のはしくれとして、どのような転換点になるかだけでも摑めたら、とぼんやり考えながらニュース映像を見ていて、気づいたことがある。

会見する自治体首長たちの顔つきである。みんないい顔をしている、と思った。例外ももちろんあるが、総じて毅然とした表情で、強い責任感を感じさせる言葉を発していた人が多かった。

その一方で、日本政府のほうから出てくる会見の映像は、残念ながら肩透かし感をぬぐえない。閣僚の会見は、淡々としたビジネスライクなもので強い意志が感じられず、総理のスピーチも懸命に国民に訴えかけようとしているが、かえって悲壮感や焦慮が印象づけられるばかりだったように思われる。これに比べて、会見に臨む地方自治体の首長たちの容貌の多くは、きりっとして清々しいものに映った。もちろん、そこには責任の軽重があることを忘れてはなるまい。ただ、人々の生活をあずかるとの責任は、むしろ首長たちのほうにあるとも言える。

そもそも今、国政を仕事としようとする人とはどんな人たちなのだろう。ドイツの著名な社会学者マックス・ヴェーバーは、職業としての政治に必要なのは――というよりおよそどのような職業についても――それに特有の情熱だと論じたが、果たして日本国の政治はそのような情熱が傾けられる対象となっているだろうか。国会議員の多くが、いわゆる二世議員によって占められていることはつとに指摘される。国政は情熱の舞台でなく、家業と化している。

これに対して、政治への情熱は、今、地方へと向けられている。現場に近く、行政の全権を執行できるという意味で、首長の仕事の魅力が増していると言われる。同じような時代が、日本史上にかつてあった。中央政権たる室町幕府が融解し、戦国大名のもとで領国経営が行われた時期がそうだろう。

日本はこれから、分国化が進むし、またそうあらねばならないのではなかろうか。だが、だとしても、日本中のみならず世界の各地から知性が集まり、社交する機会と場は、今まで通り、いやそれ以上であってほしい。

（「現代のことば」『京都新聞』二〇二〇年四月一日）

91　居眠りとマスク

ケンブリッジ大学で日本社会論について教えているブリギッテ・シテーガさんの専門は、日本人の居眠りである。日本人はなぜ公共の衆人環視の場所で平気で寝ることができるのか、と不思議に思ったことが研究の出発点で、その成果をまとめた博士論文は高い評価を得た。彼女の仕事は日本語に翻訳もされている（『世界が認めたニッポンの居眠り』阪急コミュニケーションズ、二〇一三年）。

確かに、日本人はよく居眠りする。昼休みの職場で、あるいは大学など学校の授業中、職場での会議中、そしてバスや電車のなかで、日本人はよく寝ている。特に初めて日本に来た外国人がびっくりするのは、公共の交通機関で寝ている乗客の姿だと私も聞いたことがある。しかも、驚嘆することに、多くの人は自分の降りる駅が来たら、パッと起きてサッと下車する。日本人の睡眠の芸当は、よその国の人にはおいそれと真似ができないものらしい。

それはそうと、シテーガさんの本には、日本人にとっての居眠りの意義と合理性が、様々な観点から解釈されている。そのひとつとして興味深いのが、「社会的な隠れ蓑としての睡眠」という捉え方である。それによると、電車などで寝ている人は、実は本当に寝ているのでなく、単に目をつぶっているだけという場合も多い。その理由は様々で、満員電車のなかで、誰かに席を譲るのがいやでとりあえず寝たふりしている人もいるだろう。いわゆる狸寝入りである。

他方で、目を閉じるということは、瞑想にも通じる行為で、外界を遮断して自己に閉じこもることを意味してもいるという。日本人が公共の場で平気で寝られるのは、公共的なものへの関わり方の特性を表しているのかもしれない。つまり、われわれは、パブリックな空間にいても、自分に壁を築いてプライベートな内面に没入する性向があるのではないか。居眠りとは、他者との社会的距離や心理的距離を取るための手段なのかもしれない。

ところで、最近話題のマスクも、日本人は同じような精神的傾向で着用していたりするのではないかと思い当たった。以前、来日したドイツの教授が、道行く人の大勢がマスクをしているのを奇異の目で見ていた。居眠りと同様、公衆の面前でマスクをするというのは、西洋にはない光景だった。だが今や時代は変わり、欧米でも外出時のマスク着用が義務づけられたりしている。しかし、そもそも日本人も単に風邪や花粉症の対策という衛生的理由だけでマスクをしていたのだろうか。これも社会的隠れ蓑の一種とは言えないだろうか。目ではなく、顔の下半分を隠すことによって、公共の場にいながら自己に没入するひとつの手立てをマスクはシンボライズしているとも考えられる。他者と距離を取ろうとするソーシャル・ディスタンスへの心性の表れである。

居眠りのない文化圏で、果たしてマスク着用は根付くだろうか。根付くとしたら、そこではどのようなマスク文化が展開されるだろう。マスクを通じて、公と私の関わり方の各国における違いが、透けて見えるかもしれない。

（「現代のことば」『京都新聞』二〇二〇年六月三日）

92　日本モデル

新型ウイルス感染がぶり返してきている。五月に緊急事態宣言が解除された際には、感染拡大を収束させたとして安倍首相が「日本モデルの力」と称揚し、海外のメディアでも日本のケースをミラクルと称える報道が目についた。だが、ここのところ、日本は感染者数の増加に苦しめられている。

とはいえ、このことは「日本モデル」の無効さを意味するものではない。「日本モデル」に公定の定義があるのか知らないが、それがいわゆる「三密回避」をひとつの基調としているのは確かだろう。ロックダウンという強制的都市封鎖を取らず、自粛要請という緩やかな規制で緊急事態を乗り切った日本のミラクルは、この三密回避が功を奏したものとされ、いまやこの指針は世界保健機関（WHO）の啓発ポスターにも採用されている。

現下の感染拡大は、自粛の反動としての密なる行動がはびこったことによるものと考えられ、「日本モデル」を構成する個々の方策が無意味とされたわけではない。だが、だからといって、日本の施策が全体としてモデル化できるかとなると話は別である。東アジアのなかで見ると、日本は決して新型ウイルス対策に成功しているなどとは言えない。台湾、韓国、中国のほうがはるかに良い結果を出している。このパンデミック（世界的大流行）が収まった後で、各国は躍起となって「台湾モデル」や「韓国モデル」を導入するようになるのではないか。

他方で、「日本モデル」を提示することの意義も筆者は感じている。それは、アフターコロナの世の中で、強権的な生活規制や情報管理が公共の福祉の名の下で常態化しないかとの危惧の念があるからである。「三密回避」の日本的な緩い方式には、監視国家に抗する自由主義社会の希望が託されていると言っては言い過ぎだろうか。

しかし、そもそも、このように国の名を冠して政策のモデル化が図られるという発想自体に、落とし穴がないであろうか。かつてリーマン・ショックの時、「今、世界の政策責任者たちは独善的な保護政策に陥らず、国際的な政策協調に努めている。八十年前の世界恐慌の時と比べれば格段の進歩である」との趣旨の論説を読んだ記憶がある。それに比べると、「～モデル」は、自国中心主義を促すもので、そこには退化した人類の姿が映し出されていると言えないか。これから先、ワクチンが開発されても、国際協調でそれが世界に出回っていくかと考えると不安がよぎる。

「三密回避」はウイルスを制圧するというよりも、それとの共生を余儀ないものと認めたうえでの対策なのだから、それに見合ったように、人々の生活様式や意識ももっと改まっていく必要がある。過度な人口集中の分散、働き方改革の促進、他者への思いやりなどである。そうすると、都市生活のあり方や労働環境の改善ということで、西欧に学ぶことも不可欠である。日本モデルの確立のためには、多様な知識の虚心坦懐な交流が不可欠だろう。（「現代のことば」『京都新聞』二〇二〇年七月三十一日）

93 「アベロス」

ＳＮＳでつながっている高校時代の同級生の投稿で、当時漢文の授業で習った故事が思い出された。鼓腹撃壌《こふくげきじょう》の故事である。

中国古代の聖天子尭が、自らの治世の実際を見て回るべく街頭に出た。彼はまず、子供たちが自分を称えて歌っているのを聞いた。「私たちが楽しく生活できているのは、天子様のおかげです。私たちはみな、天子様を手本として生きています」。尭は満足してさらに歩を進めると、今度は鼓腹撃壌（腹つづみを打ち、足踏みして節をとる）しながら歌っている老人に出会った。「日が昇れば仕事をし、日が沈んだら休む。井戸を掘って水を飲み、田や畑を耕して食う。帝の力なぞ私に関わりのないものだ」。これを聞いて尭は、自分の理想とする政治ができているとして、いよいよもって満足した。

これを習った時、私も高校生ながら政治の何たるかを考えさせられたものだ。あの時のことを甦らせてくれた学友に感謝すると同時に、旧師の学恩を仰ぐばかりである。

さて、尭の五十年の天下とは比較にならないが、日本の立憲政治のなかでは最長の在任期間を誇った安倍内閣が終わった。約八年間の安倍政権とは何だったのか。それはこれからの日本に何を残すのか。鼓腹撃壌の故事に照らして、何か言えないかと考えてみる。もちろん、伝説の聖人君子と現代の職業政治家とを安易に対比するなど愚の骨頂だろう。だが、それでもこの故事は、安倍長期政権を考えてみるにあたって、示唆深いものを伝えてくれる気がする。

まずは、「アベ政治」などと呼びならわされたように、前政権は良くも悪くも安倍前首相その人を中心に展開された。だが奇妙だったのは、小泉元首相などと違って、強烈な個性に裏打ちされた確固としたリーダーシップがそこにあったとは到底言えない。皆が思い思いに安倍氏に自らの政治の理想（と悪夢）を仮託して、ほめたたえたりけなしたりしていた。安倍氏個人にすべての政治の責任があるかのように騒ぎ立てた安倍ウオッチャーも、尭の治世を言祝ぐ子供を反転させただけではないかと思えてくる。

安倍政権は、そのような過熱する反対勢力を嘲弄するかのように、選挙に打って出ては勝利を重ねた。反安倍のかけ声など、生活者の視点からかけ離れた空理空論に過ぎないとでも言うかのように。大方の国民の声は、帝の力など関わりがないと歌った市井の老人のごとく、政治家はとりあえず経済を安定させ成長の礎を築いてくれたらそれでいい、後はわれわれがそのもとでしっかりと働き、生活を享受するだけだというところだったのだろう。

そうしてみると、リーマン・ショックを凌駕すると言われるコロナショックの到来を前にして安倍内閣が退陣したことは、安倍氏としては自分の引き際を十分に自覚してのものだったのかもしれない。だが、その後には尋常でない課題が残されている。安倍政治の継承というが、経済的にはその前提が霧消した。他方で、すべてを安倍氏個人に帰責させてきた一部の政論は、これから深刻な「アベロス」に見舞われるのではなかろうか。

（「現代のことば」『京都新聞』二〇二〇年十月七日）

94　文化に奉仕する権力

筆者の職場は、昨年逝去した中曽根康弘氏（一九一八〜二〇一九）が首相在任時に、その強い意向で設立された。中曽根首相が公務で京都を訪れた際、京都の一流の学者たちと懇談したいとの首相側からの要望で、桑原武夫氏や梅原猛氏をはじめとする当時「京都学派」と称せられていた文人学者が集められ、一夜の宴を囲んだ。桑原氏らはかねて日本文化のための研究所を作ることを念願としており、この機会に首相に直々にそれを陳情した。中曽根氏も、政治家が自国の文化のことに暗いと国際舞台に出た時に恥をかくというので（氏によれば、サミットの際の控室は各国首脳が自国の文化の造詣をひけらかす場なのだという）、政治家に日本文化の何たるかを教えるためにも、そのような研究機関を必要視していた。

かくして、筆者の勤務する国際日本文化研究センター（日文研）が設立されたのだが、創設の当初、この研究所は学界やマスコミからそうとう叩かれた。右翼でタカ派のイメージがあった中曽根首相が自らの政治イデオロギーを推進するために作った国策機関だと散々言われたのである。筆者のような設立から二十年も経って採用された者にはいまひとつ実感の湧かない話だが、「あの時は大変だった」と当時を知る先輩たちの間では、今でも語り草となっている。

だが今や、ここで行われる様々な研究会やセミナー、シンポジウムには国の内外から多彩な研究者が集っている。多くの方が、不便な地まで足を運んでくれる。コロナ禍のなかでは、オンライン参加という文明の利器を手に入れることもでき、さらに多様なかたちで研究活動が展開される予兆すらある。いずれにせよ、学界の日文研に対する信頼を感じる。

今日の日文研があるのは当然、創設期の先人たちの大変な努力の賜物であるが、中曽根氏の身の処し方もあずかって力があった。氏の周りには、その政治信条に共鳴する学者・知識人の取り巻きがあったが、中曽根氏が研究所の人事に介入することは一切なかった。日文研の「二十五年史」を編む時にインタビューする機会があったが、その時氏は、「権力を文化に奉仕させるのが政治家の務め」と語っていた。政治家一流のポーズだと見なす人もあろうが、文化的制度に対する潔さはその行動によって示されている。

他方で、梅原氏も権力の懐に踏み入ったが、決して自分を曲げることなく、自己の学問に基づいた忠言を続けた。脳死、改憲、震災からの復興、原発などの社会問題で、時に政府の委員となりながら、歯に衣着せぬ注進を行った。そのような梅原氏に対して、政府も行政も一貫して敬意を払った。

中曽根氏にインタビューした折、その事務所に梅原氏の書いた軸を認めた。日文研の一室には、中曽根氏の揮毫した額がある。この間、相次いで物故した両人は、天上で政談と清談を交わしているのではないか。

（「現代のことば」『京都新聞』二〇二〇年十二月三日）

95　ネット配信の〝不自由〟

御多分に漏れず、アップルやアマゾンの音楽配信サービスの会員になっている。かつて若い時に買い集めたＣＤの多くは、引っ越しの時に処分したり、どこかにしまい込んでしまった。大切にとってある愛聴盤も、いちいち探してセットするのが面倒なので、ついついネットで検索してそちらで聴いてしまう。

それにしてもすごいものだ。その昔、レコード店でジャケットを眺めながら買うかどうか迷い、なかには財布の中身と相談してついに諦めざるを得なかったあれこれの名盤が、月々数百円で聴き放題なのだから。フルトヴェングラーのベートーベン、グールドのバッハ、チェリビダッケのブルックナー、などなど。どれもクリックひとつでその音が流れてくる。

最初は、検索をかけるとたちどころにずらりと出てくる名盤珍盤のラインナップに圧倒され、陶然となり、この時代に生まれたことを感謝した。しかし、である。肝心の音楽にのめり込むことができない。演奏の一期一会を唱え、生前はかたくなに録音を拒否していた幻の名指揮者セルジュ・チェリビダッケの音源を選択しても、「あ、やっぱり今は別の演奏を聴こうかな」などと途中で中止したりする。何という冒瀆だ。

これは、筆者のなかに、音楽を聴く感受性が失われてしまったということなのかもしれない。だが、他方で、音楽を聴く自由があり過ぎるということ、選択肢があり過ぎるということはかえって不自由に陥るのではないかとも責任転嫁してみる。

思えば、筆者がクラシック音楽に惹かれて聴きだすようになったのは、決して自分から主体的にそう決めたからではない。高校時代に音楽の時間に観させられたオペラの映像（カルロス・クライバーの指揮する「カルメン」だった）の衝撃があったからだ。また、ＢＧＭでかけていたＦＭのクラシック番組で、フルトヴェングラーのベートーベンの七番やチェリビダッケのブラームスの四番が流れ、別世界に連れていかれるかのような経験をしたからだ。そのような、時に強いられた偶然の出会いが、筆者の人生を形作った。

人生を変えるような体験というものは、えてして予期せぬ偶然の出会いによって作られる。すべてが自分で決められるという自由は、かえって人間の本質に反しているのかもしれない。今は音楽や映画のみならず、人と人の語らいもオンライン化を余儀なくされている。そのことが、人を変えるような他律的偶然を削ぎ落とし、人生を平板なものとしないか懸念される。

あわせて考えてみる。若かりし日に小遣いをはたいて買ったＬＰ（後にはＣＤ）のジャケットをまじまじと眺め、ドキドキしながらレコードを取り出し、針を落として腰を掛ける。何度も聴いた演奏だが、初めて耳にするような緊張感で最初の音を待つ。そのような所作の時を含めて、音楽の時間なのではないか。

人と人との出会いのように、レコードというモノと出会えた偶然を味わうという悦楽から、あの時筆者は音楽を聴いていたように思える。

（「現代のことば」『京都新聞』二〇二一年二月九日）

96 中国の弁当箱

新型コロナ禍で海外渡航がままならないなか、今つくづく僥倖だったと思うのは、これまで何度か中国を実地に見られたことだ。

印象深いのは、三度目に訪れた時である。ちょうど官僚の腐敗撲滅キャンペーンが行われていた。それまで中国に行けば、これでもかの饗応を受けていたので、最初はその落差に当惑した。当時は大学の外で宴席を開くのは禁じられ、校内の食堂で弁当を出すことのみが許されていた。

ところが、招かれた大学での講演を終えて慰労の食事会に連れられた時である。大学内の教員用食堂の別室のテーブルには、空っぽの弁当箱が置かれていた。席に着くと、次から次へと大皿に盛られた料理が運ばれてくる。それを各自で取り分けて、弁当箱に盛って食べるのだ。ホストの先生が、「私たちは千年以上もこうやって権力と付き合ってきました」と言って、笑みを浮かべた。

中国人と国家の関係は一筋縄でいかない。他にも思い当たるのは、交通ルールである。中国の道路では交通ルールなどあって無きがごとくである。信号など無くとも、歩行者は平然と道を渡り、行き交う車の流れを巧みにすり抜けて横断する。絶えず聞こえる車のクラクションも、あれで車同士会話していのではないかと思えてくる。ここには、国家の秩序とは別に、それと対抗して自生的に生成して共有された社会の秩序があるように思えた。

ところで、初めての中国訪問でびっくりしたのは、大きな書店でハイエク（一八九九～一九九二）の本が平積みになっていたことだ。ハイエクは、国家による統制を批判し、市場を通じた自由な経済活動による自生的な社会秩序の進化を説いた経済学者である。社会主義体制の徹底した批判者として知られる。共産党政権の国で、そのような学者の本までが公然と売られていることは衝撃だった。

しかし、今振り返れば、弁当箱と交通ルールに象徴されるように、中国社会とはまさに国家による規制の網の目をぬって、自らの秩序を自生的に作ってきたということかもしれない。ある意味、中国社会こそハイエクの自生的秩序を体現したものとすら言えないか。付言すれば、そのような自生的秩序とは、決して整然としたものではなく、極めてダイナミックで、そしてクラクションの騒音に満ちた社会でもある。

最後に中国を訪れたのは、二〇一八年である。弁当箱は早や消え失せ、かつての饗応が戻っていたが、研究機関や北京の町中には習近平語録があちこちに貼られ、政府のクラクション禁止令が布かれたことで、通りは聴覚上は静かだった。その後襲った新型コロナ禍で、中国が迅速かつ網羅的に封じ込めの徹底した管理を行ったことは周知の通りである。それは、国家が強力だからではなく、そのように高圧的にしなければ強靱な社会を統制できないからだとの中国史の専門家の解説に触れ、なるほどと思った。そして、ＩＴやＡＩ（人工知能）を駆使する国家のもとで、新たな弁当箱の知恵は、これからも社会から生成してくるのだろうかと考えた。

（「現代のことば」『京都新聞』二〇二一年四月十四日夕刊）

97 国際「日本」学へ

ここ数年、全国の大学で「国際日本学」や「国際日本研究」を看板にする学部や学科が増えてきた。決して示し合わせて創設されたというわけではなく、偶発的に誕生したものというのが実態だろう。だが、ホームページなどで、それらの学部や学科が謳う設立の趣旨や目的を眺めてみると、そこに共有されているいくつかの理念が浮かび上がってくる。

第一に、グローバリズムの進展に伴って、文系の教育と研究も国際的な視野で行おうというものである。特に、日本のポピュラーカルチャーへの世界中の関心は高いので、それに乗じて日本文化の教育と研究を促進して、グローバル人材の養成につなげようということが目指されている。第二に、日本社会の単一性や同質性を疑い、内と外の両面から日本における様々な文化の多様な存在とそれらの交流を探求しようとしていることが挙げられる。

筆者が勤める国際日本文化研究センターでは、「国際日本学」や「国際日本研究」を掲げる研究教育機関の連携のため、二〇一七年に「国際日本研究」コンソーシアムを組織して、これら諸機関のネットワーク化に努め、シンポジウムや研究会を開いてきた。そこでの議論を通じて、「国際日本学」や

「国際日本研究」とは何かについて考えを巡らす機会があった。

全くの私見だが、それは、国際「日本」学ではないか。ここで日本にカギ括弧を付けたのは、強調するためではない。疑ってみるためである。まず日本という国や社会の成り立ちを顧みるために、日本をいったん「日本」にして、その統一性・均一性を疑ってみる。そして、日本という時空間のなかでかつて生起していた異文化を掘り起こしていく。それは、内外の諸文化が交差し交流するプラットフォームとして日本を設定し直すことでもある。

日本や日本人は決して自明なものではない。アイヌや沖縄、在日韓国朝鮮人など日本にも様々なマイノリティーが存在する。歴史を掘り下げれば、今日のような日本国という統一的国民国家が成立したのは、せいぜい百五十年くらいで、それ以前の江戸時代では、国といえばむしろ藩のことだった。藩の集積体として日本ができあがったのであり、日本とは本来、地域の多元的な寄せ集めで、そこには豊かで多様な歴史や文化が内包されているはずなのである。

例えば、私の郷里は福岡市だが、中世の頃、博多の地は国際的な交易都市であり、中国文明を京や鎌倉に伝えていくハブ（拠点）の役割を担っていた。栄西が建立した日本初の本格的禅寺聖福寺を中心に、博多の地は単に中国から禅の導入を行ったのみならず、茶やうどん、蕎麦といった舶来文化を日本に根付かせるきっかけも作った（榎本渉『僧侶と海商たちの東シナ海』、講談社学術文庫）。

海に囲まれた日本は、様々な地域が様々なかたちで様々な異文化と結びついてきた独自の歴史と文化をもっているはずである。そのような日本の多面性を、単なるお国自慢や郷土史の語りに押し込めるのでなく、そこから新たに日本を立ち上がらせていくような語りを模索するのが、「日本」学の課題ではなかろうか。

（「現代のことば」『京都新聞』二〇二一年六月二十三日夕刊）

98 新しい大久保利通

昨年、大久保利通の評伝を上梓した（瀧井一博『大久保利通――「知」を結ぶ指導者』新潮選書）。大久保といえば、「大久保独裁」と言われたりするなど明治藩閥政府の有司専制体制の中心人物と見なされている。それが故に、彼には強面で冷酷なイメージすらある。西南戦争で竹馬の友である西郷隆盛（一八二八〜七七）を葬り去った非情な政治家としても語られる。

拙著では、そのような大久保像を抜本的に変えようと図った。近年の歴史学では、大久保が強力な権力を握って政権に君臨していたとの理解に対して、「本当にそうだったのか？」と疑問が呈されている。それによると、大久保は、決して盤石な権力を築いていたのではなく、政権内部においては伊藤博文、井上馨、大隈重信といった血気盛んな少壮政治家たちに突き上げられ、また彼の権力の牙城と目される内務省においても、配下の官僚たちの言いなりになっていた側面が指摘されている。あたかも大久保は、張子の虎で、神輿に担がれた存在であるかのようである。従来の大久保像からは大転換である。

最近の研究が明らかにした興味深い大久保と側近の関係を紹介しよう。大久保の引きで内務省に入った旧幕臣の前島密は、東北地方の開墾事業のあり方をめぐって上司の大久保と対立した。大久保は粘り強く説得しようとしたが、頑として譲らない前島を稟議から外して何とか方針の確定にこぎつけた。ここからは、部下に振り回され、引き摺られ、必死に説得を試み、その挙句にまたいちから政策を立案しなければならなくなった右往左往する上司の姿がうかがえる。

これは、強い統率力で皆の先頭に立ち引っ張っていくという指導者の姿とは、確かに異なる。大久保は部下からの異論を圧殺しようとしたのではない。まずはじっくり耳傾け、熟議し、その果てに自らの責任で決定した。先頭に立つのではなく、後からついていく。それが大久保のリーダーシップだった。

（「南点」『南日本新聞』二〇二三年七月五日）

99　羊飼いとしてのリーダー

悪名高かった南アフリカの人種隔離政策撤廃のために闘い、後に同国の大統領となり、ノーベル平和賞も受賞したネルソン・マンデラ（一九一八～二〇一三）は、自伝のなかで、人は自分のことをリーダーと呼ぶが、自分は羊飼いだと述べている。「羊飼いは群れの後ろにいて、賢い羊を先頭に行かせる。あとの羊たちはそれについていくが、全体の動きに目を配っているのは、後ろにいる羊飼いなのだ」

（ネルソン・マンデラ『自由への長い道』上巻）。

マンデラがここで述べているのは、自分が前に立ってしゃかりきに人々をひっぱっていくばかりがリーダーというものではないということだろう。さらに推論すれば、次のようにも言えるのではないか。リーダーとはフォロワーに育てられるものだ。まずはどこかに向かおうとしている人々の群れがある。そのような一群の人々のなかからリーダーが派生する。リーダーとは同輩中の首席であり、自分と同じような才覚と熱意をもったフォロワーにむしろ引っ張っていかれてこそ、理想的なリーダーシップが実現する、と。

マンデラのこの言葉は、大久保利通の政治指導を考えていた自分にとって啓示だった。大久保はまさに羊飼いとしてのリーダーだったのではないか。彼は、導いたのではない。むしろ導かれたのだ。変革を求め、創意工夫を行う有為の人々がこの国に輩出しているのを認め、彼らを束ね、その後に伍していこうとしたのである。大久保のリーダーシップの妙とは、前に立つことではなく、しんがりに位置することだった。人々の後から付き従いながら、その行く先を見晴るかす。遠方に何か大きな障害が見えると、群れの軌道を修正する。時に前方に何か危機が生じたならば、翻然として前に立ち、群れを守る。征韓論政変や台湾出兵の後の北京での談判で、彼が対外的危機の解消に尽力したのはそれ故である。

リーダーは時に前に出ることを求められる。しかし普段において、リーダーはむしろフォロワーなのではないか。

（「南点」『南日本新聞』二〇二三年七月一九日）

100　福島・郡山の大久保利通

コロナ禍前の二〇一九年三月に、福島県郡山市を調査のため訪れたことがある。同市では、不慮の死を遂げる前に大久保利通が梃入れしていた安積疎水を中心とする開拓事業が日本遺産として認定されており、「未来を拓いた『一本の水路』――大久保利通〝最期の夢〟と開拓者の軌跡 郡山・猪苗代」と題して顕彰されている。郡山市が企画したガイドツアーも行われており、私もそれに参加して、雪積もり、時に吹雪にも見舞われるなかだったが、効率的に見学することができた。

福島と言えば、明治維新で薩長に虐げられた歴史があり、大久保利通の本を書くために来たとどこまで公言していいのか多少緊張していた。しかし、新幹線で郡山の駅に着くと、そこには大久保のゆるキャラがあちこちに掲げられ、その歓迎を受けた（ちなみに、昨年（二〇二一年）同市を再訪した際にも、駅の階段一面に大久保の肖像が描かれていて度肝を抜かれた）。

ツアーのガイドをしてくれたタクシーの運転手さんによると、鹿児島に特別な感情を抱いているのは会津だけで、ここでは何とも思ってないとのことだった。何とも思ってないどころか、さながら〝鹿児島愛〟のオンパレードといった感じである。ガイドの最初には、先ほどのゆるキャラ大久保がツアーの全容を紹介するビデオを見る。途上には、大久保神社の跡地もある。ここには大久保を祀る神社がかつてあり、その跡には顕彰碑が建てられ、毎年九月一日には大久保の遺徳に謝する「水祭り」が執り行われているらしい。

　郡山の夜に入った居酒屋は、鹿児島料理の店だった。薩摩焼酎の番付表の暖簾がかかる店で、福島の地酒といっしょにさつま揚げを食した。知識としては知っていても、その土地に行かなければ分からない「地霊《ゲニウスロキ》」というものがある。大久保のゆるキャラがはためく郡山駅からは、磐越西線が伸び、会津若松に通じている。そこにはまた違った「地霊《ゲニウスロキ》」があるのだろう。


（「南点」『南日本新聞』二〇二三年八月二日）

101　慈母としての大久保

福島の郡山で英雄視されている大久保利通だが、実際、彼は東北の振興に並々ならぬ関心を寄せた。その思いを彼は自ら「慈母としてのもの」と語っている。安積疎水の開墾事業を牽引する大久保は、前島密に次のように述べたという。

「自分もいわゆる慈母としての政治家の血脈と遺伝を受けた者である。今から二三十年を待ち、世の青年たちが実業に就き、興産に楽しむの日に至れば、みな天下の良民となるだろう」。

　ここで注目されるのが、政治家のDNAとは、慈母であるべきことと大久保が見なしている点である。大久保といえば、冷徹で毅然とした厳父のイメージがつきまとう。しかし、それとは裏腹に、彼は慈母であろうとしたのである。

誤解されないように記しておけば、ここで厳父や慈母と言ったからとて、固定化したジェンダーロールを指しているのではない。「慈母」とは、民を等しく慈しみ、その福利を高めることを信条とする政治家の姿勢をシンボライズする表現と考えるべきで、今日で言うならば、「誰一人取り残されない」政治の主導者というところだろう。「慈母」のごとき包容力と「厳父」のごとき果断が絶妙なブレンドで同居していてこそ、大政治家の大政治家たるゆえんと考えられる。

「慈母」たらんとして、大久保は東北振興に挺身した。安積開墾に尽力したのは、幕藩制時代の秩禄などの特権を失い零落した士族たちをこの公共事業に従事させ、さらには彼らをこの地で生業に就かせようとしたからだった。また、かねてより東北地方の隅々まで視察して回っていた彼は、そこに眠る豊かな土地や懸命に地域の人々の生活を守ろうとする土地の有力者の存在に感銘を受け、「東北にこそ日本の将来がある」との思いを強くしていた。それは、戊辰戦争の時に官軍に楯突いたとして逆賊の汚名を着せられた東北の人々との宥和を進めなければならないとの「慈母」としての決意でもあった。

（「南点」『南日本新聞』二〇二三年八月十六日）

102 大久保利通とビスマルク

二〇二一年から今年にかけては、岩倉使節団百五十年にあたる。岩倉具視を大使とする大がかりな使節団が結成され、二年近くの間日本を留守にして、西洋の国々を巡覧した。一国のリーダーたちが、挙って海を渡り、かくも長期にわたって自ら海外視察を行うなど世界史上でも稀有な出来事として注目される。

ところが、岩倉使節団百五十年を記念する事業やイベントは見当たらない。そういえば、二〇一八年の明治百五十年の時もそうだった。あの時も、記念ムードは必ずしも盛り上がらなかった。明治百年の際の大がかりな祝賀行事は語り草になっているが、今や明治は名実ともに遠くなった、というか疎遠になったということか。

だが、このように静かに迎える百五十周年は、岩倉使節団そのものをじっくりと省察し、見逃されてきた真価や別の意義を考える好機と見なせなくもない。そのような眼で見ると、岩倉使節団に参加した折の大久保利通の心中もこれまでと違った像が浮かび上がってくる。大久保も使節団に副使として参加して日本を後にした。従来、大久保は使節団の旅において、イギリスで圧倒的な工業力を目の当たりにして打ちのめされ、日本の将来に自信を喪失してしまったが、最後に訪れたドイツで鉄血宰相ビスマルク（一八一五〜九八）と会い、彼から富国強兵の秘訣を教えられたことで息を吹き返し、帰国後は「日本のビスマルク」となって独裁的な権力をふるうと一般に語られてきた。
だが、史料を読み直してみると、果たして大久保がどれほどビスマルクに入れ込んでいたのかよく分からないところがある。そもそも彼は、日本に残った留守政府で内紛が生じたため、予定を切り上げて一行より一足早く帰国の途に就いた。大久保がビスマルクに触れている手紙は、よく読めば、ドイツ滞在が時間切れとなったため満足の行く成果に乏しく、ビスマルクと面会できたことくらいだという趣旨である。大久保を「日本のビスマルク」と呼ぶことは、再考の余地があると言える。

（「南点」『南日本新聞』二〇二三年八月三〇日）

103　大久保利通の惜松碑

大阪府南部の堺市から高石市にまたがる浜寺公園は、かつて高師の浜と呼ばれた景勝の地であった。それを称える歌は、万葉集や百人一首にも収められている。一八七三年（明治六）、太政官布告によって、日本で初めて「公園」が設けられた。浜寺公園はこれを受けてこの年に誕生した。日本で最古の「公園」に属する（岡本貴久子氏の御教示による）。

同地が公園として認められるにあたり、大久保利通の陰ながらの支援があったとされる。明治六年八月に岩倉使節団の旅から帰国して、暑中休暇で西日本を旅して回っていた大久保は、この地にも立ち寄った。和歌に詠われた名高き松林が伐採の憂き目にあっているのを知った彼は、「音にきく高師の浜のはま松も世のあだ波はのがれざりけり」と歌にして詠嘆した。百人一首のなかの「音にきく高師の浜のあだ波はかけじや袖のぬれもこそすれ」（祐子内親王家紀伊）の本歌取りである。側で聞いていた堺県県令税所篤（一八二七〜一九一〇）は、畏まり、伐採を取り止めて公園として残したという。

住まいのある兵庫県から浜寺公園に、電車を乗り継いで足を延ばした。南海電鉄の浜寺公園の駅舎は、辰野金吾の設計で、明治のハイカラな雰囲気を漂わせている。今、同駅の通る路線では高架工事の最中で、その間、この由緒ある建物は地元の有志が立ち上げたＮＰＯ法人によって隣の駅前広場に移築保存され、コミュニティスペースとして利用されている。工事が完成したら、もとの場所に戻り、これまでのように駅の玄関として人々を迎えるのだという。松林を残そうとした大久保と同じように、古きものを受け継いでいこうとする人々の心意気を感じた。

これまたレトロな公園の門をくぐり、右に折れると、くだんの松林がひろがっている。その一角には大久保の歌を刻んだ碑が建っている。大久保利通の惜松碑との由。東のほうでは、この国の都に緑をもたらそうとかつて全国から集められた木々を今度は開発のために切ろうとする動きがある。神宮外苑にも、惜松碑は建つだろうか。

（「南点」『南日本新聞』二〇二三年九月一三日）

104　ツーリストとしての政治家

政治家に旅はつきものではないか。これまで研究してきた伊藤博文や大久保利通を見ていて、そう感じる。

伊藤の人生は旅とともにあった。幕末に長州藩から派遣されて国禁を犯して英国に密航したのは有名な話である。これにとどまらず、彼は明治維新のすぐ後にもアメリカへ渡り、さらに岩倉使節団の副使として欧米諸国を巡遊した。旅を重ねるごとに伊藤は、政治家としての資質を高めていった。一八八二年に行った憲法調査のための欧州出張では、憲法にとどまらない「国のかたち」――国家組織の全体的な仕組み――について認識を深めた。満州を旅行中にハルビンで暗殺されたのも、旅に生きた政治家の最期としてふさわしいようにすら思える。

伊藤は、今で言うインバウンドの促進も唱えていた。一八九九年にいわゆる不平等条約の改正によって外国人への内地開放が認められた際、伊藤は広島の宮島で、この地は欧米人にとって人気の旅行地となるだろう、そうなったら多大な利潤がもたらされようと内地開放反対に抗弁している。

大久保も旅する政治家だった。伊藤に比して海外体験には乏しいものの、彼は日本全国を歩き回った。それは、薩摩藩ではなく、日本全体を自分の故国と見なす機縁となったであろう。一八七六年の東北地方巡察は、その証左である。彼はそこで地域振興に尽くす幾多の土地の名士と出会い、日本の将来は東北にあるとまで言ってのけた。

だが、そのような真剣な視察ばかりが大久保の旅の眼目だったのではない。訪れた土地の風景を楽しむ心のゆとりも持ち合わせていた。北京に乗り込んで台湾出兵によって高まった清国との開戦の危機を打開して帰国した後、彼は関西に足を延ばした。木戸孝允との緊迫した大阪会議のためだったが、それに先立ち、筆者の住まい（兵庫県西宮市）の近郊である有馬や宝塚を回って、その景色を嘆賞してくれている。それは中国の厦門の景勝に匹敵する、と。大久保に近代的ツーリズムの先駆けを認めることも可能な気がする。


（「南点」『南日本新聞』二〇二三年九月二七日）

105　上野公園と大久保利通

東京の上野公園と言えば、西郷隆盛の銅像を思い出す人が多いだろう。だが、この公園は大久保利通とも浅からぬつながりがある。浅からぬどころか、上野公園を今あるようなかたちに作った開祖は大久保だと言えるのである。

上野は江戸時代から庶民の遊興の地で、また戊辰戦争では戦闘の舞台となって灰燼に帰した。明治の新政府は、ここに近代国家として公園を開き、市民輻輳の地としようとしたのである。そうするに当たって、大久保はそこを単なる行楽の場所ではなく、知のセクターとしようとした。現在でも上野の森は、東京国立博物館や国立西洋美術館をはじめ様々な文化施設が立ち並ぶ「文化の森」として親しまれているが、その淵源は大久保の構想にある。

岩倉使節団から帰国後、大久保は西洋における博物館の効用に強く印象づけられていた。人々の集まる場所にこのような知識の殿堂が控えており、知識や学術を通じた交流がなされている。これを日本にももたらしたい。そう考えて大久保は、一八七五年にこの地に博物館を開設することの建議を行った。

それだけではない。大久保はこの地において人とモノ、そして知識が交流するもっと大がかりなイベントを案出しようとした。それが、一八七七年に挙行された第一回内国勧業博覧会である。内国と銘打っていることからも分かるように、いわゆる万博とは異なり、日本の各県から勧業、すなわち殖産興業に資する様々な発明品や産品が出展された。このようにして、産業化のイノベーションのための技術と知識を日本の随所へと広めていくことを大久保は期待した。それは、日本中の勧業のための知をここ上野の地に集結させ、その後でその渦を日本中に広めていくという壮大なプロジェクトだった。

かつて幕府軍と官軍が血で血を洗った上野の地を知識が集積する宥和の場としてよみがえらせる。上野公園には勧業で国をひとつにしようとした大久保の夢が宿っている。

（「南点」『南日本新聞』二〇二三年十月十一日）

106　政治家と書

見知らぬ台湾系アメリカ人からメールがあった。自分の祖父は中国国民党の軍人で蔣介石の側近だったが、遺品に伊藤博文の書と伝えられている額がある。よければメールで送るから見てくれないかとの依頼である。

拝見すると、確かに伊藤の署名があり、落款印も伊藤の号の「春畝」とある。筆跡も伊藤のものと見受けられる。内容は、恥ずかしながら、漢文の素養が無いので判然としない。しかし、全部で五六文字が書き連ねてあり、七言律詩の漢詩であることは分かる。「維武維文日漸恢」との書き出しで、「同捧君王萬壽杯」と結ばれているので、維新創業の時を回顧し、天皇の君徳を讃えているものと推察できる。

注目されるのは、頸聯（第五、六句）が、山々の景色は「含雪白」く、そのようななか、「滄浪一閣」を開いてあなたを迎えるという意味に取れることである。「含雪」とは、伊藤の好敵手である山県有朋の号で、「滄浪一閣」とは神奈川県の大磯にあった伊藤の別宅滄浪閣のことであろう。伊藤が山県を自邸に招いて饗応した際の詩ではなかろうか。

明治の政治家の史料を読んでいて嘆息するのは、自らの漢文的教養の不足である。当時の政治家は、脱亜入欧で政策的には西洋に追いつくための近代化を推進していた。しかし、大久保利通や伊藤のような一流の政治家は、日本や東洋の古典的教養を大切にしていた。伊藤など漢詩が趣味の能書家で、ここで紹介したものに限らず、彼の筆になる書は至る所に残っている。文は人なりとの教えに忠実に、優れた政治家であるならば、優れた文人でもなければならないと肝に銘じていたのだろうか。

目をその伝統の本国に転じてみたい。コロナ禍前に北京に行った。街中や滞在先の研究機関には、時の為政者の書があちこちに掲げられていた。確かに達筆である。「歴史こそ政治の最良の教師」なども書いている。政治家の人文的教養を通じて、善隣の道が開かれる時代が再び来るのだろうか。今のところ前途は険しいように思われる。

（「南点」『南日本新聞』二〇二三年十月二十五日）

107　スペイン・サラゴサの日本

学会でスペインに行ってきた。マドリードから高速鉄道で一時間半ほど離れたサラゴサで行われた日本研究の学会である。毎年開催され、今年で十回目だという。「影響ある国、日本：二十一世紀におけるその貢献」という統一テーマで、三日間にわたって会議が催された。スペイン人は元気だ。朝の九時から夜の八時までセッションが組まれている。そのうち午後二時から二時間くらいランチをとりながら歓談し、その日の終了後、午後九時から町なかに繰り出してディナーである。個人的にはなかなかしんどかった。

肝心の会議の中身はというと、初日は学長や学部長、学会の会長などお歴々が会議の意義や期待を述べ、日本国大使も登壇された。その後、筆者が基調講演を行い、明治維新以降の日本の仕組みは様々な意味で曲がり角に来ており、日本人は途方に暮れている。日本を再生させるには、これまでのように外から受容するばかりでなく、日本が世界に何を寄与できるかという日本のニーズを探求する姿勢が肝要であり、そのような外との対話と関係性のなかで日本を考え直す必要があるむね語った。

会議の二日目は浮世絵や妖怪など日本の文化についての報告があり、三日目はがらりと趣が変わって、国際関係論やグローバルな安全保障の見地からの日本の役割が議論された。参加者はサラゴサ大学の教員や院生が主だったが、スペインの他大学やメキシコから訪れた人もいた。サラゴサというところで、こんなにも日本研究が盛んだとは思ってもみなかった。最終日の夜には、日本人作曲の最初のオペラだという小松耕輔（一八八四〜一九六六）の『羽衣』という三十分ほどの作品の上演に立ち会うという貴重な体験もした。

一方で、彼らの日本像に戸惑いも覚えた。『羽衣』の背景に富士山が描かれてあるなどステレオタイプな日本観がまだまだ支配的なようだった。参加者のなかで日本語に堪能な人も限られていた。日本への関心を受けて、こちらが何を提供できるかが問われていると感じた。

（「南点」『南日本新聞』二〇二三年十一月八日）

108　海外旅行今昔

久しぶりにヨーロッパの学会に参加するためにスペインに行ったが、かつてのように直行便は難しい。燃料費の高騰やウクライナでの戦争の影響で、価格も時間もうなぎ上りである。大学の卒業旅行でヨーロッパに行った時は、アラスカのアンカレジ経由だった。二十時間以上かけてたどり着いたものだったが、経由地が中東になったのが違いで、それに近づきつつある。

スペインに着くと、マドリッドのホテルは軒並み高額である。オステルと呼ばれるゲストハウスでも軽く一万円を超えた。円安の悲哀をひしひしと感じる。日本から予約サイトで申し込んだオステルにたどり着くと、これまた卒業旅行の時に泊った安宿を思い出させた。受け付けのマダムは英語が話せない。三十年前は身振り手振りで懸命に意思疎通を図ったものだ。だが、今回は違う。私はスマホのアプリで、あちらはパソコンで、互いに言わんとするところを翻訳して見せ合い、意思を伝えることができた。

街に出て、まずスマホショップに駆け込んだ。現地の格安ＳＩＭカードを買うためである。今や若いバックパッカーはそうしているとのこと。ローテク人間としては一抹の不安があったが、お店であっという間にカードを交換してくれた。これで、観光情報も目的地への行き方も、スマホの画面に目を落とせば教えてくれる。海外旅行をしているのだか、国内を歩いているのだか分からない。明らかに世界はフラットになった。

卒業旅行の時に定番だったガイドブックは、今回も買って持参した。驚いたのは、大型の書店にも在庫が無く、結局ネットで取り寄せたことだ。需要が無いのだろう。確かに、スペインでは荷物になるので、宿に置きっぱなしだった。

帰国後、その本を息子にあげた。息子はベッドでそれを読みふけっているようだった。ネットで気の向くままに得られて使い捨てられる情報ではなく、本というかたちにまとめられた知識を通じて、いつか外の世界に触れてくれることをひそかに願った。


（「南点」『南日本新聞』二〇二三年十一月二十二日）

109　パラグアイと日本

今年はラテンづいていた。十月に学会でスペインを訪問したほか、六月にはＪＩＣＡの招聘で南米のパラグアイに講演旅行をした。

パラグアイ第二の都市エンカルナシオンを訪れた時の話である。筆者の講演に先立ち、当地の名士からの御挨拶があった。後から聞いたところ、その方の叔母様はエンカルナシオンの実力者で、第二次世界大戦時に日系人の保護に尽力されたとのこと。敗戦後は南米でも、日本人学校が閉鎖されるなど、日本人移民への弾圧があった。エンカルナシオンでもそのような動きがあったが、この御婦人のおかげで阻止されたとうかがった。彼女に感謝して、日本の皇室との間に交流が開かれ、長年にわたって皇族との文通が重ねられたらしい。

正直に言って、パラグアイという国について無知であった。エンカルナシオンという地方都市については なおさらである。しかし、そこには日系アイデンティティセンターが建てられ、日系人コミュニティの堅固な地盤があった。驚いたのは、センターの書庫に収められている蔵書の豊かさである。昔の日系人の家庭に残された遺品の書籍が寄贈されたものだそうだが、なかなかの壮観であった。昔の古典全集や近現代の諸々の文学全集、今となってはなつかしい歴史の叢書、政治学経済学の古典的研究書などが目白押しであった。当地に移住した方々が、持ちきたしたものなのであろう。だとすれば、相当な教養の持ち主が大勢いたわけである。案内してくれたセンターの職員さんは、自分たちでは蔵書の価値が分からず、このまま保管しておくべきなのか判断がつきかねているとのことで、意見を求められた。私は、数カ月ここに滞在して、この蔵書を読破していけば、大変な教養が身につきますよと答えておいた。決してお世辞ではない。

その日の夕食は、Hiroshimaという日本食レストランでとった。これまた本格的な和食で目を見張った。日本で修行してこの地に帰ってきた板前さんだという。日本から一番遠い場所で、気骨ある日本に出会った気がした。

（「南点」『南日本新聞』十二月十六日）

110　郷中教育

鹿児島は明治維新発祥の地である。私のような日本近代史を勉強している者は、憧憬の念すら呼び起こされる。かつて十代をそこで過ごした身であれば、なおさらだ。

鹿児島が維新の先兵となり得た秘訣として、しばしば薩摩藩の郷中教育が挙げられる。同じ町内の子弟が郷中と呼ばれるグループに入り、そこでの密な人間関係のなかで、武士として鍛錬される。そこから、幾多の幕末の英傑も生み出されたと説明されることが多い。

拙著『大久保利通』を執筆するなかで、郷中教育について気になる史料を知った。一八五一年（嘉永四）五月に薩摩藩主となったばかりの島津斉彬によって発せられた訓令である。そこでは、近年、藩士の風俗が乱れ、暴力沙汰の争論が頻発し、その弊は郷中にも及んでいるとして、是正が訓示されている。当時、郷中教育は弛んでいて、引き締めが必要視されていたのである。

とすると、西郷隆盛や大久保利通のような維新の巨頭は、郷中教育の弛緩期に人間形成を行ったという理解も成り立つ。郷中教育とは、先輩後輩関係による厳格な訓導体制だったとされるが、西郷も大久保も郷中教育のタガが緩んだ時期に、郷中の同志的紐帯に支えられながら、バンカラの気風を享受した世代だったのか。あるいは、郷中の体たらくに眉を顰め、その粛正を期していたのだろうか。これはもう鹿児島を遠く離れた関西の地で文献史料にだけ目を通していて会得できる問題ではない。

ぜひとも現地での調査が必要と考えている。

私は高校の三年間を鹿児島で暮らした。高校の寮に入り、バンカラというものを肌身で感じる日々だった。寮で集団生活を行い、逸材や英才の覇気にたじろぎ、畏縮しながら過ごした。このような雰囲気のなかから西郷や大久保のような人物も育ったのかとかつてを思い出しながら、大久保論の筆を進めた。評伝を書くとは、自分を確認することでもある。

（「南点」『南日本新聞』二〇二三年十二月二十日）

111　高橋秀直先生の思い出

高橋先生と初めてお目にかかったのは、伊藤之雄先生の主宰されている「二十世紀と日本」研究会においてである。二〇〇〇年四月、同会で「伊藤博文と国制知」というタイトルで報告した際、その場に先生も居合わせていたのである。そして報告が終わったとたん、真っ先に先生から矢のような質問が飛んできた。それは確か、筆者の報告における井上毅（一八四四～九五）の位置づけに対する異論と史料に出てくる「政談」という言葉を筆者が当時のコンテクストを無視して解釈しているのではないかという指摘だったと記憶している。既に『日清戦争への道』を読み、その重厚かつ斬新な研究に圧倒されていた筆者にとって、高橋秀直の名は畏怖の念を呼び起こすものだった。そのような先生から突然畳み掛けるように問いを発せられて頭が真っ白になったが、シドロモドロになりながらも真っ向から応答した。先生が納得してくださったのか今となっては分からないが、とにかくその場は矛を収めてくださった。自分の報告はアイデアと構想力を重視して、伊藤博文（一八四一〜一九〇九）という政治家の思想性をかなり大胆に再構築したものだったと自負している。だがそのような手法自体が先生には実証史学を軽んずるものと映ったのかもしれない。そう考えて、バツの悪さが残った。

しかし研究会の後の飲み会で、先生のほうから改めて筆者に声をかけてくださり、京大の国史の演習で話をしてくれとのお誘いを受けた。実は自分の報告を認めてくださっていたのかと胸をなでおろした。そしてその学期に、本当に先生の大学院の授業に招待してもらった。

それ以降、先生とは懇意にさせていただいた。とはいっても、お会いするのは専ら前記の研究会の場においてであって、それ以外では数えるほどしかなかった。東アジア近代史学会での懇親会の後、先生と奈良岡聰智君（現京都大学大学院法学研究科教授）と連れ立って、高田馬場のラーメン屋に行ったことや、筆者が就職したときや受賞したときに仲間うちのお祝いの席に駆けつけてきてくださったことが思い出される。しかし、先生と膝を突き合わせてじっくり話をしたことは、今から思い返せばなかった。そのことが何とも悔やまれる。

けれども、先生は折に触れて筆者に論文の抜き刷りを送ってくださり、それらを通じて筆者は先生の持続的な学恩に浴してきている。京大に移られてからの先生は研究の対象を幕末維新期へと移され、明治憲法史を勉強している筆者とはテーマのうえでの直接的接点はなかった。だが、送られてくる論文を拝読して、自分はいつも「歴史学かくあるべし」の思いを強めていた。それは他説を権威にとらわれずに評価する柔軟な思考力とそれを実証するための緻密な史料への目配り、そして個別的な考証を大きな流れのなかで位置づけ直す自由闊達な史眼である。

今、筆者は兵庫県立大学で日本史を教えている。その前身の神戸商科大学は、かつて先生が『日清戦争への道』を書き進めておられる時期に在職されていた大学である。筆者は先生の二代後に、ここで日本史の教鞭を執るという縁を得た。大学の図書館は小さなものだが、日本近代史を研究するうえでの基本的文献は揃っているし、「おや」と思うような貴重な史料と出会うこともある。高橋先生が入れられたものが少なからずあるに違いない。先生と対話する機会は失われたが、書庫のなかには先生の学燈がともっている。

（『追想高橋秀直』高橋秀直さん追悼事業会、二〇〇七年）

112　誘惑者の言葉

高校生の時、筆者は私立の男子校に通っていて、しかも寮生活をしていた。そこに少女漫画に詳しい悪友がいて、その手引きで萩尾望都、竹宮恵子、吉田秋生といった漫画家の作品を耽読した。こういった漫画を極めてオープンに仲間たちと回し読みしたり、寮の一室にみなで集まってともに読む。そんな男子寮だった。異様な光景だろうが、少女漫画フリークが多いのはこの学校の伝統だったようで、わが母校からは吉田秋生原作の映画『櫻の園』を監督した中原俊が出ている。

山岸凉子の『日出処の天子』にはまったのもこの時だ。この漫画には、同好の友人数名と夕食後の毎日決まった時間に筆者の部屋に集まり読みふけるというくらいのめり込んだ。好きが高じて、高二の春休みを利用して、奈良に住む叔父を頼って明日香や法隆寺を訪ねた。読書家の叔父から、「予習」として勧められたのが、梅原猛『隠された十字架——法隆寺論』だった。巻を擱く能わずで憑かれたように読破したのを覚えている。その後、『日出処の天子』がそもそも『隠された十字架』に触発されてできたことを知った。

将来は歴史学者になりたいと漠然と前から思っていたが、その想いはこの時いよいよもって固くなった。周囲の大人の意見に揺さぶられ、結局はつぶしの利く法学部に入ったが、大学では歴史のロマン求めて歴史研究会というサークルに入ったりした。もっとも、そこでは強烈な洗礼を浴びた。多くのベストセラーを出して洛陽の紙価を高からしめていた梅原猛は、大学の歴史学では批判の対象で、とにかくこんな非学問的なものを認めてはいけないと攻撃されていた。まさに、「あほやなあ。あんなもん、ウソにきまってるやないか」（井上章一『法隆寺への精神史』弘文堂、一九九四年、三三七頁）である。

自分は茫然とし、そして気を取り直して、その大勢に順応しようとした。幸いというか、浪人時代に歴史への関心は近現代史や西洋史に移っていて、梅原猛がいかに問題なのかという古代史専攻志望の先輩や同級生の講釈をただただ拝聴していた。それ以降、筆者は梅原猛を封印した。もはやその著書を手に取ることもなく、高校時代の一読書経験として片をつけようとした。

その一点を除けば、自分はその後はぶれることなく、法学部にありながら西洋法制史を専攻するため大学院に進学した。しかし、何の因果かその後日本研究者への転身を促され、京都大学人文科学研究所に助手として採用された。因果を問えば、ここからまた梅原猛とのニアミスが始まった。周知のように、人文研は梅原猛とも深いつながりがある。桑原武夫がいた時の黄金時代に共同研究会を支えた重要な一員が梅原だったことは、あえて言うまでもない。しかし、筆者が在籍していた時、すでに人文研はそのような過去の一時代とは一線を画して、新たにレゾンデートルを確立しなければならないその渦中だった。歴史学を専攻する同僚も、緻密な実証的手法こそ学問の生命線とわきまえている人たちが多かった。梅原猛の評判はここでも芳しくなかったと記憶している。

しかし、そのようななか、独り文学研究の教授が、「梅原猛のように誘惑者の言葉を発しなければならない」と語って、歴史学の同僚と激論になったと聞いた。「誘惑者の言葉って何だ」と問い詰められて、その文学者は「誘惑者とは言葉より先に腰に手がいく人だ」と煙に巻いたそうだが、このエピソードを聞いた時、「誘惑者の言葉を発する人」としての梅原猛は、まさに自分にとっての梅原猛だと腑に落ちた思いだった。

その後さらに因果はつながり、いま筆者は梅原猛が創った日文研にいる。日文研に来て数年、毎年創立記念日と新年会に来られる梅原先生を敬して遠ざかっていた。歴史に誘ってくれた大恩を忘れて、一方的な批判に阿諛追従していたことの引け目が無かったといえば嘘になる。

梅原先生に御挨拶できたのは、入所して三年が経った二〇一〇年のことだ。この年、『伊藤博文――知の政治家』という拙著を出して、梅原先生にも献本した。先生はすぐに読んでくれて、しかも高く評価してくれたらしい。当時の猪木武徳所長に促されて、パーティーの折に梅原先生の前に通された。先生はいきなり筆者の肘をつかまれ（腰ではない）、「君は体系を作らんといかんぞ」と言われた。その時、梅原猛と交わした言葉はこれだけだ。だが、これは疑いもなく誘惑者の言葉である。「体系を作る」。それがどういうことなのか。一体、梅原先生は何を言わんとされていたのか。自分は何をしたらよいのか。筆者のこれからの研究人生は、この梅原猛の言葉への自問自答から離れられないだろう。

（『梅原猛先生追悼集』国際日本文化研究センター、二〇二〇年三月）

人名索引

あ　行

か　行

さ　行

た　行

な 行

は 行

ま 行

や　行

ら　行

わ　行

《著者紹介》

瀧井一博（たきい・かずひろ）

1967年 福岡県生まれ。
1995年 京都大学大学院法学研究科博士課程単位取得退学。博士（法学）。
2024年 紫綬褒章受章。
現　在 国際日本文化研究センター教授（国制史，比較法史）。
主　著 『ドイツ国家学と明治国制』ミネルヴァ書房，1999年。
『文明史のなかの明治憲法』講談社選書メチエ，2003年。
『伊藤博文』中公新書，2010年。
『明治国家をつくった人びと』講談社現代新書，2013年。
『渡邉洪基』ミネルヴァ書房，2016年。
『「明治」という遺産』ミネルヴァ書房，2020年。
『大久保利通』新潮選書，2022年，ほか。

叢書・知を究める㉕
史《フミ》としての法と政治
――書を紐解き、人を考え、時代を読み解く――

2024年12月20日　初版第1刷発行　〈検印省略〉

定価はカバーに
表示しています

著　者　瀧　井　一　博
発行者　杉　田　啓　三
印刷者　田　中　雅　博

発行所　株式会社　ミネルヴァ書房
607－8494　京都市山科区日ノ岡堤谷町1
電話代表（075）581－5191
振替口座 01020－0－8076

創栄図書印刷・新生製本

ISBN978-4-623-09803-3
Printed in Japan